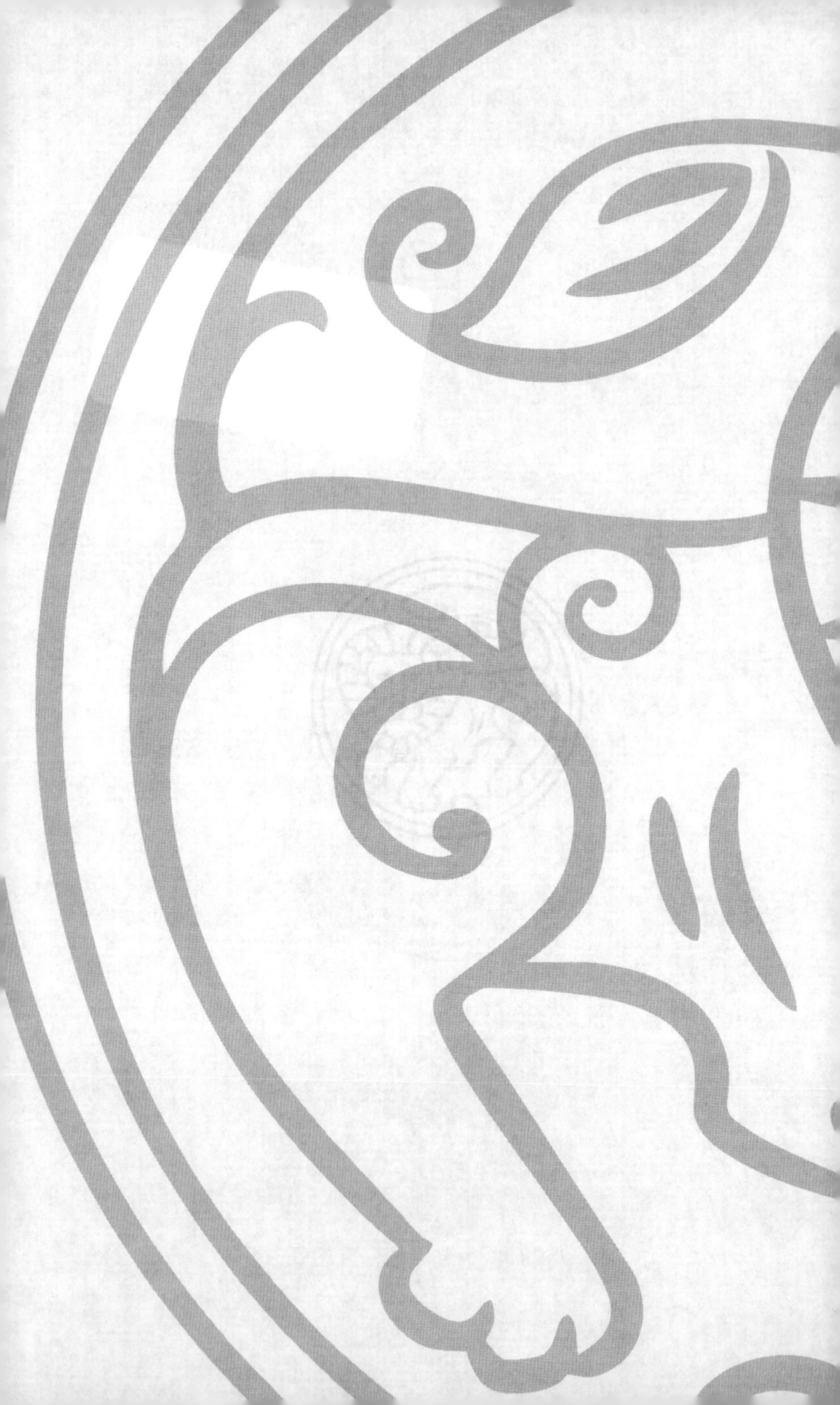

FREI CLARÊNCIO NEOTTI, OFM

MINISTÉRIO DA
PALAVRA

COMENTÁRIO AOS EVANGELHOS
DOMINICAIS E FESTIVOS

ANO B

EDITORA
SANTUÁRIO

Direção editorial:
Pe. Fábio Evaristo R. Silva, C.Ss.R.

Conselho editorial:
Pe. Ferdinando Mancilio, C.Ss.R.
Pe. Marlos Aurélio, C.Ss.R.
Pe. Mauro Vilela, C.Ss.R.
Pe. Victor Hugo Lapenta, C.Ss.R.

Coordenação editorial:
Ana Lúcia de Castro Leite

Revisão:
Luana Galvão

Diagramação e capa:
Bruno Olivoto

**Dados Internacionais de Catalogação na Publicação (CIP)
(Câmara Brasileira do Livro, SP, Brasil)**

Neotti, Clarêncio
    Ministério da palavra: comentário aos evangelhos dominicais e festivos, ano B/ Clarêncio Neotti. – Aparecida, SP: Editora Santuário, 2017.

    ISBN 978-85-369-0518-1

    1. Ano litúrgico 2. Bíblia. N.T. Atos dos Apóstolos - Comentários 3. Igreja Católica – Liturgia 4. Palavra de Deus (Teologia) I. Título.

17-07710   CDD-264.029

Índices para catálogo sistemático:
1. Evangelhos dominicais e festivos: Comentários:
Liturgia: Igreja Católica 264.029

2ª impressão

Todos os direitos reservados à **EDITORA SANTUÁRIO** – 2023

Rua Pe. Claro Monteiro, 342 – 12570-045 – Aparecida-SP
Tel.: 12 3104-2000 – Televendas: 0800 016 00 04
www.editorasantuario.com.br
vendas@editorasantuario.com.br

ABREVIATURAS E SIGLAS DA BÍBLIA

Ab - Abdias
Ag - Ageu
Am - Amós
Ap - Apocalipse
At - Atos dos Apóstolos
Br - Baruc
Cl - Colossenses
1Cor - 1ª Coríntios
2Cor - 2ª Coríntios
1Cr - 1º Crônicas
2Cr - 2ª Crônicas
Ct - Cântico dos Cânticos
Dn - Daniel
Dt - Deuteronômio
Ecl - Eclesiastes
Eclo - Eclesiástico (Sirácida)
Ef - Efésios
Esd - Esdras
Est - Ester
Ex - Êxodo
Ez - Ezequiel
Fl - Filipenses
Fm - Filêmon
Gl - Gálatas

Gn - Gênesis
Hab - Habacuc
Hb - Hebreus
Is - Isaías
Jd - Judas
Jl - Joel
Jn - Jonas
Jó - Jó
Jo - João
1Jo - 1ª João
2Jo - 2ª João
3Jo - 3ª João
Jr - Jeremias
Js - Josué
Jt - Judite
Jz - Juízes
Lc - Lucas
Lm - Lamentações
Lv - Levítico
Mc - Marcos
1Mc - 1º Macabeus
2Mc - 2º Macabeus
Ml - Malaquias
Mq - Miqueias

Mt - Mateus
Na - Naum
Ne - Neemias
Nm - Números
Os - Oseias
1Pd - 1ª Pedro
2Pd - 2ª Pedro
Pr - Provérbios
Rm - Romanos
1Rs - 1º Reis
2Rs - 2º Reis
Rt - Ruth
Sb - Sabedoria
Sf - Sofonias
Sl - Salmos

1Sm - 1º Samuel
2Sm - 2º Samuel
Tb - Tobias
Tg - Tiago
1Tm - 1ª Timóteo
2Tm - 2ª Timóteo
1Ts - 1ª Tessalonicenses
2Ts - 2ª Tessalonicenses
Tt - Tito
Zc - Zacarias
AT - Antigo Testamento
NT - Novo Testamento
a.C. - Antes de Cristo
d.C. - Depois de Cristo

INTRODUÇÃO

Com alegria e muita vontade de servir, aceitei o convite da Editora Santuário de republicar estes subsídios para as homilias dominicais e festivas do Ano B, ano em que lemos o Evangelho de Marcos e o longo capítulo sexto do Evangelho de João. Preparei textos também para as solenidades e para aquelas festas que, por serem consideradas festas do Senhor, caso caiam em domingo, substituem a Liturgia do respectivo domingo. E acrescentei comentários também para algumas festas de grande devoção popular, como São José, Anunciação do Senhor, Sagrado Coração de Jesus e Santo Antônio, festas que em muitas paróquias brasileiras são celebradas como solenidade.

Evidentemente, tive de escolher temas entre os muitos que cada Evangelho me oferecia. Mesmo porque me impus determinado tamanho de cada reflexão. Não escrevi homilias prontas. O pregador poderá tomar, como base da homilia que fará, um dos tópicos ou os tópicos que mais lhe convêm e os adaptará também às circunstâncias de lugar, tempo, público e necessidade.

Há muitas frases curtas que podem ser usadas em cartazes. Ou várias delas compor um painel para facilitar a catequese ou provocar um debate.

Escrevi esses comentários, pensando nos grupos de leigos que se reúnem para ler o Evangelho e comentá-lo em comum. Nem sempre têm o privilégio da presença de um sacerdote ou de pessoas de estudos teológicos. A eles, sobretudo, procurei explicar palavras, frases, passos, conjuntos para facilitar a compreensão e as conclusões tanto pessoais quanto comunitárias. Propositadamente, procurei mostrar os muitos símbolos de que se servem os Evangelistas para expressar o mistério da Encarnação e da missão salvadora de Jesus. Mas procurei distinguir, com a maior clareza possível e repetidamente, entre o que é simbólico e o que é realidade. A fé serve-se de inúmeros símbolos. Mas não se reduz ao simbólico. A religião expressa-se por símbolos, mas celebra, por meio deles, realidades, ou seja, as verdades da fé.

Não se busquem aqui um tratado de teologia ou de exegese bíblica e muito menos um tratado de moral. Tive, sim, grande e consciente preocupação pastoral, sobretudo no sentido de mostrar a atualidade impressionante e viva dos textos evangélicos. A aplicação prática deverá necessariamente fazê-la o pregador, ou tirá-la o grupo de reflexão.

Evitei citar autores, ainda que papas ou santos. Há citações, mas comedidas. Exagerei de propósito a aproximação de frases bíblicas, com o cuidado de citar a fonte. Que São Francisco venha mencionado mais vezes que outros fundadores de Ordens, também santos e mestres, deve ser atribuído ao fato de que, depois da Escritura, é o autor com o qual me eduquei e aprendi a ver as coisas do mundo e a história da salvação.

Cito muito os 16 documentos do Concílio Vaticano II, que deu novos rumos à religião, nova visão do cristianismo e a cuja luz entrei no sacerdócio e na vida pastoral. Talvez convenha lembrar às gerações novas que o Concílio foi a assembleia solene dos Bispos de todo o mundo, convocados pelo Papa e reunidos no Vaticano de 11 de outubro de 1963 a 8 de dezembro de 1965. Durante o Concílio, aconteceu a morte do Papa, São João XXIII e a eleição do bem-aventurado Paulo VI, que levou a término a grande assembleia.

Ainda uma palavra sobre o Evangelista Marcos. Costuma-se identificá-lo com o João Marcos de Atos 12,25 e com o Marcos de 1Pd 5,13. Foi discípulo de São Pedro e escreveu o Evangelho depois da morte de São Pedro (64 DC) e antes da destruição do templo de Jerusalém (70 DC). Terá escrito o Evangelho para os "pagãos" fora da Palestina, porque descreve costumes hebreus (7,3-4; 14,12; 15,42) e pormenores geográficos desnecessários a quem conhecesse a Palestina (1,5-9; 11,1); além do mais, preocupa-se em traduzir palavras aramaicas (3,17; 5,41; 10,46; 14,36; 15,22.34) e acentuar a importância do Evangelho para os pagãos (7,27; 8,1-9; 11,17; 13,10).

Ao longo de seu Evangelho, o mais curto e simples dos quatro, Marcos procura responder a duas perguntas: *Quem é Jesus?* e *Quem é o discípulo?* Ao responder, mostra-nos que são duas faces do mesmo mistério, porque os caminhos e o destino do discípulo devem ser os mesmos de Jesus. Enquanto revela as razões da Encarnação do Filho de Deus, descreve as vicissitudes do coração humano. O contínuo confronto entre o divino e o humano faz do Evangelho de Marcos um texto atual, dramático até, que alcança o ponto mais alto no momento em que o centurião romano, que comandara o martírio de Jesus, exclama diante do Crucificado que acabava de morrer: "Verdadeiramente, este homem era o Filho de Deus!" (*Mc* 15,39). Com essa confissão, entramos em clima de Páscoa.

Frei Clarêncio Neotti, OFM

TEMPO DO ADVENTO

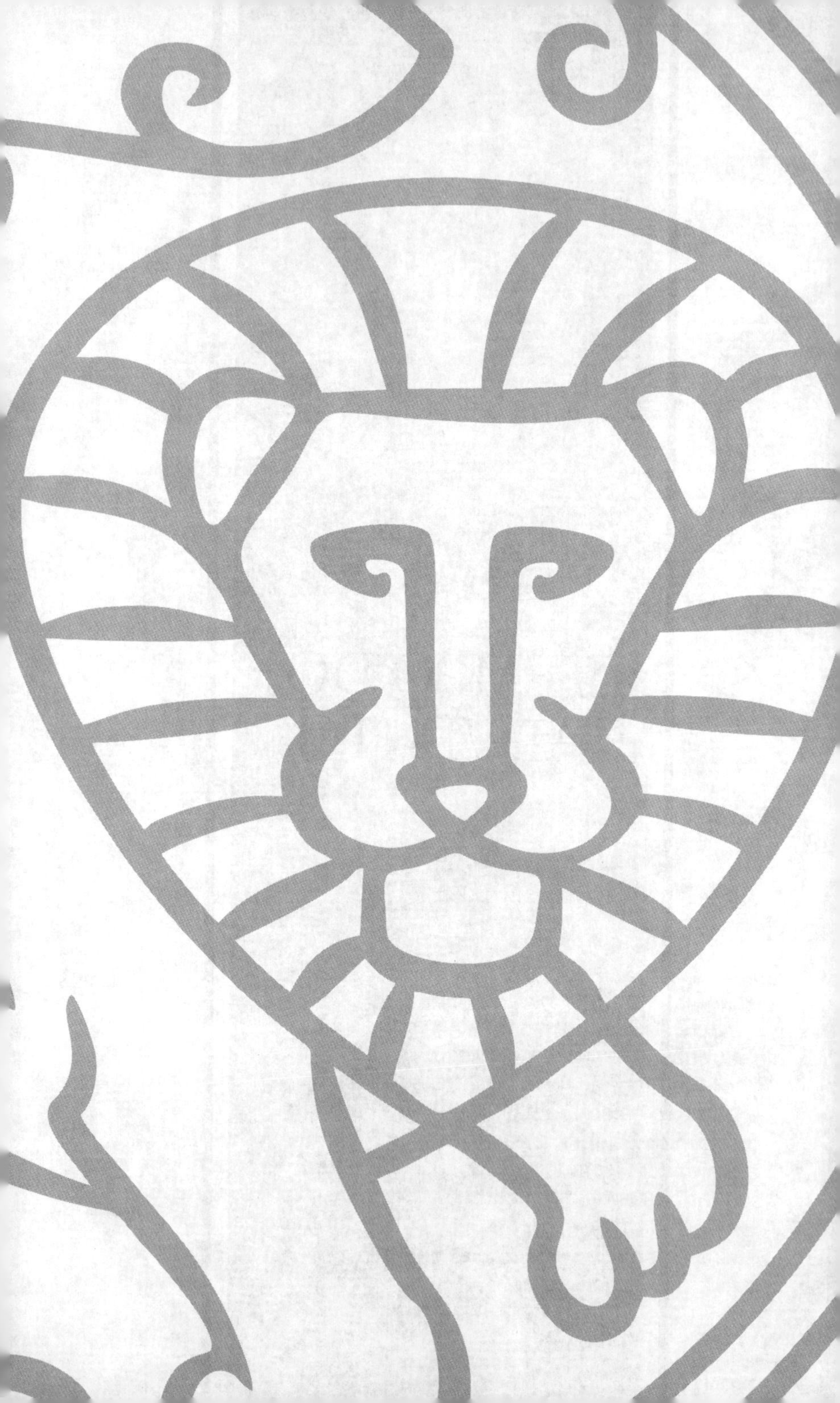

1º DOMINGO DO ADVENTO

1ª leitura: Is 63,16b-17.19b;64,2b-7
Salmo: Sl 79
2ª leitura: 1Cor 1,3-9
Evangelho: Mc 13,33-37

Santo, santo, santo é o Senhor, que era,
que é e que vem (Ap 4,8)

O CRISTO PRESENTE
VEIO E VIRÁ

Começamos hoje o novo Ano Litúrgico. Os primeiros quatro domingos formam o tempo do Advento. Como os quatro domingos precedem o Natal, é fácil imaginar quem está para vir: é Jesus, Filho de Deus, que nascerá em Belém. Nessas quatro semanas, a Igreja recorda também a segunda vinda de Cristo, no fim dos tempos, como Juiz e Senhor. Na verdade, os dois fatos se aproximam muito, porque o primeiro celebra o nascimento do Filho de Deus no tempo; o segundo celebra o nascimento da criatura humana para a eternidade. O primeiro acontece por causa do segundo, e o segundo acontece por causa do primeiro. Por isso o Advento tem forte tom de espera e de chegada, tanto da parte de Deus quanto da parte da criatura humana. Celebramos a espera e a chegada de Jesus dentro da História e celebramos a espera e a chegada da criatura humana no céu. Nas duas esperas e nas duas chegadas se misturam, inseparavelmente, o divino e o humano, o tempo e a eternidade, o Criador e a criatura.

Nesse novo Ano Litúrgico, chamado Ano B, leremos aos domingos o Evangelho de Marcos, com intercalações de capítulos do Evangelho de João. O Evangelho de Marcos é o mais antigo dos quatro. Costuma-se dizer que Marcos reproduz as catequeses de São Pedro, porque Marcos, que não foi Apóstolo, acompanhou São Pedro de Jerusalém a Antioquia e de Antioquia a Roma, então capital do mundo. Marcos, ainda jovem, conhecia bem o latim, o grego, o hebraico e o aramaico, fato esse que terá ajudado muito a Pedro, já envelhecido, sem grandes conhecimentos de línguas, porque para o trabalho de pescador lhe havia bastado o aramaico, a língua que se falava na Galileia.

Como um porteiro que abre portas

Podemos ler o evangelho do primeiro domingo do Advento de duas maneiras. Uma, olhando para a chegada de Cristo no tempo. Ele ali estava. Ele, o Messias, com todos os sinais preditos pelos Profetas. Mas os fariseus e os escribas (os chefes intelectuais) não percebiam, não viam: eram como porteiros que dormiam e, por isso, não enxergavam as coisas maravilhosas que Deus estava fazendo (*Mc* 7,37). Além de perderem o sentido da história, frustravam os benefícios da chegada do Senhor. A lição seria esta: ficar atento a todos os sinais da presença de Deus e colaborar com ele, facilitando a passagem do Cristo, como um porteiro, que abre portas.

Pode-se ler o episódio também com sentido escatológico, isto é, olhando para o fim dos tempos, ou seja, para o momento de nossa morte biológica, que é, afinal, para cada um de nós o fim dos tempos e o começo da eternidade. Ninguém tem dúvida de que, mais dia menos dia, chegará sua hora de morrer. Ignoramos, porém, qual seja essa hora. Olhando para esse momento certo e incerto ao mesmo tempo, Jesus nos preveniu de outra verdade, que nossos sentidos e nossa inteligência desconhecem: ele virá ao nosso encontro na hora da morte e nos quer encontrar prontos para partir com ele.

Essa prontidão é chamada de vigilância. Um misto de estar acordado, estar atento e estar preparado para reagir. A vigilância, portanto, não é uma atitude passiva, mas dinâmica, que envolve todo o nosso ser embebido em fé e esperança, todo o nosso fazer honesto e misericordioso. A vigilância não é uma sala de espera, mas um caminho andado com o coração voltado para o Senhor.

Somos responsáveis pelo jogo da fé

As primeiras comunidades eram bastante sensíveis ao tema da vigilância, porque esperavam para logo o retorno glorioso de Jesus. Elas haviam entendido bem que o "homem que partiu em viagem" (v. 34) e retornaria em hora imprevista era Jesus subido ao céu. Mais vezes Jesus insistira na espera vigilante (*Lc* 19,12-28; *Lc* 12,36-40; *Mt* 24,42-51). O Apóstolo Paulo fez da vigilância um de seus temas contínuos de exortação: "Não durmamos como os que não esperam o Senhor. Vigiemos!" (*1Ts* 5,7).

A vigilância consiste na prática das boas obras. Para significar o dinamismo do cristão, São Paulo usa figuras militares: revestir-se da couraça da fé e da caridade, pôr na cabeça o capacete da esperança (*1Ts* 5,8). Noutra Carta, fala em vestir as armas da luz (*Rm* 13,12). Ou seja, para viver os princípios (mandamentos) do Evangelho, que são luz, devemos combater a maldade dentro de nós e em torno de nós, qualquer que seja o seu nome. Por isso, vigilância significa conversão contínua. Significa procura constante da face do Senhor, sempre inalcançável pelos sentidos e sempre presente (*Mt* 27,20), sempre cooperante (*Mc* 16,20).

Temos a tendência de considerar a fé como coisa estática, acabada, recebida pronta. E a religião como uma torcida de arquibancada. A fé mais se assemelha ao jogo: cada momento é diferente e tem suas surpresas, ainda que tudo aconteça no pequeno espaço da vida. E a religião se assemelha ao modo de jogar. Na religião não somos espectadores ou torcedores, ainda que apaixonados. Somos jogadores, somos responsáveis pelo jogo da fé. Cada momento exige atenção especial e colaboração com os outros e dos outros. Quem dorme não joga. A vigilância é jogar com todas as técnicas e jeitos para chegar à vitória. A vitória será exatamente o encontro com o

Senhor, na morte, prontos para lhe abrir a porta ou prontos para partir pela porta que ele nos abrir.

O Senhor passa e nós podemos não vê-lo

Marcos menciona algumas horas em que o Senhor pode chegar: à tarde, à meia-noite, ao cantar do galo, pela manhã. Talvez por ver na vida presente um tempo de trevas, 'de noite', em comparação à luz e ao dia sem ocaso da glória eterna. Talvez, repetindo a catequese de São Pedro, marcasse justamente alguns momentos excepcionais da vida do Apóstolo: no cair da tarde comera com Jesus a Última Ceia e se deixara lavar os pés (*Jo* 13,9); Pedro se declarava amigo de Jesus: "Se todos se decepcionarem contigo, eu nunca!" (*Mc* 14,29). À meia-noite acontecera a prisão de Cristo no Horto das Oliveiras, e Pedro fugira (*Mc* 14,50). Ao cantar do galo, Pedro negou o Senhor (*Mc* 14,66-72). De manhã, na manhã de Páscoa, certificara-se da ressurreição do Senhor, vendo com os olhos do corpo o sepulcro vazio e com os olhos da fé o cumprimento das promessas de Jesus.

Esses episódios todos se repetem na vida de cada um de nós. Mais do que ninguém, Pedro tinha a experiência e podia insistir na palavra de Jesus: "Vigiai!" Ficai atentos, porque o Senhor passa. E existe o perigo de não ver que é o Senhor. O Senhor passa no gesto de lavar os pés e servir; no gesto de repartir o pão e condividir o sofrimento; no momento de oração angustiada; num *sim* dado à vontade do Pai; na traição de um amigo e comensal; no testemunho público da fé, mesmo quando as circunstâncias são contrárias; nas pequenas e grandes páscoas de cada dia; na aceitação do mistério de Deus e do misterioso destino humano.

Estar vigilantes é tirar as consequências de um Deus, que 'desce' à condição humana e de uma criatura que 'sobe' à condição divina. O homem é incapaz de abrir seu próprio caminho de 'subida'. Jesus nos oferece o caminho aberto por ele, ao 'descer'. Vigiar é também não perder o caminho. E não o perdemos, quando "convivemos com Cristo" (*Rm* 6,8), quando "nos revestimos de Cristo" (*Gl* 3,27), quando procuramos "as coisas do alto" (*Cl* 3,2), quando temos "os mesmos sentimentos de Cristo" (*Fl* 2,5), quando permanecemos nele como os ramos na videira (*Jo* 15,4-5).

2º DOMINGO DO ADVENTO

1ª leitura: Is 40,1-5.9-11
Salmo: Sl 84
2ª leitura: 2Pd 3,8-14
Evangelho: Mc 1,1-8

Derramarei sobre todos um espírito de graça, e eles olharão para mim (Zc 12,10)

SOU O PRIMEIRO E O ÚLTIMO, SOU O PRINCÍPIO E O FIM

Marcos começa o seu Evangelho com a figura e a pregação de João Batista. É o único Evangelista a começar assim, e já com o tema que se tornará central na pregação de Jesus e dos Apóstolos: a conversão. E no primeiro versículo declara a origem de Jesus: "Jesus Cristo, Filho de Deus". Poucas palavras para dizer a dupla origem do Messias: é da terra e tem um nome, é o enviado, o escolhido do Senhor (Cristo) e é mais do que alguém que fala em nome de Deus (= profeta): é o próprio Filho de Deus. Pouco mais à frente, mas ainda no primeiro capítulo (Mc 1,15), Marcos diz por que nos devemos converter: é chegado o Reino de Deus, o novo modo de viver, que abrange a criatura humana em toda a sua plenitude e Deus na pessoa de Jesus de Nazaré.

Estamos diante do provavelmente mais velho texto do Novo Testamento. Marcos foi o primeiro a escrever um Evangelho. Antes dele existiram pequenas coleções de ditos, relatórios de milagres. Mas nada concatenado, nada arrumado literariamente. Marcos (que talvez seja o João Marcos, em casa de quem Pedro se refugiou, como contam os Atos 12,12), deverá ter escrito o seu Evangelho entre os anos 65 e 70. Os Evangelhos de Mateus e Lucas são baseados em Marcos.

Poderia surgir a dúvida: se o Evangelho foi escrito tão tarde, até que ponto são fiéis as palavras de Jesus? Naquele tempo a cultura era toda oral. Quase nada se escrevia. Raríssimas pessoas sabiam escrever a língua, que falavam correta e correntemente. Ainda hoje, das quase quatro mil línguas que existem, apenas umas quinhentas têm alfabeto escrito. Não havendo o costume de escrever, guardava-se tudo de cor. E com fidelidade. A mais importante função dos velhos na comunidade era transmitir oral e fielmente as leis, as tradições, as orações, a história.

Deus toma a iniciativa da salvação

Não é por acaso que Marcos põe a palavra 'início' (ou 'princípio' ou 'começo') como primeira palavra. É a mesma palavra que abre o livro do Gênesis, ou seja, a criação do mundo. Agora vem o Novo Testamento, uma recriação do mundo. O princípio de todo o Novo Testamento é Jesus Cristo, Filho de Deus. Ao longo do Evangelho, Marcos anunciará que Jesus não só está no princípio, mas é também o centro da nova Família de Deus e permanecerá para sempre com ela. Mesmo depois da Ascensão, estará no meio da comunidade, vivo e atuante. Três vezes o Apocalipse põe na boca de Jesus: "Eu sou o primeiro e o último, sou o princípio e o fim" (Ap 1,8; 21,6; 22,13).

Ainda na primeira frase Marcos indica a finalidade de sua obra com palavras que expressam todo o conteúdo. 'Evangelho' é uma palavra composta, grega, que significa 'boa-nova', 'boa notícia'. 'Jesus', nome hebraico, significa 'Deus salva'. 'Cristo', outra palavra grega, significa 'ungido para ser rei'. 'Filho de Deus' é a verdade central do Evangelho, que é, portanto, a boa-nova que Jesus trouxe à humanidade e as boas-novas sobre a pessoa e os ensinamentos do Filho de Deus, Salvador e Rei.

Para Marcos, é Deus que toma a iniciativa da salvação. Ele que manda o Filho. Ele que manda o mensageiro para anunciar a chegada do Messias. Mas de imediato vem a ação humana. Nós devemos voltar o nosso coração e a nossa mente para ele, isto é, converter-nos, fazer coincidir os caminhos de Deus com os nossos caminhos.

As características de quem espera o Cristo

No evangelho do domingo passado, Jesus se queixava de quem não era vigilante e o comparava a um porteiro que não está no lugar para abrir a porta ao Senhor que chega. Hoje temos a figura de João Batista, atento aos acontecimentos, abrindo caminhos, endireitando estradas, falando de penitência e conversão, purificando o povo. Símbolo do homem vigilante, João é o exemplo da pessoa pronta para receber a boa-nova do Messias.

Em João, encontramos as qualidades de quem está preparado para abraçar os novos tempos, a nova realidade dentro da história da salvação. Antes de tudo o desprendimento, manifestado na sobriedade do comer e do vestir (v. 6). Jesus vai insistir nessa condição para se entrar no Reino (*Mt* 6,25-31; 10,8-10; 18,3). Depois, a humildade diante da pessoa e do mistério de Jesus, manifestada na afirmação de não ser digno de ser seu escravo (v. 7). Desprendido e humilde, mas entusiasmado pela causa (vv. 4 e 5), João Batista é o último profeta do Antigo Testamento, e o primeiro a anunciar a plenitude dos tempos (*Gl* 4,4) com a chegada do Messias.

Ao descrever a figura de João Batista, Marcos dá todos os traços dos grandes profetas. Ao dizer que Batista se vestia com pele de camelo, ligou-o imediatamente ao mais respeitado profeta do Antigo Testamento, Elias, que também se vestia assim (*2Rs* 1,7). Ao dizer que João andava com um cinto de couro à cintura, está dizendo que era um homem sóbrio, puro, atento à voz do Senhor, pronto a ir para onde Deus quisesse (*Lc* 12,35). O cinto fazia parte do modo de vestir-se dos profetas. Os gafanhotos, encontráveis também no deserto, eram considerados 'animais puros'. Segundo antigas tradições, o gafanhoto, na sua debilidade, enfrenta as serpentes e chega a matá-las. Por isso simbolizava a palavra de Deus, sempre humilde, mas com uma força interna capaz de derrotar os demônios. João Batista, agora, chega como profeta, isto é, como alguém autorizado por Deus para falar em nome de Deus e apontar a derrota da maldade. O mel, também encontrável no deserto, é outro símbolo da palavra de Deus (*Sl* 19,11; 119,103, *Ez* 3,3). João Batista, portanto, alimenta-se da palavra de Deus e, com a força desse alimento, transmite ao povo a chegada daquele que é a Palavra de Deus encarnada, a Palavra eterna.

O caminho
que nos leva às origens

João põe com toda a clareza a condição fundamental para se compreender tanto o ensinamento quanto a pessoa de Jesus: a confissão dos pecados, ou seja, a conversão (v. 4). A palavra 'conversão', no seu sentido hebraico, significa 'mudar por inteiro de direção'; no sentido grego, significa 'mudar o modo de pensar'; em português, dá mais o sentido de 'voltar-se'. Conversão é tudo isso junto. A criatura humana saiu pura do sopro de Deus e somente pura pode voltar a ele. Precisamos recuar do caminho do pecado, mudar de comportamento e, talvez, de modo de pensar. Devemos reorientar a nossa vida, de modo que ela tenha sua meta em Deus. Ao nos converter, não fazemos coisa excepcional, apenas nos voltamos para nossa verdadeira origem: Deus. Fazemos o gesto do girassol: voltamo-nos naturalmente para o sol, para Deus. Nesse voltar-se para Deus consiste a recriação realizada por Jesus e em Jesus.

Ao falar em batismo com o Espírito Santo (v. 8), Marcos quer, em primeiro lugar, apontar um dos grandes sinais da chegada do Messias: o derramamento do Espírito de Deus sobre todo o povo (*Jl* 3,1; *Is* 44,3; *Ez* 11,19; *Zc* 12,10). Mas quer também indicar já a solene promessa de Jesus: o Espírito Santo, descido em forma visível e perene no dia de Pentecostes (*At* 2,4.33). O Espírito Santo é a força pela qual Cristo dá a vida sobrenatural a seus fiéis. Por isso o Concílio Vaticano II diz que o Espírito Santo vivifica a Igreja como se fosse a sua alma (*Lumen Gentium*, 4 e 8). Assim como na primeira criação, o Espírito de Deus pairava sobre as águas (*Gn* 1,2), na nova criação o Espírito de Deus enche e pervade tudo. A começar com a própria encarnação de Jesus Cristo.

3º DOMINGO DO ADVENTO

*1ª leitura: Is 61,1-2a.10-11
Salmo: Ct. Lc 1,46-50.53-54
2ª leitura: 1Ts 5,16-24
Evangelho: Jo 1,6-8.19-28*

Darás ao povo o conhecimento da salvação (Lc 1,77)

COM A FORÇA E A SANTIDADE PROFÉTICA
JOÃO ANUNCIA A PLENITUDE DOS TEMPOS

O terceiro domingo do Advento é chamado o Domingo da Alegria. É a alegria da espera-esperança. A alegria da véspera da chegada da pessoa querida. Alegria que nos faz esquecer todo o cansaço da preparação. Já na antífona de entrada, lembramos a frase de São Paulo aos Filipenses: "Alegrai-vos sempre no Senhor, porque o Senhor está perto!" (*Fl* 4,4-5). Paulo volta a nos repetir na segunda leitura: "Ficai sempre alegres!" (*1Ts* 5,16). O hino responsorial não é tirado dos salmos, como de costume, mas do *Magnificat* (Lc 1,46-54), o cântico por excelência da alegria e das razões da alegria: a encarnação da misericórdia divina em Jesus, que nos mostrará que Deus é "Pai dos humildes e dos pobres e quer repartir conosco a paz e a alegria de seu reino" (*Coleta* do ano B).

A alegria de hoje se confunde com a luz que é jogada sobre a figura de João Batista, precursor de Jesus. Na verdade, a luz toda cai sobre Jesus de Nazaré, "a luz verdadeira que ilumina todo o homem que vem a este mundo" (*Jo* 1,9).

A primeira frase do Evangelho resume a pessoa e a missão de João Batista: é um *homem*. Diferentemente de Jesus, que é desde o início chamado de Filho de Deus. É um *enviado* de Deus, isto é, um profeta, que falará em nome de Deus aos homens. Jesus também se dirá enviado (*Jo* 3,34; 8,16; 20,2), mas falará com autoridade própria e se identificará com o Pai

(*Jo* 10,30). Chama-se *João*, que quer dizer 'Deus usa de misericórdia'. A missão de João é proclamar que a misericórdia divina se encarnou na pessoa de Jesus de Nazaré, que veio "tirar o pecado do mundo" (*Jo* 1,29).

Testemunha da Luz, que é o Cristo

João é apresentado como 'testemunha da luz' (v. 7). A luz é Cristo. Mais tarde, Jesus se chamará luz do mundo (*Jo* 8,12). João Evangelista fala muito do Cristo-luz. No Antigo Testamento, Deus era visto como luz, porque estava e está presente em todo o universo, vai e vem sem ocupar espaço e guia os justos pelo bom caminho. Nos livros sapienciais (Sabedoria, Eclesiastes, Eclesiástico, Cântico dos Cânticos, Provérbios, Jó e Salmos), a Lei é apresentada como luz, isto é, orientação segura para a vida. Para o Evangelista João, Jesus de Nazaré é o caminho verdadeiro (*Jo* 14,6), é a nova Lei e o novo Templo (*Jo* 2,21), é "a vida e a luz dos homens" (*Jo* 1,4).

É dessa verdade que o Batista deve ser testemunha. João Evangelista fala muito dessa missão de testemunhar, porque ela será de todos os discípulos de Jesus. Encontramos 43 vezes a expressão ora como substantivo, ora como verbo, no quarto Evangelho. A palavra grega deu origem a outro termo, bastante corrente na linguagem cristã: *martírio*. Testemunhar para o Evangelista é afirmar a verdade sobre uma pessoa, um fato. A pessoa é Jesus Cristo Deus (= Luz) e o fato é ele já estar presente entre as criaturas em carne humana (v. 26).

O próprio Jesus é apresentado como testemunha do Pai, e a mais perfeita, por ser o único a ver e ouvir o Pai (*Jo* 3,32). Dá-se o maior dos testemunhos, quando se morre pela afirmação que se faz. Essa morte-testemunho se chama *martírio*. Jesus é crucificado por testemunhar sua filiação e realeza divina. O Batista foi assassinado por denunciar o pecado (*Mc* 6,18). Todos os Apóstolos morrerão de forma violenta por serem "as testemunhas da ressurreição de Jesus" (*At* 2,32).

Não é o Messias, mas seu profeta

Pelas perguntas feitas a João Batista, vemos que ele se assemelhava a três pessoas ao menos, que estavam no centro da esperança e da piedade do povo. Seu comportamento e sua pregação levavam à semelhança. Mas ele confessa claramente não ser nenhuma das três. E ao negar ser uma delas, enfoca Jesus de Nazaré, mais santo que Elias, maior que 'o Profeta', e de quem nem ele nem Elias nem o Profeta são dignos de desamarrar-lhe os cadarços das sandálias, ou seja, sequer são dignos de serem seus serviçais.

A primeira semelhança de João Batista é com o Messias ou o Cristo esperado. *Cristo* e *Messias* são termos com o mesmo sentido. *Messias* é termo aramaico (a língua materna de Jesus), e *Cristo* é um termo grego (a língua mais falada no tempo de Jesus). Apesar de colônia romana, era o grego a língua mais falada na Palestina no tempo de Jesus, depois do hebraico e do aramaico. Tanto *Messias* quanto *Cristo* significam *o ungido*, *o consagrado* por Deus para ser rei. Desde o primeiro século antes de Cristo o termo indicava claramente o redentor que viria. Lendo os profetas, o povo estava convencido de que o Messias deveria ser um descendente de Davi, como aparece também no Cântico de ação de graças de Zacarias, pai de João Batista (*Lc* 1,69-70). Mateus se esforçará para mostrar que Jesus, apesar de sua origem divina, é descendente de Davi (*Mt* 1,1-17). Muitas vezes Jesus foi chamado de 'Filho de Davi' (*Mt* 1,1; *Lc* 18,38; 20,41). A grande aclamação na entrada triunfal em Jerusalém foi "Hosana ao filho de Davi, que vem em nome do Senhor!" (*Mt* 21,9).

Mas no tempo de Jesus, o conceito de Messias havia-se ampliado. Tinha forte colorido político-libertador. Percebe-se que Jesus, aceitando o título e chamando-se a si mesmo de Messias ou Cristo (*Mt* 16,16; *Mc* 14,61; *Jo* 6,70), e sendo um verdadeiro libertador, evita que se deturpe e se apequene o sentido de sua missão divina e universal a troco de um sectarismo partidário e temporal.

Com a força e a santidade profética
João anuncia a plenitude dos tempos

Outra figura é a de 'o Profeta', com o artigo definido na frente, que Moisés prometera, semelhante a ele (*Dt* 18,15-18) para ser o intermediário entre Deus e o povo. O próprio Jesus foi identificado com essa personagem (*At* 3,22). O povo estava tão acabrunhado sob o jugo romano e sob o peso das leis religiosas, derivadas da Lei de Moisés, que sonhava com uma nova libertação, com uma nova teofania semelhante à do Monte Sinai, com um novo libertador com a lucidez, a liderança e a certeza de vitória de Moisés, capaz de rasgar o mar para salvar o povo (*Êx* 14,15-31) e de dialogar pesado com Deus em benefício dos esfaimados (*Nm* 14,13-19). A figura, quase apocalíptica do 'o Profeta' se confundia muitas vezes com a do Messias vindouro.

João Batista, por último, nega ser a reencarnação de Elias, o corajoso profeta do século nono antes de Cristo que, conforme se contava, fora arrebatado ao céu num carro de fogo (*2Rs* 2,1-18), estaria vivo e ativo (*2Cr* 21,12) e deveria voltar para preparar a chegada do Messias (*Ml* 3,1-3.23). Elias era tido como o mais santo de todos os profetas. Jesus mesmo irá comparar João Batista a Elias (*Mt* 11,4 e 17,10-13). O anjo que aparece a Zacarias para anunciar o nascimento de João diz que ele "caminhará na presença do Senhor, tendo o espírito e o poder de Elias" (*Lc* 1,17).

A comparação entre João Batista e Elias era altamente honrosa e expressava o renascimento de toda uma esperança do povo. Vendo-o como 'o Profeta', pensavam num libertador mais político, de que tinham muita necessidade. Vendo-o como 'Elias', pensavam num reestruturador da verdadeira Justiça, isto é, da santidade radical. Vendo-o como 'Messias', pensavam em alguém capaz de conduzi-los à libertação de todos os jugos estrangeiros, libertação dos fariseus e saduceus, que se haviam apoderado do poder religioso, libertação das enfermidades e maldades, pensavam num reencontro paradisíaco entre os descendentes de Abraão e seu Deus. Também em Jesus o povo quis ver Elias redivivo (*Mc* 8,28; *Mt* 16,14), suspeitou que fosse 'o Profeta' (*Jo* 6,14; *At* 3,22). Mas Jesus era mais que profeta (*Mt* 12,41), era o Filho de Deus Salvador.

4º DOMINGO DO ADVENTO

1ª leitura: 2Sm 7,1-5.8b-12.14a.16
Salmo: Sl 88
2ª leitura: Rm 16,25-27
Evangelho: Lc 1,26-38

O Senhor teu Deus está no meio de ti como um salvador (Sf 3,17)

EM MARIA, TORNOU-SE BENDITA TODA A HUMANIDADE

No último domingo do Advento, que muitas vezes cai às vésperas ou quase vésperas do Natal, os textos litúrgicos estão inteiramente voltados para o mistério da Encarnação. O Evangelho de hoje se repete nas grandes festas de Maria e em suas Missas votivas. E não podia ser diferente, porque toda a grandeza de Maria provém de sua maternidade divina, desde sua conceição imaculada, passando pelo parto virginal, até sua assunção em corpo e alma ao céu.

Embora a Encarnação do Filho de Deus seja um fato histórico e um dogma fundamental do cristianismo, o modo de contá-la podia ter tido formas diferentes. A criatura humana diante do mistério se torna inefável, isto é, não encontra palavras adequadas para expressá-lo, ainda mais quando se trata de um mistério divino e humano ao mesmo tempo, em que a parte humana, de alguma forma, pode ser alcançada pela inteligência.

Mesmo na suposição de que Lucas tivesse conhecido Maria e pudesse ter perguntado a ela sobre a Encarnação, as palavras continuariam insuficientes tanto para Lucas quanto para a própria Virgem. Todos temos experiência da pobreza humana em expressar por palavras os fatos íntimos de nossa vida. Mesmo que as palavras digam alguma coisa, permanecem sempre aquém daquilo que gostaríamos de dizer. Mais felizes que as palavras são os símbolos. Daí a frequência dos símbolos na linguagem sagrada. Lucas procurou um estilo especial, para falar do mistério. Suas palavras, tantas vezes simbólicas, não explicam o mistério, mas nos aproximam dele.

Quando chegou a plenitude dos tempos

Como o anunciado era o Filho de Deus, Lucas usa a figura do anjo, mensageiro de Deus, para anunciar às criaturas os grandes e excepcionais acontecimentos. O anjo se chama Gabriel. Como Lucas pode saber o nome do anjo? Desde o profeta Daniel (*Dn* 8,16-26), que vivera exilado, uns 500 anos antes de Cristo, dava-se o nome de Gabriel ao anjo de Deus, que, segundo o profeta, anunciaria os últimos tempos, isto é, aquele momento que todos os profetas pregavam, pelo qual todos esperavam e que São Paulo chamou de 'plenitude dos tempos' (*Gl* 4,4), quando não mais se julgaria por ouvir dizer (*Is* 11,3-8), quando os pobres e fracos teriam justiça, quando o lobo feroz fosse hóspede do cordeiro manso, quando a criança pudesse brincar com as serpentes, quando os cegos enxergariam e os mudos falariam e os surdos ouviriam, quando os tiranos e ditadores desapareceriam, quando todos tivessem liberdade e, pacificados, vestidos de alegria, entoassem cânticos de glória (*Is* 12,6). Seria o dia do retorno da descendência de Adão ao paraíso perdido.

Lucas vê chegada a plenitude dos tempos na Encarnação de Jesus Cristo. Vê chegado o começo dos novos tempos, caracterizados pelo Emanuel, isto é, Deus Conosco (*Is* 7,14), um Deus sempre presente no meio da comunidade, misericordioso, legislador e mestre, santificador, mediador entre o céu e a terra. São Paulo dirá: "Quando chegou a plenitude dos tempos, Deus enviou seu Filho, nascido de mulher..., para que todos recebêssemos a adoção de filhos" (*Gl* 4,4-5). Essa é a razão de ser da Encarnação de Jesus. Assumindo a natureza humana, Jesus como que recriou a humanidade, transformou a criatura humana em nova criatura: "quem está em Cristo é criatura nova" (*2Cor* 5,17), ensina São Paulo aos Coríntios.

O templo que Davi
não conseguiu construir

Há outro pormenor que Lucas terá anotado de propósito. João Batista, o último dos profetas do Antigo Testamento, foi anunciado no templo de Jerusalém, entre incenso, pelo mesmo anjo Gabriel, que lá se apresenta com esse nome (*Lc* 1,19). Cristo é anunciado numa pequena vila, mal-afamada (*Jo* 1,46; 7,41) da Galileia, semipagã. Embora seu nome, segundo São Jerônimo, signifique 'flor', era mais conhecida pelas prostitutas à disposição do que pelos valores religiosos e culturais. Jerusalém não merecera a mensagem. A jovem e virgem Maria, na minúscula Nazaré, torna-se a nova Jerusalém, a nova cidade santa, aquela que os profetas chamaram de filha de Sião (*Is* 37,22; *Sf* 3,14).

Jerusalém continha o templo, coração do povo. Maria, a nova Jerusalém, contém o Senhor do templo, Deus encarnado em seu seio virginal. O templo de Jerusalém era o símbolo visível da Aliança de Deus com o povo (*2Cr* 7,15-16). Agora Maria de Nazaré é a iniciadora da nova aliança, que Jesus, na Última Ceia, dirá que é definitiva e eterna, porque garantida por seu sangue (*Lc* 22,20). Se Maria concebeu em seu seio o Filho de Deus, está cheia de toda a graça, porque contém em si a plenitude da graça, todo o Bem, o Bem inteiro.

Na primeira leitura se recorda que Davi não pôde construir uma casa digna do Senhor. Mas Deus lhe faz a grande promessa: "Suscitarei para te suceder um teu descendente, nascido de tuas entranhas, e confirmarei a sua realeza. Ele levantará uma casa para o meu nome e eu confirmarei para sempre o seu trono real. Eu serei para ele um pai e ele será o meu filho" (*2Sm* 12-16). Cumpre-se a promessa: o descendente de Davi encarna-se hoje no seio de Maria, e Deus é seu pai. A casa, que Davi não pôde construir, Deus mesmo a fez no seio de Maria, seio que bem pode ser sinônimo de Igreja, a casa de Deus da nova aliança. Ainda que passe pela morte, seu reino não terá fim (*Mt* 28,20).

O Filho de Maria
pertence a todos

O Filho de Deus, que Gabriel anuncia encarnado no seio de Maria, por obra e graça do Espírito Santo, não é dom para ela exclusivamente. As mães costumam falar sempre em 'meu filho', embora o filho seja tanto dela quanto do marido. Na Anunciação o anjo Gabriel é claro: o Filho de Maria pertencerá a todos. E o afirma com a frase: "O chamarás Jesus". No nome está uma missão. O nome já fora dado a Josué, que salvara o povo do deserto, conduzindo-o à Terra prometida. O nome já fora dado ao sacerdote que organizara o culto ao Deus único durante o exílio da Babilônia. O Filho de Maria se chamará Jesus, isto é, Salvador.

Jesus é aquele que nos vem salvar do deserto em que vivemos (deserto, porque pouco produzimos de bom; deserto, porque em nós se escondem coisas ferozes, como o pecado da injustiça e do ódio, do egoísmo e da ganância; deserto, porque somos secos para Deus e secos para os outros). Jesus é aquele que vem restaurar o verdadeiro culto ao Pai do Céu, onde já não contam as coisas oferecidas (bois, carneiros, incensos), mas a sua pessoa, sacerdote e sacrifício (*Hb* 7,27) ao mesmo tempo, e a nossa pessoa, que deve se converter e voltar-se para o Senhor, para ser com ele sacrifício puro e agradável (*Ef* 5,2). Jesus veio ensinar-nos como "adorar o Pai em espírito e verdade" (*Jo* 4,24).

Quando Maria, mesmo sem entender o alcance de sua resposta, disse: "Faça-se em mim segundo a tua palavra", abrindo as portas de seu seio imaculado ao Filho do Pai Eterno, deu uma resposta em nome de toda a humanidade. Como diz o *Catecismo da Igreja Católica*: "Maria pronunciou o seu *Faça-se* em representação de toda a natureza humana; pela sua obediência, tornou-se a nova Eva, a mãe de todos os viventes" (n. 511). No momento em que Cristo se encarnou em Maria, a humanidade inteira ficou tocada pela graça divina, ficou cristificada. A humanidade inteira tornou-se a morada de Deus.

TEMPO DO NATAL

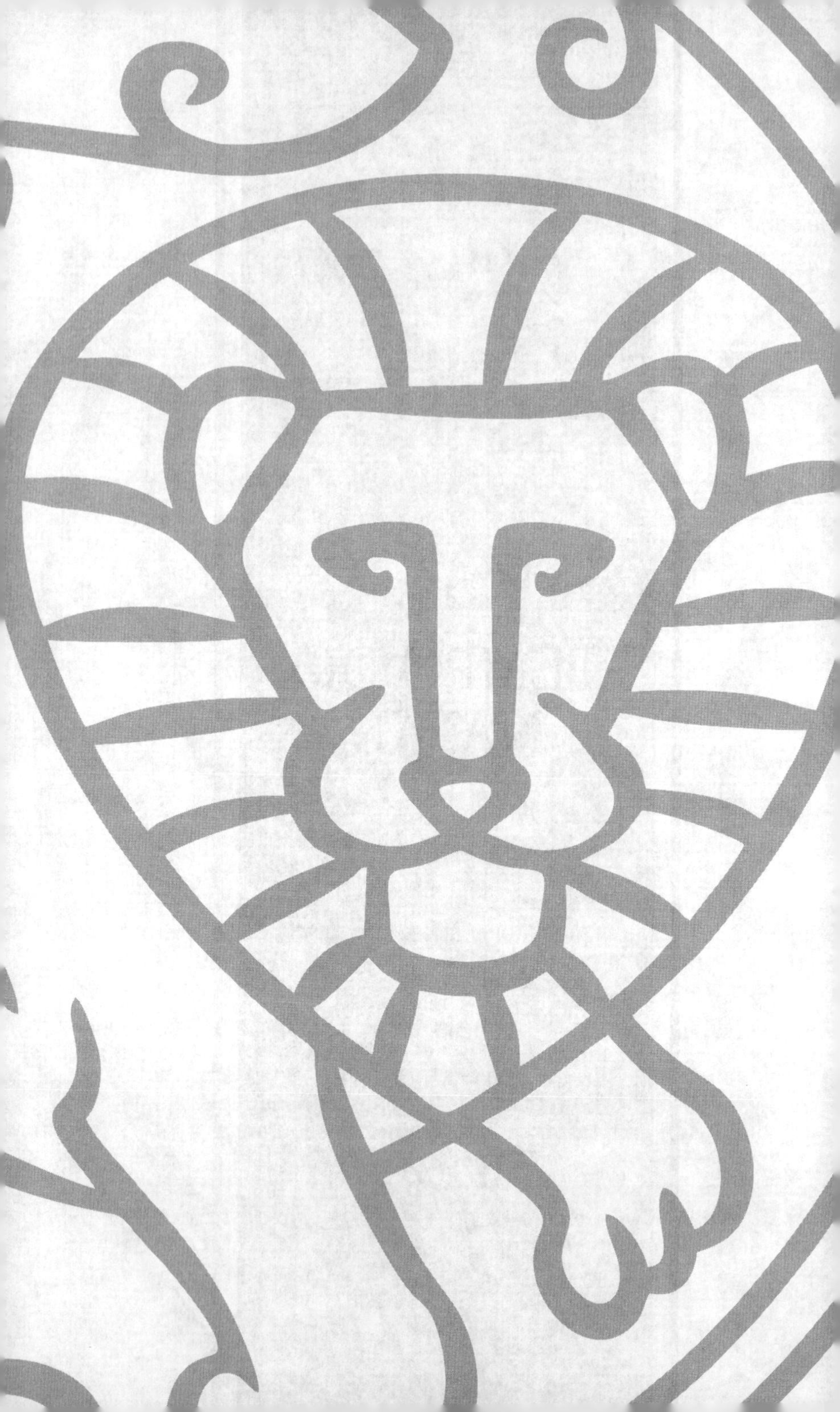

SOLENIDADE DO NATAL DO SENHOR
MISSA DA NOITE

1ª leitura: Is 9,2-7
Salmo: Sl 95
2ª leitura: Tt 2,11-14
Evangelho: Lc 2,1-14

Exulta de alegria, porque o teu Rei vem a ti! (Zc 9,9)

NOITE SANTÍSSIMA
ILUMINADA PELO ESPLENDOR DE CRISTO

A Missa da meia-noite, como não podia deixar de ser, fala de escuridão e de luz. Começamos com a sugestiva leitura do Profeta Isaías que vê uma grande luz envolver o povo que caminha e mora na escuridão. Andar na escuridão não significa apenas não ter a luz do dia, mas significa também não conseguir ver o significado e os rumos da vida, não conseguir vislumbrar o destino humano, não ter a quem dirigir-se e com quem aconselhar-se com segurança.

O Profeta Isaías, 700 anos antes de Cristo, parece ser um de nossa comunidade que nesta noite vem até o Presépio. Caminhamos no escuro da noite. Viemos com nossa insegurança, com nossas angústias e esperanças, para ver a grande luz vinda do céu e que iluminará nossa noite, iluminará nossos passos, iluminará nossa mente e nosso coração, iluminará a história humana. A luz é esse "Menino que nos foi dado" para ser um 'Deus Conosco', um 'conselheiro seguro e admirável', o 'portador de uma paz sem-fim'.

Juntam-se no coração da noite, "iluminada com o esplendor de Cristo, luz do mundo", todas as criaturas: os anjos do céu, que anunciam aos pastores o grande milagre, as criaturas humanas, amadas ao extremo por Deus, os animais, os campos, as estrelas, porque "apareceu na carne humana a Graça divina, portadora de salvação para todos" (*Tt* 2,11). Esta é a noite santíssima esperada e suplicada pelo Antigo Testamento. Esta é a noite santíssima, que gerou uma nova criação, novo povo de Deus, nova aliança entre o céu e a terra.

Noite de Natal: humildade e misericórdia

Esta é, sobretudo, a noite da *humildade*. Humildade de Deus, que desce do céu e assume a condição humana em tudo, menos no pecado (*Hb* 4,15): "Cristo Jesus, apresentando-se como simples homem, humilhou-se" (*Fl* 2,7). Humildade da criatura humana, porque só um coração humilde, como o de José e de Maria, pode avizinhar-se de uma manjedoura e ver crendo e crer vendo num pobre menino recém-nascido o Filho de Deus, Salvador do mundo. Um coração orgulhoso é incapaz de crer num mistério. Como eram sábios nossos pais, quando nos ensinaram em criança a rezar: "Jesus, manso e humilde de coração, fazei meu coração semelhante ao vosso!" Porque só o humilde consegue aproximar-se de Deus. Se alguém se aproximasse do Presépio, pensando estar revestido de todas as virtudes e qualidades terrenas e celestiais, mas lhe faltasse a humildade, estaria desprovido de tudo, porque todas as virtudes têm como condição de existência a humildade. Esta é a noite da humildade. Humildade de Deus e humildade da criatura.

Esta é a noite da *misericórdia*. A palavra 'misericórdia' significa 'ter o coração aberto ao miserável, ao necessitado'. Os necessitados somos nós, pecadores todos, sem exceção. Nesta noite de Natal, Deus abre seu coração, rico de misericórdia (*Ef* 2,4), e derrama sobre nós todo o seu amor, dando-nos a plenitude de todos os bens, seu Filho, encarnação da misericórdia divina. Misericórdia que é para nós perdão e graça, santificação e vida. Lemos na segunda leitura: "Hoje se manifesta a graça de Deus, fonte de salvação para todos... Jesus Cristo dá-se a si mesmo por nós a fim de resgatar-nos de toda iniquidade e formar para si um povo, que lhe pertença com exclusividade, um povo que seja zeloso na prática do bem" (*Tt* 2,11.14).

Noite de Natal: festa da alegria

Esta é a noite da *alegria*. Falando aos romanos na noite de Natal, exclamava o Papa São Leão Magno: "Nesta noite não há espaço para a tristeza, porque nasce a vida, uma vida que destrói o medo da morte e traz a alegria da comunhão com Deus". Ninguém está excluído dessa felicidade. Exulta o santo, porque hoje a santidade é oferecida em abundância a todos. Exulta o pecador, porque Deus lhe oferece a facilidade do perdão na ternura de uma criança. Hoje acontece aquele momento previsto pelo Profeta Isaías na primeira leitura: "Deus multiplica o júbilo e faz crescer a alegria" (*Is* 9,2). Hoje acontece o previsto pelo Salmo 96, que cantamos antes da segunda leitura: "Cantai ao Senhor um cântico novo! Cantai ao Senhor, terra inteira! Povos todos prostrai-vos diante do Senhor! Alegrem-se os céus! Exulte a terra! Estronde o mar e tudo o que ele contém! Sorriam as campinas e quanto nelas existe! Exultem todas as árvores dos bosques, porque o Senhor chegou para governar a terra!".

A essa alegria somos todos convidados. Talvez a condição única é que tenhamos um coração humilde, capaz de abrir-se para o mistério de Deus. Os pastores não tinham grandes méritos. Eram até considerados 'pecadores', porque não podiam observar todas as leis prescritas. Não por méritos próprios, mas por benevolência divina, receberam a visita dos anjos, anunciadores da grande alegria. Deixaram-se inundar de alegria, correram à gruta santa, abriram seu coração e ofereceram presentes ao Filho de Deus recém-nascido.

Hoje é a noite em que devemos cantar com Maria: "A minha alma glorifica o Senhor e meu espírito exulta em Deus, meu Salvador, porque grandes coisas fez o Todo-poderoso" (*Lc* 1,46-47). Porque Deus se fez um de nós, para mudar o rumo de nossa vida. Nele a ofensa terá perdão; por ele o ódio será substituído pelo amor; com ele a violência se tornará doce como a ternura e o erro e a sinuosidade cederão lugar à verdade inteiriça; a maldade será destruída e o medo será extinto. Porque "hoje nos nasceu um Salvador, que é o Cristo Senhor" (Lc 2,11).

Noite de Natal:
festa da fraternidade

Esta é a noite da *fraternidade*. O Filho de Deus se fez nosso irmão e todos nós nos tornamos filhos do mesmo Pai, irmãos e irmãs entre nós (Mt 23,8-9). Mas a verdadeira fraternidade só é possível quando cada um de nós e todos tivermos um coração humilde. Em coração orgulhoso não nasce a alegria da fraternidade. O coração orgulhoso sempre se fecha para dentro, para o seu egoísmo e seus interesses, sendo incapaz de abrir-se aos outros, de ser misericórdia para os outros e, consequentemente, não é construtor de fraternidade. A verdadeira fraternidade precisa de corações generosos, cheios de misericórdia, porque na fraternidade todos necessitam uns dos outros, e, nesse doar-se aos outros, está uma das fontes de crescimento da fraternidade.

Na fraternidade fazemos a experiência do amor gratuito, do qual brota a imensa alegria que inunda esta noite santa. A criatura humana tem necessidade de saber-se e sentir-se amada. O Natal está gritando que Deus nos amou até o extremo de nos dar seu Filho (Jo 3,16). Se isso é motivo de incontida alegria, é também uma chamada a que nos amemos uns aos outros, como Deus nos amou (Jo 13,34). Porque temos absoluta necessidade de amar e ser amados. É nesse dar e receber amor que se firma a fraternidade, a alegria de estar junto, de caminhar junto, de construir junto. Por isso Jesus não só veio habitar perto de nós, mas fez-se um de nós e morará conosco.

Gostaria de ser para todos a voz do anjo aos pastores: "Eis que vos anuncio uma grande alegria: nesta noite nasceu para vós um Salvador, que é o Cristo Senhor! Encontrá-lo-eis humilde, envolto em cueiros, numa manjedoura, quase à beira da estrada. Ele é a encarnação da misericórdia divina! Ele tem o poder de reabrir as portas do céu! Ele é a plenitude da nossa alegria! Nele somos todos irmãos e coerdeiros da mesma glória eterna!"

SOLENIDADE DO NATAL DO SENHOR MISSA DO DIA

1ª leitura: Is 52,7-10
Salmo: Sl 97
2ª leitura: Hb 1,1-6
Evangelho: Jo 1,1-18

Vivei em Cristo Jesus, o Senhor (Cl 2,6)

NASCEMOS PARA A VIDA DIVINA NA VIDA HUMANA DE DEUS

Hoje a Igreja se reúne para celebrar um fato acontecido dentro da história humana, mas que se prende à eternidade de Deus: o nascimento de Jesus em Belém; o nascimento daquele que devia vir, como anunciaram os profetas ao longo do Advento; o nascimento da Luz do Mundo, como se autodefiniu o próprio Jesus; o nascimento daquele que se afirmou caminho único, garantido e definitivo para a criatura humana; o nascimento do purificador de todos os pecados; o nascimento do Filho bendito do Pai eterno e de Maria de Nazaré, por obra e graça do Espírito Santo.

Não apenas recordamos o fato do nascimento de Jesus Cristo, mas o celebramos, isto é, tornamo-lo presente, fazemo-lo perto de nós, fazemo-lo fato nosso, hoje, dia de Natal, que é tanto de Deus quanto nosso, porque nascemos para a vida divina na vida humana de Deus. Deus nasce na carne humana para que nós tenhamos a vida de Deus e desabrochemos em plenitude as sementes de eternidade que todos trazemos dentro de nós.

No Natal se encontram tempo e eternidade, terra e céu, Deus e criatura humana. O tempo de Jesus homem na eternidade de Cristo Deus. Por isso os anjos cantam a felicidade das criaturas que tiveram a benevolência do Senhor. A glória divina se une para sempre à esperança humana.

Natal:
festa do *sim*

O Profeta, sobre as colinas de Jerusalém, anuncia a chegada da paz (*Is* 52,7). A paz é a plenitude de todos os bens. Hoje nasceu para nós, na gruta de Belém, o Sumo Bem, o Bem universal, que traz para nós a salvação, que é a realização plena da paz sempre desejada, procurada e sonhada. Ela nos vem como um dom gratuito de Deus. "Nasceu para nós, um menino, um filho nos foi dado" (*Is* 9,5), canta a Liturgia da Missa de hoje. No entanto, a salvação que Deus nos oferece não dispensa a criatura humana de escolher entre a graça e a danação. O nascimento no Natal, ao mesmo tempo que nos replena de alegria pela certeza da salvação, enche-nos de responsabilidade pelo nosso destino. O Natal tem tanto a ver com Jesus-Deus, que nasce homem, quanto com o homem que recebe a chance da vida divina. Deus deixou a cada um de nós a opção de dar uma resposta afirmativa ou negativa.

À vida que o Cristo trouxe podemos responder com a vida – e seremos filhos de Deus; ou com a morte – e seremos filhos da desgraça. À santidade que o Cristo trouxe podemos responder com a santidade – e seremos glorificados pelo Pai; ou com o pecado – e seremos malditos. À paz que o Cristo trouxe podemos responder com a pacificação – e viveremos o equilíbrio da tríplice dimensão, ou seja, com o coração voltado para o alto (Deus), para fora (o próximo), para dentro (as coisas pessoais); ou responderemos com a guerra, mergulhando as mãos no sangue fraterno.

De novo, sempre de novo, far-se-á Natal para que o sorriso pacífico do Menino amanse o homem violento; sempre de novo se fará Natal para que a santidade do Menino envergonhe nossos pecados; sempre de novo se fará Natal para que a vida divina, as sementes da imortalidade renasçam no coração da criatura humana, marcada pela morte. Natal: festa do nascimento da Vida. Natal: festa do nascimento do Amor. Natal: festa do nascimento da Paz, plenitude de todos os bens. Natal: seja a festa do nosso Sim!

Natal:
festa do *amor*

"Um menino nasceu para nós." Essa frase do Profeta Isaías, dita 700 anos antes do Natal, repercute em toda a liturgia de hoje e se vê realizada na narração do evangelista Lucas: na noite de Belém, Maria deu à luz um Menino, a quem impôs o nome de Jesus. Não havendo lugar nas hospedarias públicas, recolheu-se a uma gruta e reclinou o filho numa manjedoura de animais. A gruta lembra mistério. E o que aconteceu hoje, dentro da história, é o imenso mistério do nascimento em carne humana do Filho eterno de Deus. Inefável é aquilo que não se pode descrever com palavras. O mistério do Natal é o mistério inefável por excelência, também porque revestido da ternura de Deus, acalentado por uma mãe-virgem, assistido por um homem, que acreditou que para Deus nada era impossível (*Lc* 1,37).

Esse menino nascido na pobreza de uma gruta é o Filho de Deus, da mesma substância do Pai, Deus de Deus, Luz da Luz, Deus verdadeiro, como rezamos no Credo. Hoje ele nasceu no tempo. Entrou na história humana. Mas ele existia antes do tempo. O Evangelho de João o expressa com palavras teológicas: "Ele é o Verbo que já existia no princípio, o Verbo que estava com Deus, o Verbo que era Deus. Tudo o que foi criado, foi criado por meio dele" (*Jo* 1,1-3). E foi esse Verbo eterno de Deus "que se fez carne e veio morar entre nós" (*Jo* 1,14). Para nosso benefício. As criaturas são fruto do amor de Deus. A plenitude do amor é Jesus, o "primogênito de todas as criaturas" (*Cl* 1,15). Ele nos foi dado hoje e "de sua plenitude todos nós recebemos graça sobre graça" (*Jo* 1,16).

Natal: festa do amor! "Deus amou de tal modo o mundo que deu seu Filho unigênito" (*Jo* 3,16). Foi-nos dado pelo Pai. Ele foi gerado no tempo por Maria para que "todos os que o receberem e nele crerem se tornem filhos de Deus" (*Jo* 1,12). Numa festa do Natal, dizia o Papa São João Paulo II: "O nascimento do Filho de Deus é o dom sublime, a maior graça feita à criatura humana que a mente jamais teria podido imaginar. Ao recordamos neste dia santo o nascimento de Cristo, vivemos, juntamente com esse acontecimento, o mistério da adoção divina do homem, por meio do Cristo, que vem ao mundo cheio de misericórdia e de bondade".

Natal:
festa do acolhimento

Mas há um diabo atravessado nessa história de amor e de ternura, de salvação e vida. Lembra o Evangelho de João: "Ele veio para o que era seu, mas os seus não o acolheram" (Jo 1,11). Lucas confirma essa triste verdade no meio da alegria terrena e celestial de Belém: "Não havia lugar para eles na hospedaria" (Lc 2,7). Nós pertencemos ao Senhor, porque somos criaturas dele, ele nos fez, e só existimos porque ele quer. Apesar de propriedade de Deus, somos capazes de não acolhê-lo. Somos capazes de preferir as trevas à luz divina. Esse é o diabo atravessado na história da encarnação e nascimento do Senhor. Não precisamos de muita teologia para compreender essa verdade. A nossa experiência de cada dia no-lo ensina.

A hospedaria que ele procurou e não encontrou é a humanidade, é o coração humano. O menino nascido na gruta de Belém é a encarnação da misericórdia divina. E só é misericordioso quem tem o coração aberto para dar e receber. Deus entregou-se inteiramente a nós. E nós temos a possibilidade de não o acolher, de termos o coração fechado para as coisas de Deus e para o amor gratuito. O diabo do egoísmo e do orgulho pessoal, o diabo da autossuficiência e da soberba, o diabo do secularismo e da indiferença fecham as portas ao Menino, que vem a nós na mansidão da humildade e só pode ser acolhido pelos corações humildes e voltados para o Senhor. Natal é a festa do acolhimento. Sem acolhimento não pode haver comunicação. Sem comunicação não há comunhão. E o Natal é a festa da comunhão com Deus, que se faz criatura e se doa a ela para que a criatura realize o sonho de assentar-se ao lado de Deus.

FESTA DA SAGRADA FAMÍLIA

1ª leitura: Gn 15,1-6;21,1-3 ou Eclo 3,3-7.14-17a
Salmo: Sl 127
2ª leitura: Cl 3,12-21
Evangelho: Lc 2,22-40

Quem tiver fé não se deludirá (Rm 9,33)

A SAGRADA FAMÍLIA: UMA CAMINHADA DE FÉ

Jesus de Nazaré é Deus e homem. A Igreja sempre teve o maior cuidado em manter firme essa verdade. Ao celebrar, hoje, a Sagrada Família, a Liturgia quer realçar o ambiente humano, concreto, em que se criou o Filho de Deus. Nada de fantasmas, fantasias ou imaginações. Uma família externamente igual a todas as famílias de Nazaré. Uma mãe, que tecia a roupa do marido e do filho. Um homem, pai legal de Jesus, que trabalhava na carpintaria. Um menino, que "crescia e se tornava gente" (Lc 2,40). Uma família normal e normal também na pobreza; uma família que levava a vida diária no trabalho, na oração, na alegria e no sofrimento.

O homem se chamava José, 'homem justo' (Mt 1,19). A mãe era Maria, 'agraciada por Deus' (Lc 1,28). O menino se chamava Jesus, que, por ser primogênito, fora consagrado ao Senhor, como mandava a lei de Moisés (Êx 13,2.12.15). E teve de aprender a ler e a escrever, como todas as crianças de escola, a decorar as orações costumeiras das famílias hebraicas e a assimilar a Lei de Moisés, com as diferenças estabelecidas pelos Doutores do templo. E teve de desenvolver o raciocínio para ler os profetas e interpretá-los e aprender o trabalho de carpinteiro, como o pai legal, para sobreviver. O fato de todos considerarem Jesus como o 'filho do carpinteiro' (Mt 13,55) terá constituído a mais bela recompensa para José, humilde e fiel servo de Deus.

No entanto, apesar de toda a simplicidade e normalidade cotidiana, sobre essa família pousava o Espírito Santo de Deus. Com ela "estava a graça de Deus" (*Lc* 2,40), porque José fazia as vezes de Deus-Pai, Maria se tornara a Mãe de Deus, e o menino era o "Filho unigênito de Deus, nascido do Pai antes de todos os séculos" (*Credo*).

O essencial é invisível

A vila de Nazaré não teve nenhuma importância no Antigo Testamento, mas ficou para sempre ligada a Jesus, que, na idade adulta, era conhecido como 'Jesus de Nazaré' (*Jo* 18,5.7; 19,19; *Mc* 16,6; 1,24; *Lc* 4,34; 24,19; *At* 22,8). Situava-se numa região pobre da Galileia. E as poucas terras boas de plantação pertenciam a estrangeiros, que as haviam comprado. O povo era então duplamente humilhado: obrigado a ser pobre sem esperanças de melhora e ter de trabalhar para estrangeiros, o que era vergonha e até considerado 'pecado' pelos observantes das leis e costumes hebraicos. Por isso os nazarenos eram desprezados por aqueles que se consideravam fiéis. Também a Sagrada Família amargava essa situação.

Por duas vezes o Evangelho de Lucas fala em crescimento na sabedoria e na graça: no Evangelho de hoje, ao retornar do templo; e aos 12 anos, também ao voltar do templo. O templo era o lugar, a coisa mais sagrada que um hebreu tinha ou podia imaginar. Era o lugar da presença de Deus. Mas Jesus será o novo lugar da presença de Deus, o novo templo, "erigido pelo Senhor e não pelas mãos dos homens" (*Hb* 8,2). Nele e com ele, estava a sabedoria, isto é, o gosto pelas coisas de Deus e a sua compreensão. Nele e com ele estava a graça de Deus, e "de sua plenitude todos nós recebemos graça sobre graça" (*Jo* 1,16). Sua grandeza, porém, agora, está oculta numa vida de dia a dia no seio de uma família pobre. Mais do que nunca, aplica-se, aqui, a frase do simbólico livro *O Pequeno Príncipe*, de Saint Exupéry: "O essencial é invisível".

Sagrada Família:
uma família de fé

A Família de Nazaré é para nós, antes de tudo, um exemplo e modelo de fé. Logo depois da Anunciação, Maria se dirigiu à casa de Isabel, que a proclamou bem-aventurada, porque havia acreditado no Senhor (*Lc* 1,45). Maria foi uma mulher, uma mãe que acreditou no Senhor em todas as circunstâncias, inclusive na paixão e morte de Jesus e quando sepultou o Filho, para quem estava prometido "o trono de Davi e um reinado sem-fim" (*Lc* 1,32-33). Diz o *Catecismo da Igreja*: "Durante toda a sua vida, e até à sua última provação, quando Jesus, seu filho, morreu na cruz, sua fé não vacilou. Maria não cessou de crer 'no cumprimento' da Palavra de Deus. Por isso a Igreja venera em Maria a realização mais pura da fé" (n. 149).

A fé de Maria abraça-se desde o início da encarnação do Senhor com a fé de José. Lembra o Papa São João Paulo II na Exortação Apostólica sobre São José: "Pode-se dizer que aquilo que José fez o uniu, de maneira absolutamente especial, à fé de Maria: ele aceitou como verdade proveniente de Deus o que Maria tinha aceitado na Anunciação" (*Redemptoris Custos*, 4c). Maria e José fizeram juntos uma caminhada de fé. Foram verdadeiros 'peregrinos da fé'. Fé nas promessas escutadas. Fé vivida no dia a dia, na guarda, educação e no crescimento do menino. Foram os primeiros depositários do mistério divino.

A família humana
vive na e da fé

Celebramos a Santa Família de Nazaré. Mas celebramos também nossa família. Tomara que todos nós possamos dizer que somos fruto do amor de uma família, ou, como disse o Papa Francisco, frutos da alegria do amor. Alegria do amor que "pode ser vivenciada mesmo no meio de sofrimento e que implica aceitar que a família é uma combinação necessária de alegrias e fadigas, de tensões e repouso, de sofrimentos e libertações, de satisfações e buscas, de aborrecimento e prazeres, sempre no caminho da amizade" (*Amoris Laetitia*,

n. 126). Essas qualidades e essas dificuldades fazem parte de nossa vida de fé.

A fé é uma das colunas da família humana. É verdade que a fé primeiramente é uma adesão pessoal a Deus. A porta da fé, ensinava Bento XVI, é uma porta sempre aberta a todos, mas ninguém vai cruzar essa porta por mim nem por delegação minha. No entanto, a família é a principal escola da fé, e, talvez, onde mais se aprende e mais se faz a prática da fé e onde mais as pessoas se ajudam na fé. A alegria da convivência familiar se fundamenta na confiança mútua. A palavra 'confiança' é parenta da palavra 'fé'. A mútua confiança familiar nos faz crescer na confiança em Deus, e isto é fé. Se a Bíblia nos diz que o justo vive da fé (*Rm* 1,17), podemos dizer que o justo vive da confiança. E a mútua confiança solidifica a família. Se não houver na família a mútua confiança, dificilmente sobrevivem outras qualidades. Sem farinha não se faz pão; sem confiança não se constrói família.

Haveria muitas outras qualidades a destacar na Família de Nazaré. Neste ano a Liturgia acentua a fé. A fé verdadeira, que se abre para Deus, ouve sua palavra e a põe em prática (*Lc* 8,21), mesmo que seja necessário esperar contra toda a esperança (*Rm* 4,18). Vivemos num tempo de acentuado secularismo, isto é, cremos mais nas coisas do mundo que vemos e conquistamos, do que em Deus como nossa origem e destino único; cremos mais na tecnologia, que nos ensina como enriquecer e viver na abundância, do que na Palavra de Deus, que nos aconselha procurar "as coisas do alto" (*Cl* 3,1), porque todos "somos peregrinos e hóspedes na terra" (*Hb* 11,13). A fé não é um acréscimo na vida humana, como é a roupa ou a medalha que levamos ao pescoço. É integrante da pessoa humana, da família humana, como a carne do nosso corpo.

SOLENIDADE SANTA MARIA, MÃE DE DEUS

1ª leitura: Nm 6,22-27
Salmo: Sl 66
2ª leitura: Gl 4,4-7
Evangelho: Lc 2,16-21

Veio para anunciar a paz aos de perto e aos de longe (Ef 2,17)

RAINHA DA PAZ, PORQUE MÃE DE JESUS

A Igreja abre o ano com uma festa mariana. Com uma festa que celebra a mulher. Da mulher nasce a vida. Que sentido tem um ano, se não fosse a vida? A mulher celebrada hoje é a mãe de Deus, mãe daquele a quem pertencem todos os dias, todos os tempos; mãe daquele para quem foram feitos todos os momentos de todos os tempos. Os textos litúrgicos, embora celebrem Maria, focam muito a encarnação e nascimento de Jesus, filho de Deus e de Maria, e espargem luz sobre as criaturas humanas tornadas, em Cristo, filhas e filhos da mesma Mãe de Deus. Como fica bem celebrar a maternidade no primeiro dia do ano!

Durante todo o tempo do Advento e do Natal, o *Sim* de Maria ecoou em todos os textos litúrgicos e orações, misturado à alegria incontida do *Magnificat* pelo fato de Deus "ter feito grandes coisas" em Maria, criatura humana, que recebera, em previsão à maternidade divina, todas as graças possíveis desde sua conceição imaculada. Daquele *sim* não dependeu apenas o futuro de Maria, como o sim de uma esposa na hora do casamento, mas o destino de toda a humanidade, de todo o universo. Disse-o lindamente o Papa São João Paulo na Carta Apostólica preparativa do Grande Jubileu do ano 2000: "Nunca como naquele momento a história tanto esteve dependente do consentimento da criatura humana". Uma criatura humana, uma mulher que, por sua generosa disponibilidade, foi elevada à dignidade de Mãe de Deus.

O universo não permaneceu o mesmo depois da maternidade de Maria. Volto a citar a Carta Apostólica do Papa: "O fato de o Verbo ter assumido, na plenitude dos tempos, a condição de criatura confere ao acontecimento de Belém um valor cósmico singular. Encarnando-se, Cristo renova a ordem cósmica da criação" (n. 3). A mulher Maria está no centro desse acontecimento. Ela é a primeira depositária desse mistério que religou a terra ao céu, a criatura ao Criador. É esse papel de Maria que celebramos hoje, festejando sua maternidade divina, que acaba sendo maternidade da nova família de Deus sobre a terra e maternidade sobre todo o universo, animado e inanimado, já que seu Filho é o "primogênito de todas as criaturas" (*Cl* 1,15).

O Senhor volva seu rosto para ti!

Na primeira leitura temos a bênção de Aarão, hoje mais conhecida como bênção de São Francisco, porque o Santo de Assis a usava sempre para abençoar seus frades e a escreveu de próprio punho num bilhete a Frei Leão, seu confidente e confessor. "O Senhor volva para ti seu rosto!" O rosto de Deus exprime a presença divina e seu desejo de instaurar uma aliança, uma comunhão com as criaturas. Tantas vezes Deus tentou fazer essa aliança. Mas a criatura humana sempre a frustrou. Agora fará uma aliança certa e definitiva, tendo como garantia seu próprio filho, nascido de Maria de Nazaré. O rosto de Deus assume face humana e um nome: Jesus.

É comovente ler no Antigo Testamento o desejo intenso que os justos tinham de ver o rosto de Deus, isto é, de ter amizade com Deus, de ser seu comensal. "Meus olhos te procuram! Busco teu rosto, Senhor!" *(Sl* 27,8). Deus mostrou seu rosto no Menino de Belém, rosto divino, marcado com as feições de Maria. E em Jesus não só nos fez amigos, mas seus filhos adotivos (*Gl* 4,5). Hoje celebramos essa adoção, graças à maternidade de Maria.

O Senhor te dê sua Paz!

"E te dê a paz!" A paz, na visão bíblica, é a plenitude de todos os dons do Senhor. Jesus, nascido de Maria Virgem, é a plenitude de todos os dons. Por isso mesmo é chamado de 'nossa paz' (*Ef* 2,14). O tema da paz, proclamado e celebrado junto com a maternidade de Maria, toma um sentido bem maior do que contratos humanos ou ausência de guerra. Os anjos que cantaram o nascimento de Jesus e o anunciaram aos pastores proclamaram ao mesmo tempo a paz: "Paz na terra aos homens amados por Deus" (*Lc* 2,14). Esse 'amados por Deus' toma um sentido novo, porque, ao amar agora a criatura humana, Deus ama seu próprio filho, que assumiu em tudo a condição dos homens. E a seu filho Deus ama com a plenitude do amor mais perfeito. Desse amor, multiplicado entre as criaturas, deve nascer a paz. "Acolhido no mais íntimo do coração, esse amor reconcilia cada um com Deus e consigo mesmo, renova as relações entre os homens e gera sede de fraternidade" – escreveu o Papa São João Paulo, na Mensagem de Paz para abertura do ano dois mil.

Paz, amor, encarnação, redenção vão juntos. Na Mensagem de Paz para o ano 2000, João Paulo II chama a Igreja de "Sacramento da paz", ou seja, sinal e instrumento de paz no mundo e para o mundo. E acrescenta esta frase programática: "Para a Igreja, trabalhar pela paz é cumprir sua missão evangelizadora". Ora, a missão essencial da Igreja é testemunhar o Senhor Jesus. Quando a paz é sinônimo de Jesus Cristo, a Igreja só pode ser proclamadora do Evangelho da Paz (*Ef* 6,15), com todo seu empenho humano, com toda sua autoridade divina.

Hoje celebramos a Mãe de Deus, que é a Rainha da Paz. Mãe da paz, porque é mãe daquele que "pacificou todas as coisas: as da terra e as do céu" (*Cl* 1,20). Mãe da mesma paz proclamada por Jesus (*Lc* 24,36; *Jo* 20,16-21). Da mesma paz que Jesus deu aos Apóstolos na Última Ceia: "Deixo-vos a minha paz, dou-vos a minha paz" (*Jo* 14,27).

Presteza em buscar o Senhor

Que se pode desejar de melhor num ano novo ou querer de mais útil do que a paz? De que valeria ganhar outros presentes, se nos faltassem a paz e a amizade de Deus? Talvez os pastores do Evangelho de hoje nos possam servir de exemplo: devemos sair de nós mesmos, de nossos afazeres, de nossos interesses pessoais e ir correndo ao encontro de Maria, José e do Menino, os primeiros depositários da nova aliança, os primeiros depositários da nova paz. Diz o Evangelho que os pastores foram depressa e com a disposição de prestar algum serviço. O melhor serviço que podiam prestar, eles o fizeram: contar para todos a boa-nova. É próprio da fé o querer repartir o que se recebeu, o que se tem, o que se sente, o que se sabe com os outros; esse repartir cria fraternidade, reforça os laços de mútua confiança e mútuo empenho na nova família de Deus na terra, cujo protótipo é a santa Família de Belém.

A presteza em buscar o Senhor, a vontade de servi-lo fazem parte da amizade. Vimos que 'buscar o rosto do Senhor' tem o sentido de querer participar do círculo de seus amigos íntimos, como Maria e José participaram. Todos somos chamados à amizade com Deus (*Jo* 15,15), mas ela é possível, se apressarmos nossos passos para encontrá-lo e, encontrando-o, abrirmos nosso coração no sentido de receber sua graça e doar nossa fidelidade.

Outra lição dos pastores, que vem muito a propósito no início de um ano novo: eles voltaram para casa "louvando e glorificando a Deus tudo o que tinham visto e ouvido" (*Lc* 2,20). A alegria faz parte do encontro com o Senhor, brota da certeza de que as esperanças não se frustraram e cresce à medida que contemplamos a quantidade e a qualidade dos dons recebidos. Os pastores encontraram o maior de todos os presentes, inimaginável à mente humana: o Filho de Deus nascido de Maria, Deus descido do céu para morar conosco. Façamos lugar para o Cristo Salvador em todos os dias deste ano, para que ele nos prepare um lugar junto da Trindade bendita (*Jo* 14,2-3).

SOLENIDADE DA EPIFANIA DO SENHOR

1ª leitura: Is 60,1-6
Salmo: Sl 71
2ª leitura: Ef 3,2-3a.5-6
Evangelho: Mt 2,1-12

Todos os povos contemplam a sua glória (Sl 97,6)

**NAÇÕES TODAS, LOUVAI O SENHOR!
POVOS TODOS, GLORIFICAI-O!**

Dentro da festa do Natal, celebramos a festa da Epifania. O termo grego 'epifania' significava a entrada solene numa cidade de um rei ou de um imperador. O mesmo termo servia também para indicar a aparição de uma divindade. Nesse caso, dizia-se também 'teofania', que, traduzido ao pé da letra, quer dizer 'aparição, manifestação de Deus'. A festa de hoje foi sempre chamada com os dois termos. Ela nasceu no Oriente para celebrar o Natal do Senhor na carne humana. Na Igreja do Ocidente, passou-se a celebrar o Natal no dia 25 de dezembro, que era o dia em que se festejava na Roma pagã o deus Sol. E a Epifania ficou sendo a festa da manifestação de Deus a todos os povos, significados nos magos.

O povo se apaixonou pelas figuras dos magos e pela abertura universal do mistério da salvação. Jesus de Nazaré, nascido em Belém, é a manifestação de Deus a todos e a cada pessoa humana em todos os lugares e em todos os tempos. Nenhum povo da terra está desprovido do sentimento religioso. Todos querem ver, apalpar, escutar seus deuses. E, sobretudo, sentir-se protegidos por eles. Os deuses tomavam assim as formas mais escolhidas e mais exóticas possíveis. Hoje temos a revelação do Deus único e verdadeiro. Em forma conhecida de todos: a forma de um homem, homem e

Deus ao mesmo tempo. Pode-se olhar para ele: "Quem me vê vê o Pai" (*Jo* 14,9). Pode-se ouvir sua voz: "A palavra que ouvis é do Pai, que me enviou" (*Jo* 14,24). Pode-se estar com Deus: "Vinde a mim todos" (*Mt* 11,28).

De fato, Jesus é o *Emanuel* (*Is* 8,8.10; *Mt* 1,23), isto é, o Deus Conosco. Não só o nascimento na gruta de Belém foi uma manifestação de Deus às criaturas. Todos os milagres realizados por Jesus foram manifestações, particularmente, sua transfiguração (*Mt* 17,1-8). Como o nascimento e milagres aconteceram dentro de um pequeno espaço geográfico, hoje celebramos sua manifestação ao mundo todo. Os magos, independentemente de serem ou não figuras históricas, são cheios de simbolismo. Todos os povos da terra se prostram diante daquele que, "subsistindo na condição de Deus, assumiu a condição de servo por solidariedade aos homens" (*Fl* 2,6-7).

Festa da universalidade e da missionariedade

Os textos litúrgicos acentuam hoje muito a universalidade e, consequentemente, a missionariedade do povo cristão. Não era fácil para as primeiras comunidades compreenderem que o Messias viera para todos. Havia a ideia de que o Messias seria apenas para o povo escolhido. Jesus mesmo teve dificuldades nisso, para não escandalizar ninguém (*Mt* 10,5-6). Quando começaram a crescer as comunidades, depois de Pentecostes, os pagãos que se convertiam deviam primeiro se circuncidar, isto é, tornar-se hebreus, para depois se fazerem batizar. São Paulo reagiu e defendeu o direito de todos passarem do paganismo ao cristianismo diretamente. Um dos textos de Paulo ocorre na segunda leitura de hoje: "os pagãos (gentios) são coerdeiros e membros de um mesmo corpo, coparticipantes das promessas em Cristo Jesus, mediante o Evangelho" (*Ef* 3,6).

Em contrapartida, os batizados assumem a obrigação de levar a todos a mensagem cristã. A missionariedade da Igreja faz parte da própria natureza da Igreja. Ver os povos prostrados diante do Presépio é ver os cristãos saindo do Presépio em direção aos quatro cantos do mundo.

A longa estrada para encontrar o Senhor

Jesus é 'a luz dos povos' (Lc 2,32), sem exclusão de ninguém. E ninguém pode se sentir excluído do número dos privilegiados que podem se aproximar de Deus, prostrar-se, adorá-lo e lhe oferecer presentes. Os Magos (= sábios) não foram a Belém apenas para 'ver' um menino. "Viemos para adorá-lo", disseram a Herodes (Mt 2,2). E Mateus é claro pouco depois: "Caindo por terra, adoraram-no" (1,11), isto é, reconheceram – mais pela fé que pelo conhecimento – que o Menino era divino. Deus se manifestou a eles como se manifestará a quantos o procurarem e souberem encontrá-lo na simplicidade e na pobreza.

A presença da estrela, como astro que orienta, e a lembrança de ser Jesus 'a luz do mundo' (Jo 8,12) fazem com que a Epifania seja também chamada 'a festa da luz'. É que nos Evangelhos a luz é sinônimo de salvação. Com o nascimento de Jesus, a cidade terrena encheu-se de salvação, como uma sala se ilumina ao se acender a lâmpada. Assim como o cego não vê a luz, o ateu não vê a salvação que está em torno e dentro dele. A comparação é do próprio Jesus que chamou de cegos aos fariseus, porque não queriam aceitar seus ensinamentos (Mt 15,14).

A salvação trazida por Jesus é um caminho a ser percorrido. Andaram os Magos, andou a estrela. A luz da estrela pousou sobre a casa de Jesus, ou seja, toda a salvação se encontra na pessoa de Jesus: "Em nenhum outro há salvação" (At 4,12). E ela deve ser procurada. O tema da procura pervade toda a Escritura. A chegada do Messias ao mundo não nos dispensa de procurá-lo. Os Magos hoje nos dão também essa grande lição. Sua longa viagem é símbolo da estrada que cada um de nós deve percorrer para encontrar a salvação. Se não a procurarmos, ela se perderá para nós. Com os Magos aprendemos que nenhuma dificuldade nos impede de chegar até Jesus. Ele já está no meio de nós, mas quer ser procurado e encontrado: "Procurai e achareis" (Lc 11,9).

Verdadeiramente, este é o Filho de Deus

A Epifania do Senhor é também a festa da fé, isto é, da possibilidade de conhecer a Deus. O conhecimento de Deus é a base e a meta da vocação cristã. Nos últimos 100 anos, a ciência e a técnica muitas vezes pretenderam substituir a religião. A era industrial, que predominou no século XX, pensou em restituir ao homem o paraíso perdido. Descobriu as mais inimagináveis máquinas, encurtou as distâncias, acrescentou satélites aos astros do céu, trouxe o mundo inteiro para dentro de nossa casa. Benditas todas essas conquistas! Mas a humanidade não reencontrou o paraíso. Aí está – e todos nós somos prova disso – carregada de angústias e medos, guerras fratricidas e violentos afrontamentos à dignidade humana. E com uma grande desvantagem sobre os antepassados: despida de fé, com poucos atos religiosos conscientes.

Percebe-se por toda a parte uma sede do transcendental, uma volta ao místico, uma necessidade de Deus. Os que pensaram num Deus esclerosado e deposto começam a perceber que seus olhos haviam-se ofuscado com o brilho da ciência e do progresso. E que Deus, na pessoa de Jesus nascido em Belém, continua sendo a única pedra fundamental (*Mt* 21,42) da casa da felicidade. Os Magos, prostrados em adoração na quietude da gruta de Belém, assemelham-se aos soldados romanos ao pé da Cruz, em meio ao terremoto e fendimento das rochas: "Verdadeiramente, este é o Filho de Deus" (*Mt* 27,54).

Os pastores – gente simples – reconheceram o Menino Deus e voltaram ao trabalho "glorificando e louvando a Deus" (*Lc* 2,20). Os Magos – gente sábia – "encheram-se de grande alegria e, caindo por terra, adoraram-no" (*Mt* 2,10-11). Do jumento à estrela, do feno aos anjos, da pedra da gruta à ternura de Maria, todos contemplam "a glória do Unigênito do Pai, cheio de graça e verdade, que se fez carne e armou sua tenda entre nós" (*Jo* 1,14). Esse é o significado da festa da Epifania, festa da luz, festa da salvação universal, festa da fé.

FESTA DO BATISMO DO SENHOR

1ª leitura: Is 55,1-11 ou Is 42,1-4.6-7
Salmo: Sl 12 ou Sl 28
2ª leitura: 1Jo 5,1-9 ou At 10,34-38
Evangelho: Mc 1,7-11

Derramarei sobre vós água pura e sereis purificados (Ez 36,25)

BATISMO DE JESUS, BATISMO NOSSO: FESTA DE COMPROMISSO

Com a festa do Batismo do Senhor se encerra o Tempo do Natal e começa o chamado Tempo Comum. Durante o tempo do Advento, a Liturgia sempre uniu o início dos tempos, ou seja, a Encarnação de Jesus e o fim dos tempos, ou seja, o nosso natal, chamado Morte. Tanto no Natal de Jesus quanto no nosso natal, o Senhor nos vem ao encontro para fazer uma comunhão, na qual o divino e o humano se fundem para nos fazer filhos de Deus e herdeiros com Cristo da plenitude do Reino.

Hoje a Igreja lembra o início da missão de Jesus ou, se assim podemos dizer, o começo de sua missão evangelizadora. Jesus a começa com o batismo no Jordão. Outra vez a Liturgia nos une ao mistério e à missão de Cristo. Também nós, com o nosso batismo, começamos nossa missão de evangelizadores, que não é diferente da missão de Jesus. Juntos, Jesus e nós, como um corpo só, cumprimos nossa missão: "Sois o corpo de Cristo e cada um como parte é membro" (*1Cor* 12,27).

Os quatro Evangelistas contam o Batismo de Jesus. O episódio deve ter tido repercussão muito grande nas primeiras comunidades. À primeira vista, Jesus parece inferior a João Batista: entra na fila dos pecadores para receber o batismo da penitência e da conversão, ele que não tinha pecado. A cena, porém, é contada como uma epifania, ou seja, uma revelação da divindade de Jesus. De fato, se ouve a voz do Pai, vê-se a presença do Espírito Santo: uma manifestação da Santíssima Trindade no momento em que Jesus inicia sua vida pública.

Batismo: mais que purificação

Toda vez que se lê o Evangelho do Batismo de Jesus, vem a pergunta: por que Jesus se batizou, se não tinha o pecado original nem outro pecado, se não precisava de purificação? A mesma pergunta se poderia fazer em relação à penitência que Jesus fez, jejuando durante 40 dias (*Mc* 1,13). Jesus assumiu por inteiro, como Deus, a condição humana. Ao fazer penitência, ao batizar-se, Jesus participa da condição dos pecadores. O Apóstolo Paulo chega a escrever mais tarde: "Quem não conheceu o pecado, Deus o fez pecado por nós, para que nele fôssemos justiça de Deus" (*2Cor* 5,21). Da mesma maneira, na morte da cruz: Jesus não pagou pecados seus, mas os nossos: "Carregou os nossos pecados em seu corpo sobre o madeiro" (*1Pd* 2,24).

Muitos teólogos dão mais uma razão para o Batismo de Jesus. O contato da humanidade de Jesus com a água comunicou à água – na qual seríamos batizados – a força santificadora que a Igreja reconhece no batismo, desde o dia de Pentecostes. Os Atos contam que, logo depois do primeiro sermão de São Pedro, se batizaram cerca de três mil pessoas (*At* 2,41), cumprindo, assim, desde o primeiro momento, a ordem que Jesus dera ao subir ao céu: "Ide por todo o mundo e pregai o Evangelho a toda a criatura. Quem crer e for batizado será salvo" (*Mc* 16,16). Vemos como o batismo e a fé são postos como condições para participar da salvação.

O batismo de Jesus é como sua investidura pública, sua consagração para a missão messiânica, que receberá o coroamento na paixão, morte e ressurreição. O batismo inaugura, por assim dizer, o caminho da cruz, que é parte integrante da missão do Cristo. E não foi por acaso que Jesus chamou de 'batismo' a sua paixão (*Mc* 10,38-39).

Nascemos das águas do batismo

Há uma pequena expressão no Evangelho de Marcos, mas que tem grande significado simbólico: 'saindo da água' ou 'logo que saiu da água' (v. 10). Os povos antigos pensavam que tudo nascia da água. Também a Bíblia faz nascer da água grandes momentos: Moisés sai da água do Nilo, com um destino grandioso (*Êx* 2,10). O povo hebreu sai das águas do Mar Vermelho, liberto da escravidão (*Êx* 14,21-22) e entra na Terra Prometida, atravessando miraculosamente as águas do Jordão (*Js* 3,14-17). Hoje, Jesus sai da água como o novo Moisés para constituir o novo povo de Deus, a nova aliança, para dar a todos a liberdade e a Terra Prometida. Na primeira leitura, Isaías (*Is* 55,1-11) alude à água para expressar a abundância dos tempos messiânicos. E fala da água, que fecunda a semente e a faz brotar (v. 10). A semente simboliza a vida nova. Vida nova reservada aos que creem que Jesus é o Cristo, como diz a segunda leitura (*1Jo* 5,1). É o significado da água batismal.

Não é a água do Jordão que purifica Jesus. É Jesus que santifica a água, como símbolo da vida. Porque ele é 'a água viva' (*Jo* 4,10.14), ou como o Profeta Jeremias chamou Deus: 'A fonte da água viva' (*Jr* 2,13). E é o mesmo Profeta que põe na boca de Deus a queixa: "Meu povo me abandonou, deixou a mim, que sou a fonte da água viva, para cavar para si cisternas furadas que não podem conter a água" (*Jr* 2,13). Que linguagem concreta, para significar o orgulho das criaturas que abandonam as promessas do batismo e a fecundidade divina para buscar os próprios caminhos, construir suas babéis e viver como se fossem senhores autossuficientes, sem a necessidade de Deus!

Nessa linha de pensamento, vem a admoestação da primeira leitura: "O ímpio abandone seu caminho e o malvado deixe de lado seus planos! Voltem ao Senhor, que é misericordioso e perdoa com generosidade!" (*Is* 55,7). Nós nascemos das águas do batismo. Passamos a vida retornando à mesma fonte. Esse retorno nos é lembrado sempre que nos benzemos com a água santa, ou quando o celebrante nos asperge com a água benta. O sinal da cruz que fazemos com água benta é uma renovação da fé, da fé que nos une àquele que 'venceu o mundo' (*Jo* 16,33), isto é, venceu os ídolos, a carnalidade, a vaidade, a ganância e tudo o que chamamos com o nome de 'pecado'.

Incorporados e configurados a Cristo

O Documento de Puebla (n. 852) ensina-nos que Deus chama as criaturas humanas, uma por uma, à fé, e, pela fé, a incorporar-se no povo de Deus mediante o batismo. Por um lado, o batismo nos faz filhos de Deus. São Paulo escreve aos Gálatas: "Todos vós, que fostes batizados em Cristo, revestistes-vos de Cristo... e sois um em Cristo Jesus" (*Gl* 3,27-28). Por outro lado, faz-nos membros da comunidade cristã. Aliás, a comunidade cristã, sem exceção de ninguém, nasce das águas do batismo: "Fomos todos batizados num só Espírito para sermos um só corpo" (*1Cor* 12,13). E o batismo nos torna "raça eleita, sacerdócio real, nação santa, povo de propriedade do Senhor" (*1Pd* 2,9). Se toda a criatura humana merece respeito pelo fato de ser pessoa, o batizado traz em si, a mais, a marca indelével de Deus, que a faz, na expressão de São Paulo, 'homem novo' (*Cl* 3,10), incorporado e configurado a Cristo (*Rm* 8,29).

Pelo Batismo, o nosso ser – corpo e espírito – reveste-se de nova dignidade e, por isso mesmo, assume um compromisso maior de respeito a si mesmo e aos irmãos. O atentado à dignidade da pessoa humana é uma profanação e um sacrilégio que entristece Deus (*Ef* 4,30). Puebla nos recorda que "toda violação da dignidade humana é injúria ao próprio Deus" (n. 306). A dignidade humana faz parte da comunhão da criatura com Deus e com os irmãos; sua quebra ou ofensa é uma injúria à participação da criatura nos mistérios da ternura de Deus e no destino amoroso da humanidade. Sobre cada batizado se fez e se faz ouvir a voz do Pai, escutada no Jordão: "Tu és meu filho amado, és a criatura do meu agrado" (*Mc* 1,11).

TEMPO DA QUARESMA

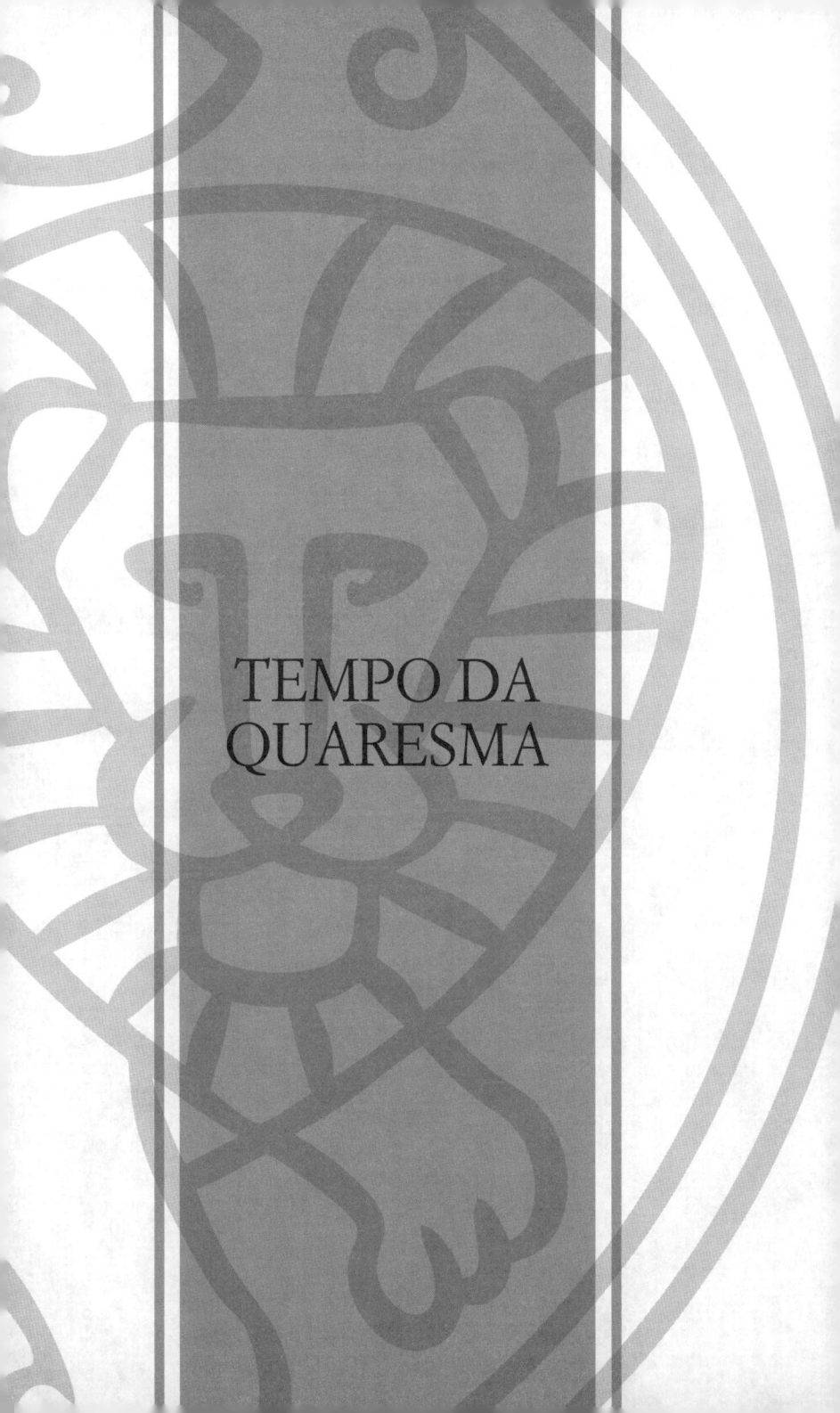

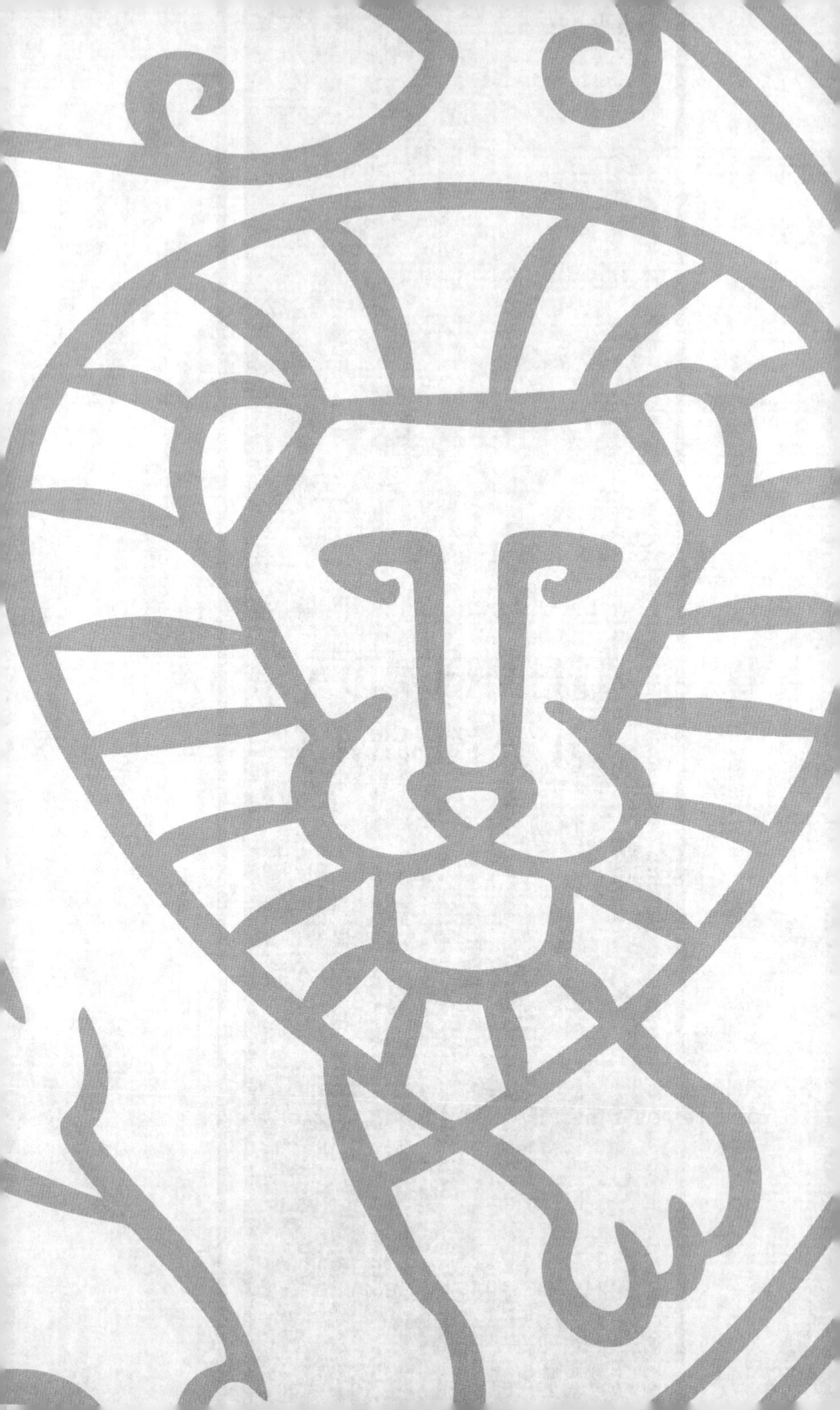

QUARTA-FEIRA DE CINZA

1ª leitura: Jl 2,12-18
Salmo: Sl 50
2ª leitura: 2Cor 5,20-6,2
Evangelho: Mt 6,1-6.16-18

Eu me retrato: faço penitência no pó e na cinza (Jó 42,6)

**CINZAS: PENITÊNCIA E PURIFICAÇÃO
MORTE E RESSURREIÇÃO**

As cinzas são hoje o principal símbolo litúrgico. Tanto que dão o nome ao dia e à Liturgia. As cinzas sempre tiveram significado especial nas culturas antigas. Também no Antigo Testamento. Antes de tudo eram símbolo da *morte*. Compreende-se: todos viam que os corpos acabavam num punhadinho de cinzas. Depois, o símbolo da *fugacidade* das coisas. Isaías tem uma frase proverbial: "Quem apascenta cinzas tem o coração de louco" (*Is* 44,20). Nós dizemos a mesma coisa quando usamos a expressão: "Escrever nas areias da praia", porque a primeira onda que chega desfará tudo. Também Jó tem uma frase com referência à sabedoria profana: "Vossas máximas são provérbios de cinza" (*Jó* 13,12), isto é, são inconsistentes, não têm durabilidade.

Outro símbolo das cinzas é a *pequenez*. Abraão, quando fala com o Senhor e intercede por Sodoma, considera-se uma nulidade diante de Deus e, por isso mesmo, considera uma ousadia fazer um pedido: "Sou bem atrevido em falar a meu Senhor, eu que sou pó e cinza" (*Gn* 18,27).

As cinzas também significam *arrependimento* e *penitência*, *purificação* e *ressurreição*. Poderíamos perguntar por que tanto simbolismo nas cinzas. Talvez por ser resíduo, isto é, o que sobrou do que era visível e grande. Mas um resíduo limpo, puro. O símbolo das cinzas cruza-se com o símbolo da fênix existente na cultura egípcia, grega e romana. A fênix, considerada encarnação do deus sol, quando se sente envelhecida, queima a si mesma para renascer nas cinzas. O Cristianismo assimilou todos esses significados simbólicos, até mesmo o da Fênix, que passou a ser símbolo de Jesus ressuscitado.

O orgulhoso é incapaz de penitência

A Quaresma é um tempo de penitência e purificação, tendo como razão de ser a morte e a ressurreição de Jesus, que são também morte e ressurreição da criatura humana. A penitência pressupõe a humildade, o sentimento de pequenez da criatura seja diante do Criador, seja diante do próprio mistério de seu destino. O orgulhoso é incapaz de penitência. Por isso a exortação à penitência vem sempre acompanhada da exortação à humildade.

Talvez antes de pensarmos em obras de penitência ou gestos penitenciais externos, seria bom pensar e assumir como realidade que nossa vida é em si mesma uma penitência. Isso sem nenhum espírito negativo. Nossa realidade é frágil. A facilidade com que adoecemos, a facilidade com que erramos, a facilidade com que morremos mostram-nos o quanto tinha razão Jó, ao se considerar apenas um sopro (*Jó* 7,7), e o sábio da Escritura, que lembrou que "a vida é como uma nuvem que passa, dissipa-se como a névoa batida pelos raios do sol" (*Sb* 2,4).

Essa frágil realidade mostra o quanto somos dependentes. Não do acaso, mas de Deus. Aceitar essa dependência com alegria e coração aberto é um exercício de humildade prévio para qualquer penitência que possamos fazer. Costumamos considerar a independência como um dos maiores bens. É certo! Mas somos criaturas e como criaturas sempre dependemos de quem nos criou. Não somos filhos do acaso. Não temos um destino ocasional. Reconhecer essa condição, repito, é um exercício de humildade, que vem bem em tempo de quaresma, e que as cinzas no-lo recordam.

Deus derramou a sua misericórdia

"Lembra-te de que és pó e ao pó tornarás" diz o padre ao impor as cinzas sobre nossas cabeças. Essa frase poderia levar-nos a pensar que acabamos em nada. Diante da grandeza de Deus sempre fomos nada ou, no máximo, como rezava São Francisco, somos um vermezinho, ínfimos servos do Senhor. Mas acontece que Deus amou infinitamente e ama até o extremo esse nada que somos nós. E sobre nós derramou toda a sua misericórdia. Como disse o Evangelista de Jesus: "Tendo o Senhor amado os seus que estavam no mundo, amou-os até o extremo" (*Jo* 13,1).

Por isso as cinzas, mais que lembrar o que vai sobrar de nosso corpo no cemitério, lembram-nos da misericórdia de Deus para conosco que, apesar de sermos pó e cinza, fomos presenteados com "a participação na própria natureza de Deus" (*2Pd* 1,4). É ainda São Pedro quem nos diz que, justamente porque "nos foi dada essa preciosíssima e rica promessa", devemos fazer penitência e nos esforçar o quanto possível "para unir à fé a virtude e à virtude a ciência, à ciência a temperança, à temperança a paciência, à paciência a piedade e ao amor fraterno, ao amor fraterno a caridade" (*2Pd* 1,5-7). Todos esses temas nos serão recordados e inculcados nesse tempo quaresmal. Todos eles são ingredientes da penitência e da conversão.

A penitência para os cristãos não é triste. Acompanha-a uma profunda alegria que brota da certeza da bondade misericordiosa de Deus para conosco. O mais famoso salmo penitencial é o 51, rezado por Davi arrependido depois do adultério. A liturgia o repete em inúmeras circunstâncias. Inclusive na Missa de hoje. Ora, esse salmo penitencial pede também a Deus: "Faze-me sentir a alegria de ser salvo" (*Sl* 51,14). Apesar de saber-se e sentir-se pecador, Davi ousa pedir: "Abre meus lábios, para que minha boca proclame o teu louvor!" (*Sl* 51,17). Essa forma de pedir perdão e penitenciar-se, mas cheio de confiança na misericórdia divina e mesmo com alegria interior de ser perdoado, é uma característica da penitência cristã. Por isso o simbolismo das cinzas, como morte e ressurreição ao mesmo tempo, é muito compreensível no cristianismo.

Sou um Deus que acredita no homem

Quando olhamos para nós, com os olhos da mais crua realidade, vemo-nos como o salmista, "um pouco inferiores aos anjos" (*Sl* 8,6; *Hb* 2,7), porque fomos criados com inteligência, vontade e discernimento. Mas muito logo nos apercebemos de que nossa inteligência é obscurecida, nossa vontade debilitada, nosso discernimento tantas vezes confuso. Vemo-nos como o Apóstolo Pedro: pequenos na fé (*Mt* 14,31). Vemo-nos como o Apóstolo Paulo: queremos fazer o bem, mas não somos capazes de fazê-lo (*Rm* 7,18). Vemo-nos como os Apóstolos no Jardim das Oliveiras: dizemos amar o Mestre, mas fugimos dele para nos salvar com nossas próprias forças (*Mc* 14,50).

Charles Péguy (1873-1914), escritor francês convertido, que se tornou um leigo místico, tem um poema, que expressa a grande diferença entre a fé e a confiança pequenas da criatura humana em Deus, apesar de a criatura saber da infinita misericórdia de Deus, a confiança absoluta que Deus tem no homem, apesar de saber de sua acentuada infidelidade. Traduzo o poema livremente: "Vocês homens creem em Deus, mas pouco. Eu, diz o Senhor, creio no homem, e muito. Eu sou um Deus que acredita no homem. Por isso inventei o Natal e lhes confiei meu Filho, que se fez criança indefesa: isso é o amor! Não fiz diferença entre o melhor e o pior de Vocês, e não estou arrependido: isso é o amor! Eu creio no homem e lhe dou meu Filho. Eu creio no homem, apesar de conhecê-lo bem e saber o que há dentro dele! Não sou simplório, sou realista e muito! Eu, diz Deus, creio no homem, porque mais que ninguém conheço o poder do amor!"

Nossa penitência quaresmal toma um sentido inteiramente novo quando nos colocamos amorosamente e confiantes diante de Deus, aproveitando a mesma estrada, em sentido ascendente, de seu infinito amor, que desceu até nós e permanece infinito entre nós.

1º DOMINGO DA QUARESMA

1ª leitura: Gn 9,8-15
Salmo: Sl 24
2ª leitura: 1Pd 3,18-22
Evangelho: Mc 1,12-15

O Senhor fará do deserto um paraíso e da estepe um pomar (Is 51,3)

**NAS TENTAÇÕES DE JESUS
O MISTÉRIO DA VIDA HUMANA**

No primeiro domingo da Quaresma lemos sempre o episódio das tentações de Jesus, antes de começar sua vida pública. À primeira vista, espanta que Jesus, Filho de Deus, passe por tentações. Seria inimaginável inventar o fato e atribuí-lo a Jesus. Os três evangelistas, chamados sinóticos (porque mantêm um mesmo roteiro na narração dos fatos: Mateus, Marcos e Lucas), contam as tentações de Jesus no deserto. Nós ligamos a tentação ao pecado e, como Jesus era sem pecado, achamos impossível ele ser tentado. Mas a tentação, em si mesma, não é pecado nem somos tentados só para o pecado. As tentações acompanham a vida de todos nós, mesmo dos mais santos.

Na verdade, no Evangelho de hoje, encontramos a descrição da situação, diria normal, das criaturas, com Jesus pondo-se no centro do mundo criado para restaurá-lo, redimi-lo, recriá-lo. Primeiro, o homem tentado, o homem que nasceu para o bem, mas é puxado para o mal; o homem em permanente estado de tentação. Essa experiência todos nós a temos. É o nosso retrato. Depois, os animais, que Marcos chama de 'selvagens', não amigos do homem, não caseiros. Deus criou os animais para conviverem conosco. Mas eles se tornaram bravios, como o homem se tornou violento. Jesus veio também para eles. Veio pacificar a ferocidade animal e a brutalidade humana. Veio reaproximar o homem e o animal e pôr ambos a caminho da convivência primitiva.

E há o deserto, símbolo da natureza violentada, calcinada, amaldiçoada. Também a natureza deve receber o Messias, que vem reconduzir as criaturas ao sentido que tinham na criação: obras boas saídas das mãos de Deus. Para todas elas Jesus traz a boa-nova. O extremo mais longe é o diabo. O mais perto são os anjos. Entre os dois acontece a nossa vida. Entre os dois se põe Jesus, participando da sorte humana, dos animais e das plantas. O mais beneficiado é o homem.

Colherei
o que tiver semeado

Há uma observação no Evangelho deste domingo que facilmente passa despercebida. É uma afirmação que vem da boca de Jesus, no momento em que começa a vida pública: "O tempo já se cumpriu" (v. 15). Todo o Antigo Testamento esperava por esse momento. Os profetas o previram e o cantaram com os mais lindos poemas. O próprio Jesus, em outro momento, lembrou: "Muitos profetas e justos desejaram ver o que vedes e não viram; ouvir o que ouvis, e não ouviram" (*Mt* 13,17). Agora chegou o tempo de ver a salvação, de ouvir (= praticar) as palavras do Messias, "que são espírito e vida" (*Jo* 6,64).

Escrevendo aos Gálatas, Paulo chama esse tempo de 'plenitude dos tempos', isto é, o ponto mais alto da história da salvação, o momento da graça redentora. Terminaram os tempos da espera. Começa o tempo da certeza, que não dispensa o esforço, a conversão. Esse 'hoje' não é o tempo histórico de Jesus. É o nosso hoje. O hoje de cada um de nós. O Novo Testamento, diariamente novo, constrói, na confiança da vitória, o Reino de Deus sobre a terra.

Ao dizer "o tempo já se cumpriu", Jesus chama a atenção para o hoje de cada um. Para o Evangelho, o hoje é bem mais importante que o ontem e o amanhã. Hoje colho os frutos do que plantei ontem e nada mais do que plantei. Hoje semeio para colher amanhã e colherei o que tiver semeado. Podemos dizer que o hoje decide o nosso destino.

Uma epopeia no deserto

Voltemos à palavra 'deserto'. O deserto tem um sentido essencial na Bíblia, porque a maior parte dela ou se passa no deserto ou se liga a episódios acontecidos no deserto. Abraão é conduzido através do deserto (*Gn* 12,1-4), vive em tenda (*Gn* 18,1) e é tentado e provado no deserto (*Gn* 22,1-19). A vida de Isaac e de Jacó se passa no deserto, e toda a história dos doze filhos de Jacó é escrita debaixo das tendas negras de beduínos, que eles eram. Moisés fala com o Senhor na sarça ardente no deserto (*Êx* 2,4). Toda a libertação e purificação do povo se passam no deserto. A Bíblia conta como o próprio Deus abriu a estrada no deserto (*Êx* 40,36-38) para o povo. No deserto, o povo hebreu fez uma das maiores experiências de Deus de que a humanidade tem conhecimento. No Sinai, em pleno deserto, Deus escolheu Israel para manter o monoteísmo (*Êx* 24,6-8). É no deserto que ele recebe a Lei – os Dez Mandamentos (*Êx* 20,1-17). Todo o Êxodo é uma epopeia no deserto.

Os profetas todos se prepararam no deserto. Elias, considerado o mais santo dos profetas, revive no Monte Horeb uma teofania (*1Rs* 19,1-18). Os profetas, quando falavam do Messias vindouro, imaginavam-no vindo do deserto. Isaías, por exemplo, escreve: "Abri no deserto um caminho para o Senhor! Nivelai no deserto uma estrada para o nosso Deus!" (*Is* 40,3). Ezequiel tentou levar novamente o povo ao deserto para purificá-lo (*Ez* 20,35-38).

O deserto passou a ser (na realidade ou em símbolo) o lugar onde se pode encontrar Deus e tomar grandes decisões. E em Marcos, especificamente, é o lugar onde a gente se encontra com Deus. Compreende-se, então, que Marcos faça Jesus – mais santo que o profeta Elias, legislador maior que Moisés, o Messias esperado – como que nascer do deserto e vir do deserto para começar a pregação do Evangelho.

A utopia do paraíso reencontrado

Mas o deserto é também um lugar inóspito, símbolo da maldição, um lugar de feras e demônios. E o demônio vai tentar Jesus no deserto. Um quadro cem por cento da vida humana. Nós somos imagem e semelhança de Deus, mas sempre sob a ameaça do demônio (*1Pd* 5,8). Demônio aqui não precisa significar pecado. É também o nosso lado fraco, nossa instabilidade, nossas angústias, nossas perplexidades, nossas crises, nossos altos e baixos. Marcos não especifica as tentações de Jesus. Cada um de nós tem as suas. O que importa é não se deixar levar por elas, mas voltar-se inteiramente para Deus e viver o Evangelho (v. 15).

Voltar-se para Deus e crer no Evangelho é converter-se. Jesus nos pede a conversão. Se a vida inteira do cristão é tempo de conversão, a quaresma é um tempo privilegiado de retorno a Deus e de retorno a nós mesmos. O caminho de volta a Deus passa pelo equilíbrio do nosso interior, pela vitória sobre as nossas tentações. A Liturgia aplica à quaresma a frase de São Paulo: "Este é o tempo propício" (*2Cor* 6,2). Temos a tendência de pensar que os outros é que devem converter-se. Como se nós já fôssemos definitivamente bons. É nossa própria conversão que devemos procurar.

Quando Jesus veio, a Palestina estava invadida de 'pagãos'. Israel esperava um Messias que declarasse guerra aos intrusos. No entanto, Jesus afirma que viera para "as ovelhas perdidas de Israel" (*Mt* 15,24). Não importa que sangue temos ou a que raça pertencemos. Importa que reencontremos nosso equilíbrio como pessoas humanas, equilíbrio que, necessariamente, pressupõe também a dimensão para Deus. Importa que deixemos o Cristo transformar o deserto humano e desgraçado em templo santo de Deus (*1Cor* 3,17), em lugar pacificado (*Cl* 1,20), onde todos (animais, plantas e criaturas humanas, cuja cabeça é o Cristo, primogênito de todos, *Cl* 1,15) convivam em fraternidade. É a utopia do paraíso reencontrado, que Jesus englobou no seu 'Reino dos Céus'. O arco-íris da primeira leitura de hoje (*Gn* 9,13) é, talvez, o mais antigo símbolo desse sonho transformado em realidade por Jesus.

2º DOMINGO DA QUARESMA

1ª leitura: Gn 22,1-2.9a.10-13.15-18
Salmo: Sl 115
2ª leitura: Rm 8,31b-34
Evangelho: Mc 9,2-10

Regenerados por uma semente incorruptível, viva e eterna (1Pd 1,23)

TABOR E CALVÁRIO: DA MORTE NASCE A VIDA

No primeiro domingo da Quaresma, líamos o Evangelho das tentações e da conversão. Hoje, a Igreja nos mostra quem é Aquele que nos veio salvar e em que nos havemos de transformar, se superarmos as tentações da vida presente pela contínua conversão aos seus ensinamentos e a sua pessoa: seremos transfigurados. No segundo domingo da Quaresma, sempre se lê a Transfiguração de Jesus. Os três sinóticos (Mateus, Lucas e Marcos) contam o fato, cada um deles pondo a luz sobre algumas particularidades. Para Marcos, a Transfiguração é uma epifania, isto é, uma manifestação inesperada da divindade. Da divindade oculta de Jesus, proclamado "Filho muito amado" pelo Pai, em meio à nuvem (símbolo da presença de Deus). A glória manifestada hoje, ainda que brevíssima do ponto de vista de duração e acontecida diante de apenas três dos Apóstolos, é um espelho da glória eterna que Jesus sempre possuiu e terá, por natureza, por todo o sempre e diante de todas as criaturas celestes e terrestres, apesar de ter de passar pelo Calvário.

A narração de Marcos é mais condensada que a de Mateus e Lucas, mas contém todos os elementos de uma manifestação de Deus, segundo o esquema que conhecemos do capítulo 24 do Êxodo (24,15-18): *o monte* (em todas as religiões antigas, mesmo as não monoteístas, Deus se encontrava com a criatura humana no ponto mais alto de um monte da região; sempre a ideia de que Deus, que é o Altíssimo, mora nas alturas, e o homem, para encontrá-lo, deve 'subir'). *A nuvem*, que envolve o monte (pelo fato de a nuvem abranger todos os horizontes e alcançar alturas inimagináveis, e por sua capacidade de 'mostrar' e 'esconder' o céu), sempre foi símbolo da presença de Deus em toda a parte e símbolo de um Deus que se esconde, porque quer ser procurado, e se manifesta a quem, quando e onde quer. *A voz* de Deus (ouvida só por aqueles que o próprio Deus escolhe). O *esplendor*, a luz (no caso do Êxodo: fogo devorador, *Êx* 24,17; hoje 'vestes resplandecentes', v. 3).

**Apesar de morrer,
Ele é vida imortal**

Nas teofanias do Antigo Testamento, havia sempre um recado ao povo e uma solene promessa de fidelidade da parte do povo. Assim no Monte Sinai, o povo prometeu: "Faremos tudo o que o Senhor nos disse!" (*Êx* 24,3). Hoje Deus apresenta o próprio Filho, a nova Arca da Aliança (*Êx* 40), o novo templo de Deus (*Jo* 2,19-22) e recomenda: 'Escutai-o!' (v. 7). Este era o dever dos Apóstolos: escutar Jesus com mais ouvidos do que os israelitas escutaram Moisés, que lhes transmitia a vontade de Deus. Apesar da morte, ele tem palavras de vida eterna (*Jo* 6,69).

Moisés mandara o povo ouvir os profetas (*Dt* 18,15) como o haviam escutado a ele na saída do Egito e na travessia do deserto. O novo Moisés, o novo profeta, agora é Jesus de Nazaré. O próprio Deus manda escutá-lo, porque ele tem palavras de vida mesmo quando fala em paixão e morte, como fizera pouco antes da Transfiguração, escandalizando Pedro (*Mc* 8,31-33), e como voltará a acentuar pouco depois (*Mc* 9,30-32). Os caminhos mais simples de Deus ultrapassam as razões da inteligência humana. Quanto mais, quando se trata da morte de quem, por definição, é imortal! Jesus não se transfigura para deslumbrar seus amigos e mostrar-se superior a eles. Tratou-se de um gesto para inspirar, criar e fundamentar a confiança de quem tinha razão para ter medo.

Morte e vida
não se contradizem

Paulo escreveu aos Coríntios: "Olho nenhum viu, ouvido nenhum ouviu o que Deus preparou para os eleitos" (*1Cor* 2,9). O primeiro dos eleitos é o próprio Filho Jesus. Mas a promessa de bem-aventurança que Deus faz nunca excluiu o caminho do sofrimento, como poderíamos pensar. Maria foi chamada de "bendita entre todas as mulheres" (*Lc* 1,42), bem-aventurada por todas as gerações (*Lc* 1,48), mas foi "atravessada por uma espada de dor" (*Lc* 1,35). Jesus, "Filho de Deus Altíssimo" e destinado para ser rei eterno e universal (*Lc* 1,32-33), devia passar pelos escarros (*Mc* 15,19), pelas dores (*Lc* 9,22) e pela morte (*Mc* 15,12-15). Os binômios morte-vida, sofrimento-felicidade não precisam necessariamente um ser negativo e outro positivo. Talvez o Monte Tabor e o Monte Calvário, postos hoje um perto do outro, ajudem-nos a compreender que no mistério da dor há sementes divinas.

O monte da Transfiguração (que se pressupõe seja o Tabor, na Galileia, com 588m de altura) é posto hoje à luz (ou à sombra) do Monte Calvário. Não pelo formato geográfico, porque o Calvário não passa de pequena elevação. Mas por seu significado simbólico dentro da história da salvação. O Calvário é marcado de sangue e dor, mas de seu chão brotam as raízes da verdadeira vida. O Tabor vem hoje envolto em luz e divindade, mas profetiza um caminho de aniquilamento: cumprir a vontade do Pai até o extremo da renúncia e da morte. No Tabor, escuta-se a voz amorosa do Pai: "Este é meu filho muito amado" (v. 7). No Calvário, escuta-se a voz angustiada de Jesus: "Meu Deus, meu Deus, por que me abandonaste?" (*Mc* 15,35). Aos olhos humanos: uma inconcebível contradição. Aos olhos da fé, os dois montes se fundem, porque a crueza do Calvário revela a extrema misericórdia e o infinito amor de Deus.

Há uma sequência na narração de Marcos, que nos ajuda a compreender o fato da transfiguração. Jesus perguntara aos Apóstolos: "Que é que o povo diz de mim? Quem eles pensam que eu sou?" (*Mc* 8,27). Os Apóstolos confessam a Jesus o que eles ouvem dizer: assemelha-se aos profetas, assemelha-se aos grandes santos da história. De repente, Pedro chama-o de 'Cristo', isto é, o ungido, o escolhido por Deus (Mc 8,29). Jesus não corrige os conceitos emitidos e passa a mostrar um lado totalmente inesperado: deverá morrer de morte violenta (Mc 8,31). Mais: o mesmo acontecerá com os discípulos (Mc 8,34-38). Os Apóstolos não só devem ter ficado com medo, mas também na dúvida. Se ele era o Cristo, como poderia sofrer a morte? Nesse contexto acontece a Transfiguração. Que os discípulos não temessem a morte, nem a de Jesus nem a deles, porque ele era e é maior do que a morte. A morte seria passagem (páscoa significa 'passagem').

Meu Filho muito amado

Aparecem Moisés e Elias: o maior legislador e o mais santo dos profetas. Cristo é mais que profeta e supera todas as grandes personagens, por mais santas que tenham sido. O próprio Pai do Céu revela aos Apóstolos quem é Jesus: "Meu Filho muito amado" (v. 7). Profeta e mais que profeta; legislador e mais que legislador; homem que vai bater-se com a morte e vencê-la, vai ressuscitar dos mortos, porque é Filho de Deus. Marcos até diz que os Apóstolos conversaram, depois, entre si, o que significava 'ressuscitar dos mortos' (v. 10), sinal de que não conseguiam ainda ver na ressurreição o mistério central da nova fé. E o mistério, tanto o da cruz quanto o da ressurreição, era tão grande que nem depois de acontecido e visto eles puderam com facilidade transformá-lo em verdade e vida.

Pedro se oferece para construir três tendas. Podemos ver aqui três modos de manifestação de Deus. Um modo é pela Lei sagrada (Moisés), fundamentada sobre a experiência do passado. Outro modo é a promessa (Elias, o homem das santas profecias). O terceiro é o Cristo – passado, presente e futuro – ou, como diz a Carta aos Hebreus: "ontem, hoje e sempre" (Hb 13,8).

3º DOMINGO DA QUARESMA

1ª leitura: Êx 20,1-17 ou Êx 20,1-3.7-8.12-17
Salmo: Sl 18B
2ª leitura: 1Cor 1,22-25
Evangelho: Jo 2,13-25

A santidade é a característica de tua casa, Senhor (Sl 93,5)

JESUS CRISTO E NÓS SOMOS A CASA DO DEUS VIVO

O fato que lemos neste domingo nos é contado pelos quatro Evangelistas. Os sinóticos (Mateus, Marcos e Lucas) o põem no final da vida pública de Jesus, já dentro do que hoje chamamos 'semana santa', fazendo Jesus cumprir todas as profecias, pondo mesmo na boca de Jesus palavras de Isaías e de Jeremias. João encaixa o episódio logo no início da vida pública, não cita nenhum profeta, mas lembra o Salmo 69,19: "O zelo por tua casa me devora", um salmo com sabor messiânico, uma oração rezada por um justo em grande aflição. João está sugerindo, desde o início do Evangelho, que as dificuldades, inclusive a morte, que Jesus encontrará pela frente, são ocasionadas pelo zelo pelas coisas de Deus e não por razões políticas ou divergências ideológicas.

Embora cite explicitamente só a frase do Salmo 69, o trecho está permeado implicitamente de palavras dos profetas. Por exemplo, a de Jeremias: "Acaso, esta casa, onde o meu nome é invocado, parece-vos um covil de ladrões?" (Jr 7,11); ou esta outra, que fecha as profecias de Zacarias, referindo-se messianicamente à chegada do 'dia do Senhor': "Naquele dia não haverá mais vendedor na casa do Senhor todo-poderoso" (Zc 14,21).

Observe-se outra sutileza de João, escrita, como dissemos, já no início do Evangelho e que vai perpassar todos os ensinamentos e todos os milagres de Jesus, até o maior de todos, a ressurreição. Refiro-me ao pronome possessivo *meu*: "Não façais da casa de *meu* Pai um lugar de mercado" (v. 16). O pronome está dizendo que há uma relação de filho e pai entre Jesus e o Senhor do templo, Javé. Jesus, portanto, apresenta-se no templo como profeta, mas era mais que profeta, era o Filho de Deus e, portanto, tinha bem mais autoridade que os maiores profetas. O próprio comportamento de Jesus, portanto, responde à pergunta dos judeus.

O templo
que Jesus frequentou

Podemos dividir o evangelho de hoje em três partes: primeiro, a purificação do templo, expulsando os que haviam transformado seus átrios em lugar de comércio para a compra e venda de animais, que serviam ao formalismo ritual. Os peregrinos, tantas vezes vindos de longe, deviam encontrar e pagar no lugar os animais para o sacrifício. Muitas vezes os peregrinos dispunham só de dinheiro romano, não admitido no templo, por serem as moedas cunhadas com imagens de imperadores 'estrangeiros' ou com figuras 'pagãs' do mundo romano. Daí a presença de cambistas no templo. Segundo o Evangelista, o episódio acontece no recinto sacro, mas externo ao templo propriamente dito, que era um lugar de acesso também a estrangeiros e 'pagãos'. Por isso, pode parecer excessivo o rigor de Jesus. Mas ao Evangelista interessa o simbolismo do episódio.

O templo que Jesus conheceu fora restaurado por Herodes (o Grande), o mesmo Herodes que mandara massacrar os meninos de Belém (*Mt* 2,16). Era considerado uma das mais suntuosas construções do Oriente Médio. (Reconstruído sobre a planta do famoso templo de Salomão, o templo que Jesus frequentou foi arrasado no ano 70, como ele predissera; cf. *Mc* 13,2). O templo se tornara o centro do culto ao Deus único e centro do judaísmo. Todos os hebreus adultos iam ao templo ao menos uma vez por ano. Nele Jesus foi consagrado a Deus por Maria e José (*Lc* 2,22-39); nele 'se perdeu' aos 12 anos (*Lc* 2,41-52); a ele Jesus terá 'subido' nas solenidades costumeiras.

**Destruir
e reconstruir**

A segunda parte começa com a citação do Salmo 69: "O zelo por tua casa me devora". E, como que ligada a essa citação, vem a frase: "Destruí este templo e eu o reconstruirei em três dias", que será citada como acusação diante de Caifás na condenação (*Mt* 26,61) e será usada como escárnio no Calvário (*Mt* 27,40). Aparecem aí dois verbos muito significativos: destruir e reconstruir, dois verbos conhecidos dos chefes do templo, porque neles se resumia a missão dos profetas. Veja-se, por exemplo, a missão dada por Deus a Jeremias: "Dou-te hoje poder sobre as nações e os reinos, para arrancar e destruir, para arruinar e demolir, para construir e plantar" (*Jr* 1,10). Desde o início do Evangelho, João afirma a missão profética de Jesus: tirar o pecado do mundo (*Jo* 1,29), arrancar a criatura humana das trevas (*Jo* 12,46), destruir o velho homem e recriar o universo (*Jo* 3,3-8), fazer renascer a criatura pela força do Espírito Santo (*Jo* 1,33), transformar a água (símbolo da vida humana) em vinho (símbolo da vida divina, *Jo* 2,6-10) e, coisa inédita, destruir a morte e redar a vida, como tão bem aparece em tantas passagens do Evangelho, e, de forma muito visível, na ressurreição de Lázaro (*Jo* 11) e, sobretudo, em sua própria ressurreição (*Jo* 20,1). Gestos marcadamente proféticos, mas que ultrapassam os feitos de todos os profetas.

Voltemos ao templo de Jerusalém e a Jesus. Os profetas já haviam falado da necessidade de construir um templo espiritual, mais agradável a Deus, onde os sacrifícios não fossem animais, mas boas obras. Veja-se a passagem de Isaías, que põe na boca de Deus estas palavras: "Estou farto de holocaustos de carneiros e de gordura de animais cevados. Não gosto do sangue de touros, de cordeiros e de bodes... Lavai-vos e purificai-vos! Tirai a maldade de vossas ações! Deixai de fazer o mal! Aprendei a fazer o bem! Procurai o que é justo! Corrigi o opressor! Julgai a causa do órfão! Defendei a viúva!" (*Is* 1,11.16-17). Ou esta outra passagem de Amós: "Não me agradam os vossos holocaustos! Não olho para o sacrifício de animais cevados!... Que o direito corra como a água e a justiça como rio caudaloso!" (*Am* 5,22.24).

O próprio Jesus respondeu à Samaritana, que lhe perguntava onde era melhor adorar a Deus, se no templo de Jerusalém, se no monte Garizim: "Nem em Jerusalém nem no Garizim, mas chegou a hora de adorar o Pai em espírito e verdade" (*Jo* 4,21-23).

Pedras vivas de um templo espiritual

Jesus foi deixando claro, ao longo de sua vida pública, que o veneradíssimo templo de Jerusalém tinha perdido o seu sentido e que ele mesmo, seu corpo, seria o novo lugar da presença de Deus. No Evangelho de hoje, os dois templos se misturam, e João observa: "O templo de que Jesus falava era seu corpo" (v. 21). Não mais um templo de pedra, por mais precioso e procurado que fosse, mas um templo vivo, aberto para todos (*Hb* 10,19). O Evangelista observa que, depois da ressurreição de Jesus, os discípulos compreenderam o significado das palavras do Mestre.

Bem cedo os cristãos compreenderam que eles, por serem o prolongamento do Corpo do Cristo glorioso (*2Cor* 6,16), eram a casa de Deus, cujo fundamento é Jesus (*Ef* 2,20). Paulo, em várias cartas, recorda esse fato novo, procura explicá-lo e pede que não profanemos o corpo, porque é morada de Deus (*1Cor* 3,16-17; 6,15; *Ef* 2,22). Pedro também recorda que o novo Povo de Deus é feito de 'pedras vivas', tornadas casa espiritual e sacerdócio santo, para oferecer sacrifícios espirituais, aceitos por Deus por meio de Jesus Cristo (*1Pd* 2,5). Como faria bem ao mundo de hoje essa afirmação! Embora tanto se fale de filosofia do corpo, comunicação corporal, teologia do corpo, o mundo moderno trata o corpo como coisa, usa-o e mata-o com facilidade.

Na terceira parte (vv. 23-25), temos a exortação, inúmeras vezes repetidas nos Evangelhos: não basta a admiração diante dos milagres, da coragem, ou da novidade trazida por Jesus. É preciso a convicção de Marta: "Creio que és o Cristo, o Filho de Deus, que veio a este mundo" (*Jo* 11,27).

4º DOMINGO DA QUARESMA

1ª leitura: 2Cr 36,14-16.19-23
Salmo: Sl 136
2ª leitura: Ef 2,4-10
Evangelho: Jo 3,14-21

Sou o vivente. Estive morto, mas vivo pelos séculos dos séculos (Ap 1,18)

DA MORTE DE JESUS NASCE A VIDA

Este domingo é chamado 'Domingo da Alegria', por causa das palavras de Isaías com que começa a Missa: "Alegra-te, Jerusalém! Exultai e alegrai-vos, vós todos que estáveis tristes! (*Is* 66,10). A Liturgia acompanha esse sentimento, permitindo o uso de paramentos róseos em vez de roxos. Mas o domingo poderia também se chamar 'Domingo do amor de Deus'. Do amor narrado (1ª leitura), do amor anunciado (2ª leitura) e do amor plenamente revelado na pessoa de Jesus (Evangelho). O amor de Deus se mostra de forma surpreendente: no envio do próprio Filho, que assume a condição humana, incluída a própria morte.

Da morte de Jesus, porém, nasce a vida. Da maldição da cruz, brota a graça salvadora para as criaturas, para todos, mas é preciso que cada um de nós creia que da cruz nos vem a redenção. Que cada um de nós creia que o Pai enviou seu Filho ao mundo. Que esse Filho é Jesus de Nazaré, com força de perdoar pecados e santificar as criaturas. Que esse Jesus, pendente da cruz, agora, é a luz do mundo, isto é, a presença viva de Deus entre as criaturas.

Essa fé Deus a oferece a todos, mas não a impõe a ninguém. Quem aceita essa fé aceita suas consequências: a prática das boas obras. Vivemos sempre entre alternativas: o bem e o mal. Todos temos experiência das fortes tensões que esse fato causa ao coração humano, porque os dois caminhos estão abertos ao nosso destino. A cruz salvadora envolve a ambos com a mesma graça. Cabe a nós a escolha.

O mundo que Deus ama com amor infinito

Nicodemos (apesar de judeu, tem um nome grego, que significa 'aquele que vence com o povo') era fariseu, magistrado e membro do Sinédrio. Foi dos poucos da classe alta a reconhecer que na pessoa de Jesus havia alguma coisa a mais que profeta. Mas se manteve sempre com discrição, tanto que foi procurar Jesus de noite, isto é, às escondidas. Terá ocasião de defender Jesus (Jo 7,50-52) e estará presente e ativo no sepultamento de Jesus (Jo 19,39).

"Deus amou o mundo": no Evangelho de João, a palavra 'mundo' toma, sobretudo, dois sentidos, e é preciso ver, cada vez, qual o sentido empregado. Às vezes, os dois estão presentes. 'Mundo' pode significar as criaturas em geral, o universo criado. Pode significar também a parte da humanidade invadida pelo mal, que não quer receber a doutrina salvadora de Jesus, que se opõe ao Reino de Deus, especialmente nos grandes momentos da paixão, morte e ressurreição. Nesse último sentido, deve-se entender as frases de Jesus na Última Ceia: "Se fôsseis do mundo, o mundo vos amaria" (Jo 15,18); "Coragem! Eu venci o mundo!" (Jo 16,33); "Dei-lhes a tua palavra, e o mundo os odiou" (Jo 17,14).

No primeiro sentido, deve-se entender a afirmação de hoje: "Deus amou o mundo" (v. 16). Misturando os dois sentidos, tem a frase um pouco mais adiante: "Deus enviou o Filho ao mundo, não para condenar o mundo, mas para que o mundo seja salvo por ele" (v. 17). Aqui, tanto é o conjunto das criaturas, a humanidade inteira, quanto os pecadores, as ovelhas desgarradas, os corações transviados, os Zaqueus, os Dimas, as Madalenas, os Judas. A condição para todos é a mesma: crer no nome do Filho único de Deus.

Tolice para uns, sabedoria para outros

Esse crer, de que fala o Evangelho de hoje, não é ato intelectual. Ele implica a pessoa inteira. Ele tem muito do 'experimentar'. É preciso ter a experiência de Cristo, como temos da comida, da alegria, das cores. Ele implica o entrar em contato. É preciso estar em comum união com o Cristo. Ele implica o falar. É preciso testemunhar que Jesus é o Filho de Deus. E, sobretudo, estar com ele, no mistério da Cruz, que é escândalo para uns, loucura para outros, e poder e sabedoria de Deus para os cristãos verdadeiros (*1Cor* 1,23).

E aqui entra a comparação que Jesus faz com a serpente de bronze. Os antepassados dos hebreus, no deserto, numa hora de epidemia mortífera (*Nm* 21,4-9), foram salvos, olhando para uma serpente que Moisés mandara fazer e colocar no alto de um poste. Ora, se eles se salvaram do mal, obedecendo a Moisés, por que não obedecer a quem é maior que Moisés, ele, Jesus de Nazaré, que afirma trazer a salvação? Se eles se curaram, olhando uma serpente de bronze, feita por mãos humanas, por que não se curariam agora, olhando o Filho de Deus no alto da Cruz, que tem o poder de vencer a morte e dar a vida eterna? Quem se convencer disso, quem resolver não procurar outra coisa senão o Cristo crucificado (*1Cor* 2,2) terá o perdão dos pecados e será amado por Deus.

Notemos duas locuções verbais: 'é preciso' e 'seja levantado' (v. 14). 'É preciso' significa a vontade salvífica de Deus de nos dar a vida em Cristo, mediante a cruz. A cruz não é um incidente de percurso, é prevista e querida por Deus, ainda que espante o modo de pensar humano. A segunda locução 'seja levantado' indica o ser suspenso na cruz, mas significa também ser exaltado e posto sobre um trono, tomar posse da plenitude do reino. Estamos diante do grande significado da Páscoa: podemos vestir as vestes da luz (da salvação), sob a condição de 'ser levantado' com Cristo na cruz.

Eu sou a Verdade, eu sou a Luz

A salvação que vem da cruz é certa. Cristo não mente. Não será por acaso que, no momento em que fala da salvação que vem da Cruz, menciona a palavra *verdade* e a palavra *luz*: "Quem age conforme a verdade se aproxima da luz" (v. 21). A verdade, como conceito filosófico, até hoje não se sabe bem o que é. Continua um problema para a argúcia humana, porque o pecado tolheu a visão humana e o equilíbrio da consciência. Muitas vezes, no seu Evangelho, João aproxima *verdade* e *luz*. Luz, com um sentido maior que claridade, significa presença de Deus e o estado em que se encontram os que foram redimidos por Jesus. São Paulo diz que os cristãos são 'filhos da luz' (*Ef* 5,8 e *1Ts* 5,5), isto é, vivem envolvidos por Deus.

Jesus se identificou com a verdade (*Jo* 14,6) e se identificou com a luz (*Jo* 8,12). Não com os conceitos de luz e verdade, mas com seu significado redentor de manifestação da realidade divina na pessoa de Jesus de Nazaré. Diante de Pilatos, Jesus resumiu a razão de sua vinda ao mundo: "Eu nasci para dar testemunho da verdade" (*Jo* 18,37), isto é, da presença salvadora de Deus no mundo. Jesus, portanto, é a presença viva e encarnada de Deus entre nós. Quando ele disse: "conhecereis a verdade e a verdade vos libertará" (*Jo* 8,32), era o mesmo se dissesse: "Se me conheceis, eu vos salvarei", ou seja, se pautardes vossa vida pelos meus ensinamentos, vós vivereis em mim e eu em vós e juntos faremos comunhão com o Pai (*Jo* 14,19-23).

Agir conforme a verdade, portanto, mais que agir com sinceridade, significa pautar o pensamento, o sentimento e a ação no modo de agir, sentir e pensar de Jesus. Talvez tenha sido São Francisco de Assis o cristão que com mais plenitude alcançou essa identificação com Jesus. Tomás de Celano, seu primeiro biógrafo, diz que "sua boca falava da abundância do coração, e a fonte de amor iluminado que enchia todo o seu interior extravasava. Possuía Jesus de muitos modos: levava sempre Jesus no coração, Jesus na boca, Jesus nos ouvidos, Jesus nos olhos, Jesus nas mãos, Jesus em todos os outros membros". Por isso Pio XI o pôde chamar de "um quase Cristo redivivo".

5º DOMINGO DA QUARESMA

1ª leitura: Jr 31,31-34
Salmo: Sl 50
2ª leitura: Hb 5,7-9
Evangelho: Jo 12,20-33

Glorificai o Senhor, exaltai-o o quanto puderdes (Eclo 43,30)

UMA VEZ CHEGADA A SUA HORA, TORNOU-SE SALVAÇÃO PARA TODOS

Estamos chegando perto da hora decisiva para Jesus. O capítulo 12 de João é denso e tenso. Jesus subiu, como fazia todos os anos, a Jerusalém para a festa da Páscoa dos judeus. Pousando em Betânia, a poucos quilômetros de Jerusalém, na casa de Lázaro, a quem ressuscitara dos mortos, Maria, num gesto profético, ungiu-lhe os pés com perfume precioso e enxugou-os com os cabelos (*Jo* 12,3). Ao gesto de Maria, acontecido na privacidade, respondeu à multidão pelas ruas de Jerusalém, levando ramos de oliveira e gritando hosanas a Jesus, "vindo em nome do Senhor" (12,13). Nesse momento, enquanto os fariseus se retiravam, preocupados porque "todo o mundo corre atrás dele" (12,19), aproximaram-se alguns pagãos (gregos), para ver Jesus (12,20).

Homens e mulheres, judeus e pagãos, discípulos e inimigos se encontram no cenário. O Evangelho não nos conta que tipo de atenção Jesus teria dado aos gregos, mas entra logo e longo na misteriosa exaltação de Jesus na cruz. Jesus mostra-se perfeitamente consciente da morte que o espera ou do sentido que esta morte dolorosa terá (vv. 27 e 32). "Atrairei todos a mim, quando for levantado da terra" (v. 32). Todos os seres humanos, todas as criaturas passam a ser propriedade de Jesus, conquistadas por sua morte. Nada sobra para o 'príncipe deste mundo' (v. 31), o demônio.

Jesus anuncia que é chegada a hora de sua paixão. Preocupa-se com ela. Expressa o desejo de ver os Apóstolos com ele no cumprimento da vontade do Pai (v. 26). Gostaria que todos o acompanhassem nessa hora (v. 25). Como em outras passagens de João, também aqui a paixão na cruz é olhada como um caminho de glorificação (v. 32). Ouve-se a voz do Pai: "Hei de glorificá-lo" (v. 28). Há uma íntima comunhão de ação entre Jesus e o Pai do Céu, que o apoia com sua voz, isto é, com sua autoridade, no momento em que o Cristo, pela morte, vence a própria morte, o pecado e o demônio. No momento em que, pela paixão voluntária, Jesus supera todas as formas de maldade e dá um sentido redentivo ao sofrimento e às cruzes da vida.

A chegada da hora decisiva

Quando Jesus começou a vida pública, fazendo o milagre de Caná, falou de uma sua hora que ainda não havia chegado (*Jo* 2,4). Hoje afirma ter chegado a sua hora (vv. 23.27-28). A palavra 'hora', em João, significa o momento da paixão-morte-glorificação, o cumprimento pleno da vontade do Pai. A 'hora' de Jesus inclui a cruz e a ressurreição, pelas quais se ofereceu ao mundo a salvação.

Essa 'hora' aparece no Evangelho de hoje sob várias figuras ou expressões afirmativas. A mais clara delas é a figura do *grão* (v. 24), que morre para renascer e frutificar. Depois, o binômio *perder-odiar a vida* para *conservá-la para a vida eterna* (v. 25): Jesus entrega a vida para que todos a tenham em plenitude (*Jo* 10,10). Temos a palavra *glorificação*, sinônimo de Páscoa no Evangelho de João. Expressão paralela é *elevação-exaltação* na cruz (v. 32), com a promessa de atrair (salvar) a todos. A *voz* do céu (v. 28) é uma espécie de teofania: pela morte e ressurreição, Jesus é a grande revelação de Deus. E será também nessa hora que a *morte* (v. 33) se torna passagem (páscoa) para a vida, e a ressurreição, o *julgamento* (v. 31) definitivo de tudo o que João engloba na expressão 'príncipe deste mundo' (v. 31).

São precisos os olhos da fé

Na primeira vez que Jesus, em sua vida pública, subiu a Jerusalém, recebeu a visita de Nicodemos (Jo 2,23; 3,1-21). O velho mestre representava, de certa forma, todos os judeus a quem Jesus anunciava, em primeiro lugar, a nova doutrina e as condições exigidas para recebê-la. Agora, é um grupo de gregos pagãos que o foram ver.

No encontro com Nicodemos, Jesus falou de sua 'exaltação', quando fosse levado à cruz (Jo 3,14). Agora anuncia que é chegada a hora de sua glorificação na morte (12,23). Os gregos "queriam ver Jesus" (v. 21). 'Ver', no Evangelho de João, está na linha do 'crer'. Não basta ver Jesus com os olhos do corpo. Muitos dos que o viam, nele não acreditavam. Eram precisos os olhos da fé. E para tanto se fazia necessário entrar no destino de Jesus.

Ele fala por parábolas. Compara-se a um grão de trigo, que morre para poder dar fruto (v. 24). Ver Jesus é compreender, o quanto for possível, esse caminho de morte e vida, de humilhação e glória. Vê, de fato, Jesus quem for também capaz de ser grão de trigo e fazer morrer seu egoísmo e seus interesses (v. 25), para que repontem frutos de salvação.

O servo estará onde estiver Jesus

Mais uma vez Jesus insiste em dizer que o discípulo verdadeiro não deve ter medo e fugir do caminho de sofrimento. Devemos ter cuidado com o verbo 'odiar', que ocorre no verso 25. Jesus não manda ter ódio, como entendemos a palavra hoje. Aqui ela está em contrabalanço com 'amar'. Dois extremos para dizer que o discípulo de Jesus deve viver inteiramente desapegado. São inúmeras as vezes em que Jesus coloca essa exigência e a põe de muitos modos. O discípulo não deve fugir da morte, se ela for necessária. Nenhum bem desse mundo é maior do que fazer a vontade do Pai, mesmo que ela contradiga o que chamamos de felicidade terrena. A lição é extremamente séria. Jesus a tira de dentro do coração. Chega a dizer que está 'perturbado' (v. 27), palavra que significa 'comovido até as lágrimas', por se sentir ameaçado. João monta uma cena parecida com a do Horto das Oliveiras, na Quinta-feira Santa à noite (*Lc* 22,42). O 'sim' de Jesus à vontade do Pai é doloroso. Compreende-se que, nesse momento de intensa luta interior e de decisão, Jesus peça aos Apóstolos que não o abandonem (v. 26). E promete aos que estiverem com ele até o fim - passando pela cruz e chegando à glória - que o Pai do Céu os receberá com honras (v. 20).

Vejamos ainda a promessa de Jesus: "Onde eu estiver, estará também o meu servo" (v. 26). Era um pedido aos Apóstolos para morrerem com ele e com ele serem glorificados. Mas é um pedido feito também aos discípulos de todos os tempos. Jesus não fala em empregado, porque o empregado recebe salário. Fala de servo. A gratuidade aqui é fundamental. Gratuitamente Jesus morre na cruz para a salvação do mundo. Gratuitamente, deve acompanhá-lo e com ele sofrer e morrer o servo.

A morte cruenta na cruz não é a única forma de servir, porque há muitas formas de cruz e muitas maneiras de dar a vida por Cristo. Santo Agostinho (†383), que foi bispo no Norte da África e dos mais sábios da Igreja, ao comentar essa frase de Jesus, dá uma lição simples e prática: "Irmãos, quando escutais o Senhor dizer: *Onde estou, ali estará meu servo*, não penseis em bispos e sacerdotes santos. Também vós, cada um a seu modo, podeis servir o Cristo, vivendo bem, dando esmolas, tornando, o quanto possível, conhecido o seu nome e o seu ensinamento". Nessa frase, Santo Agostinho resume todo o agir cristão: servir, viver a vida prática em coerência com esse serviço, repartir com os irmãos o que tem e o que é, e anunciar, de todas as formas a seu alcance, a pessoa e os ensinamentos de Jesus. Esse comportamento significa um contínuo morrer para os próprios interesses, significa repetir na prática a frase de Jesus no Horto das Oliveiras: "Não se faça a minha vontade e sim a vossa" (*Lc* 22,42).

DOMINGO DE RAMOS DA PAIXÃO DO SENHOR

Evangelho da procissão de Ramos: Mc 11,1-10
1ª leitura: Is 50,4-7
Salmo: Sl 21
2ª leitura: Fl 2,6-11
Evangelho: Paixão, Mc 14,1-15,47

Suportou a cruz ... e está sentado à direita do trono de Deus (Hb 12,2)

JESUS CRISTO É O SENHOR, PARA GLÓRIA DE DEUS-PAI

O domingo de hoje, também chamado Domingo da Paixão, abre a Semana Santa. Uma semana em que a Liturgia vive na maior profundidade possível a paixão, morte e ressurreição do Senhor. A semana culmina na Páscoa. Páscoa quer dizer 'passagem'. Passagem da morte para a vida. Embora celebrando a paixão e a morte, nossos olhos estão fixos na ressurreição do 'Autor da vida', como Pedro chamou Jesus (*At* 3,15).

Na Missa em que se benzem os ramos, temos dois Evangelhos. O primeiro, compondo a bênção e a procissão solene com os ramos, conta a entrada triunfal de Jesus em Jerusalém. Neste ano se lê *Mc* 11,1-10. O segundo é a narração da paixão do Senhor, neste ano, também de Marcos. Talvez devêssemos dizer 'oração da paixão', porque esses fatos, mais do que leituras, devem ser oração. Trata-se de um momento decisivo da História da Salvação. Toda a futura mensagem cristã se identifica com a mensagem da cruz.

As palmas ou os ramos que seguramos nas mãos durante a paixão nos recordam a vitória de Jesus sobre a morte e a nossa vitória sobre a maldade e a destruição eterna. As palmas lembram que renasceram as sementes de eternidade que estão em nossa carne e em nosso sangue, acordadas pelo sangue derramado pelo Senhor Jesus. A mesma lembrança nos devem trazer as palmas bentas, quando colocadas na cabeceira de nossa cama ou na sala de estar. Continuamente devemos trazer à vida prática a lembrança de que temos prometido um destino eterno, garantido pela paixão e ressurreição do Senhor.

Jesus Cristo, Filho de Deus

A história da paixão segundo Marcos é, provavelmente, o mais antigo texto sobre o assunto. Para Marcos, Jesus está plenamente consciente do seu destino de morte. "O Filho do Homem segue o seu caminho" (Mc 14,21). Mas não se detém em pormenores. Tem pressa no desfecho final, em que está a frase principal, posta na boca de um soldado pagão: "Verdadeiramente, este homem era o Filho de Deus" (Mc 15,39). Marcos repete, na hora da morte de Jesus, a mesma afirmação com que abrira o seu Evangelho: "Jesus Cristo, Filho de Deus" (Mc 1,1).

Na frase do centurião está todo o dogma cristão: Jesus é homem e Deus. Como homem sofre no corpo e no espírito (Mc 14,33). Como Deus nos salva. As duas naturezas não se separam no agir, a ponto de devermos dizer que o Cristo-Deus-Homem padeceu a morte na cruz; e o Cristo-Homem-Deus nos salvou.

Marcos põe a afirmação da divindade na boca de Jesus, diante da autoridade religiosa máxima dos judeus: "Eu sou o Cristo". E Jesus acrescenta: "Ver-me-eis assentado à direita do poder de Deus, vindo sobre as nuvens do céu" (Mc 14,62). 'Assentar-se à direita' e 'vir sobre as nuvens' são expressões bíblicas que afirmam que Jesus tem poderes divinos, permanece como Deus presente e ativo no mundo e é o juiz de todas as criaturas. Não fosse isso verdade, seria uma grande blasfêmia. O Sumo Sacerdote tomou a afirmação de Jesus como blasfêmia. A lei mandava matar todos os charlatães, que se dissessem revestidos de poderes divinos. Compreende-se que, não crendo em Jesus, todo o Sinédrio o tenha condenado como impostor.

**Abandonado
e exaltado**

Marcos vê em todos os passos de Jesus a manifestação da glória de Deus, mas de um jeito que contradiz a lógica humana. Cristo, agonizante, luta com vontade lúcida (14,36); abandonado por todos os amigos (14,50), é a convergência de todos os corações; amarrado, fala com liberdade plena (14,62); julgado por homens, é o juiz supremo (14,56-60); rejeitado e coroado de espinhos, é o verdadeiro rei do céu, da terra e dos infernos (15,17-18); pregado na cruz (suplício reservado aos escravos), transforma a cruz num sinal de libertação, de glória e salvação (15,25); ele, que não pôde salvar-se (15,31), é o salvador do mundo; o sol do meio-dia se apaga (15,33) diante de quem disse: Eu sou a luz do mundo (Jo 8,12); grita de desespero diante da morte (15,34), mas seu grito é o poderoso gemido de um grande parto: o nascimento da nova criação, da nova Aliança, do novo Povo de Deus; rompe-se o véu do templo para exprimir o fim do Antigo Testamento (15,38) e, imediatamente, o centurião, pagão, pela primeira vez após a morte de Cristo, proclama-o Filho de Deus (15,39); Deus abandona-o à morte (15,34) e, nesse abandono, sobre o corpo rasgado pelo sofrimento, amontoam-se todos os crimes, todos os pecados, todas as maldades e é vencida a própria morte: "Quem crer em mim jamais morrerá" (Jo 11,26).

Nesse mesmo sentido lemos a segunda leitura: "Apresentando-se como simples homem, humilhou-se, fez-se obediente até a morte de cruz. Por isso Deus o exaltou e deu-lhe um nome acima de todo nome... e diante dele dobrem-se todos os joelhos" (Fl 2,6-11).

**Nossas figuras
ativas na paixão**

Judas Iscariotes ficou para sempre ligado à paixão de Jesus. O crime de traição foi grande e até achamos que mereceu o fim que teve. Seu suicídio é narrado por Mateus (Mt 27,3ss) e pelos Atos (At 1,18ss). Marcos, porém, nada diz de sua tragédia. Outra figura ligada à paixão é a de Simão Pedro. Escolhido já para suceder Jesus, nega-o por três vezes. Quando os Evangelhos foram escritos, Pedro era veneradíssimo. No entanto, todos os Evangelistas falam de sua tríplice traição, apesar de Jesus o ter prevenido (Mc 14,30). Mateus e Lucas dizem que ele chorou amargamente (Mt 26,75; Lc 22,62). Marcos diz que ele caiu em prantos (Mc 14,72).

Judas e Pedro representam atitudes nossas. Ambos eram Apóstolos, comensais de Jesus, companheiros de três anos. Como nós. Ambos viram o poder milagroso de Jesus. Na verdade, traímos como Judas e como Pedro. E muitas vezes não conseguimos explicar para nós mesmos as nossas traições. Como não conseguimos explicar o comportamento de Judas e a fraqueza de Pedro. Não saberia dizer qual dos dois traiu mais feio. Judas traiu por decepção e ganância (Jo 12,6). Pedro traiu por medo e orgulho (Mc 14,29-31). Cada um de nós traz dentro de seu coração essas quatro más qualidades. A diferença está nas lágrimas de arrependimento e na conversão.

Outra figura inseparável da paixão de Jesus é Pilatos. Por fontes de fora dos Evangelhos, sabe-se que era um homem frio, calculista, que odiava os judeus e era dado à violência e à tortura. Ao mesmo tempo em que reconhece a inocência de Jesus (Mc 15,14), manda-o açoitar. Marcos diz: "Querendo agradar a plebe, soltou Barrabás e mandou crucificar Jesus, depois de açoitá-lo" (Mc 15,15). Pilatos fez um gesto político e interesseiro. Da pior política. Quantas e quantas vezes acontecem gestos semelhantes. Para defender a própria carreira, a própria posição, sacrificamos a justiça. Pilatos condena por 'razões políticas'. Quando injustiçamos alguém, injustiçamos o Cristo. Se é assim, quantas vezes fomos e somos Pilatos! Estamos presentes e somos ativos na crucificação de Jesus. Como Judas ou como Pedro. Como Pilatos ou como os Apóstolos ausentes. Poderíamos estar presentes ao menos como Simão Cireneu (Mc 15,21), o melhor exemplo de comportamento na Paixão de Jesus. Um pouco sem querer e até a contragosto, ajudou a carregar a cruz, da qual pendeu a salvação do mundo.

TRÍDUO PASCAL E TEMPO PASCAL

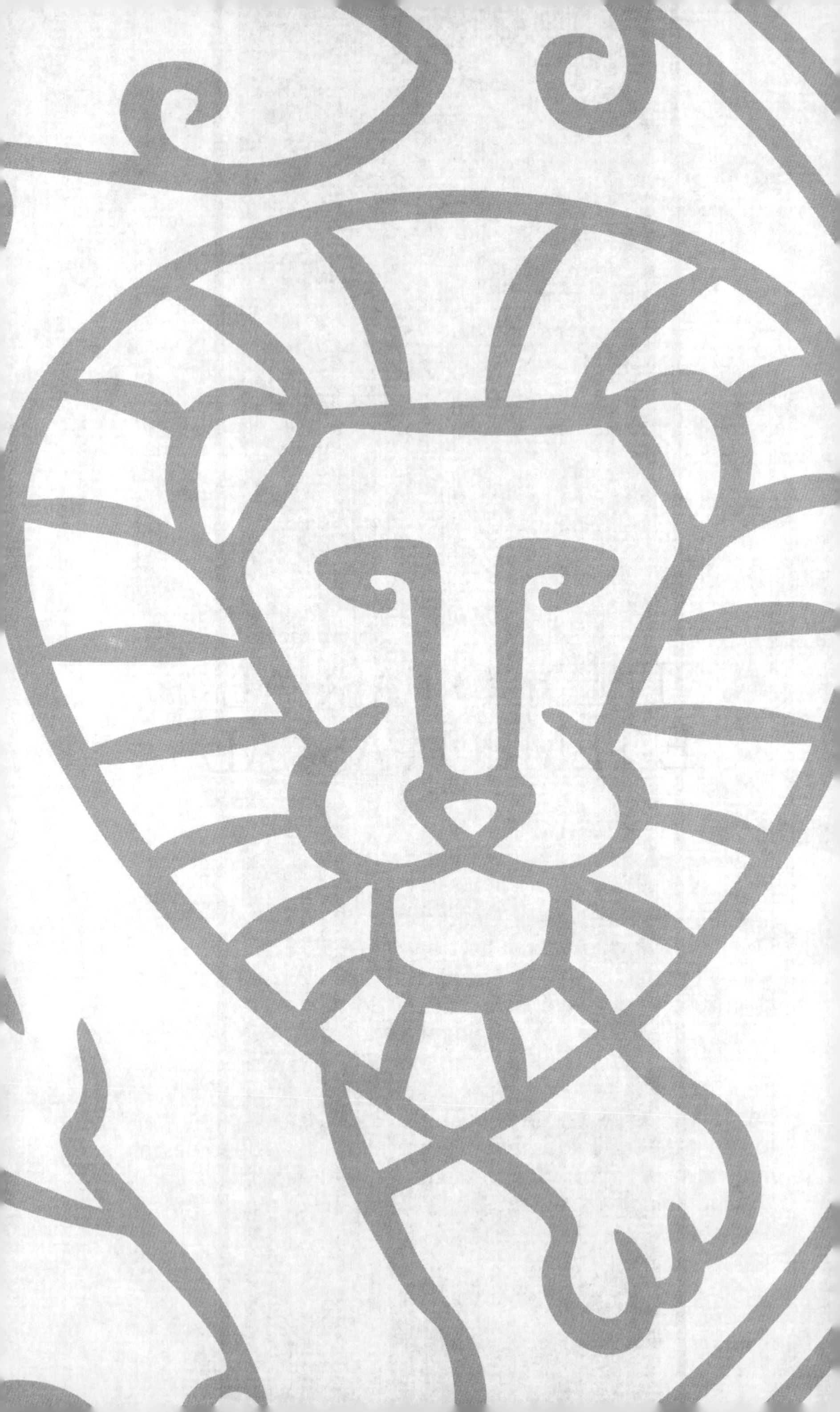

QUINTA-FEIRA SANTA
CEIA DO SENHOR

1ª leitura: Êx 12,1-8.11-14
Salmo: Sl 115
2ª leitura: 1Cor 11,23-26
Evangelho: Jo 13,1-15

Se alguém me abrir a porta, eu entrarei
em sua casa e cearei com ele (Ap 3,20)

UM MISTÉRIO DIVINO
ENTREGUE A MÃOS HUMANAS

Terminamos hoje a Quaresma e começamos as cerimônias do Tríduo Pascal, os três dias mais importantes do Ano Litúrgico. Esta Missa vespertina da Quinta-feira Santa chama-se também 'Missa da Ceia do Senhor', porque foi exatamente numa quinta-feira, à tarde, que Jesus reuniu os Apóstolos a fim de comer com eles a Ceia pascal, como faziam todas as famílias hebreias, para recordar a libertação do povo hebreu da escravidão do Egito. A ceia tinha pratos bem determinados, em que prevalecia o cordeiro pascal, que devia ser de um ano e sem nenhum defeito (*Êx* 12,5). Os Apóstolos não sabiam, mas sabia Jesus que essa era sua última ceia.

O inédito numa ceia tradicional

Jesus terá observado toda a tradição da ceia. Como chefe do grupo dos Apóstolos, assumiu a presidência da refeição, como se fora um pai de família. Terminada a ceia prescrita, inovou um novo ritual, composto de três partes. Primeiro, levantou-se sozinho, derramou água numa bacia, cingiu uma toalha e pôs-se a lavar os pés dos doze, todos mais espantados que maravilhados. Voltou a seu lugar, tomou um pedaço de pão, molhou-o no vinho e deu-o a Judas Iscariotes, dizendo: "O que tens a fazer, faze-o logo" (*Jo* 13,27). E Judas retirou-se rápido da sala, com os pés lavados, mas "com Satanás no corpo" (*Jo* 13,27).

Assim que Judas saiu, Jesus disse: "Ainda só um pouco estarei convosco. Quero deixar-vos um novo mandamento: que vos ameis uns aos outros como eu vos amei. Todos conhecerão que sois meus discípulos, se vos amardes uns aos outros" (*Jo* 13,33-35). E vem o segundo momento: Jesus encheu novamente a taça de vinho e a passou aos Apóstolos, pedindo que cada um deles bebesse, porque já não era mais vinho, mas seu sangue, o sangue que seria o selo, a garantia da nova e eterna aliança entre Deus e a humanidade (*Mt* 26,28). Tomou um pedaço de pão e deu-o a eles para comer, porque já não era pão, mas seu corpo, era 'o pão da vida' (*Jo* 6,48), 'o pão da ressurreição eterna' (*Jo* 6,58). E acrescentou: "Fazei isto em minha memória" (*Lc* 22,19). Com essa emocionada e inédita ordem dada aos Apóstolos, Jesus perenizou a Última Ceia. Também nós estamos hoje fazendo a memória de Jesus, porque, toda vez que comemos desse pão e bebemos desse cálice, refazemos em sua integridade de significado e de santidade a Santa Ceia do Senhor.

No terceiro momento, temos um longo discurso, iniciando com a figura da videira e dos ramos: "Eu sou a videira, vós sois os ramos. Quem permanecer em mim e eu nele dará muitos frutos. Sem mim nada podeis fazer" (*Jo* 15,5). Um discurso, resumo de três anos de ensinamentos. Um discurso, testamento. Um discurso, promessa de não abandonar os discípulos, apesar de tudo o que iria acontecer: "Não vos deixarei órfãos" (*Jo* 14,18). Um discurso de união ao Pai e de insistente pedido de unidade entre todos os discípulos (*Jo* 17,20-26). Um discurso de glorificação da vontade do Pai (*Jo* 14,31) nesse momento – a sua hora –, a sua hora de começar a paixão, o caminho tenebroso da morte, de cuja última ponta irromperá a aurora da Páscoa. A última frase do discurso é esta: "Pai, que o amor, com que me amaste, esteja com todos os que creem em mim, como eu quero estar com todos eles (*Jo* 17,26). Os grandes momentos desta noite santa da Última Ceia do Senhor reconfirmam que Jesus é, de fato, o *Emanuel* (*Mt* 1,23), o Deus sempre conosco.

Noite da graça, noite da maldade

Se nesta noite Jesus nos dá a Eucaristia, o sacerdócio, o amor fraterno, deveríamos celebrar a alegria e a vida. Mas é mais um momento de compaixão. Várias vezes no Evangelho se conta que Jesus se compadeceu do povo (*Mt* 9,36; 14,14; 15,32; 20,34). E compadecer-se significa sofrer com quem sofre ou está em necessidade. Nesta noite devemos sofrer com Jesus, porque esta é também a noite da traição de Judas. Nesta noite Jesus foi preso, enquanto rezava no Jardim das Oliveiras, na periferia de Jerusalém. Nesta noite Jesus foi amarrado com cordas (*Jo* 18,12) e conduzido a julgamento. Nesta noite Jesus foi abandonado por seus amigos mais íntimos, os Apóstolos, e acusado de ser contra a Lei (*Jo* 19,7), contra o povo (*Lc* 23,5), contra as Autoridades (*Jo* 19,12) e até mesmo contra Deus (*Mt* 26,65). Ele, que só havia feito o bem (*At* 10,38), nesta noite sofreu a sorte dos criminosos. Por isso esta é também a noite da maldade. Nesta noite Jesus precisa de nossa compaixão, isto é, que estejamos a seu lado, participando de seu sofrimento.

Posso garantir, porém, que a melhor forma de nos compadecer de Jesus, de viver com ele as agruras desta noite, é fazer aquilo que nos mandou. A começar pelo amor fraterno, que se manifesta não só na benquerença, mas também na compreensão das falhas e fraquezas dos outros. O amor fraterno, que não só significa amar aos que nos amam e nos recompensam com seu amor, mas também aos que nos querem mal, desejam-nos mal, odeiam-nos e até perseguem. Amor fraterno, que nos exige perdoar sempre a todos, sem exigir nenhuma reparação pelo mal que sofremos. Amor fraterno, que nos faz desejar aos outros, sem exceção de ninguém, as coisas boas que gostaríamos de ter para nós. Amor fraterno, que nos faz ver no rosto do vizinho o rosto de Deus, com a mesma nitidez com que vemos o rosto do nosso irmão carnal. Amor fraterno, que deveria ter o tamanho do amor que Deus tem por nós: "Ordeno-vos que vos ameis uns aos outros!" (Jo 15,17).

Sem esse amor, como podemos celebrar a Eucaristia, sacramento do amor, sacramento da caridade, sacramento da unidade, sacramento da comum/união, da comunhão? "Onde há amor e caridade, ali está Deus", costumamos cantar. Viver o amor que compreende, viver o amor que perdoa, viver o amor que faz a unidade: eis a forma de participar dos sofrimentos de Cristo nesta noite, neste Tríduo sacro. Ressoe mais uma vez a afirmação de Jesus, dita nesta noite em seu testamento: "Sereis meus amigos, se fizerdes aquilo que vos tenho mandado!" (Jo 15,14).

O dom sagrado do Sacerdote

A Quinta-feira Santa recorda a instituição do sacerdócio: "Fazei isso em memória de mim" (Lc 22,19; 1Cor 11,24-25). Sacerdote é uma palavra composta de *sacer* (sagrado) e *dos* (dom, dote, presente). É um presente sagrado que Deus nos dá. Mas é também o homem que viabiliza e oferece ao povo o maior presente de Deus: o Cristo vivo na Eucaristia, o Cristo vivo no amor fraterno. São Francisco de Assis tinha grande veneração para com os sacerdotes. Conta-se que ele disse: "Se me acontecesse de encontrar ao mesmo tempo um Santo descido do céu e um pobre sacerdote, saudaria primeiro o presbítero e me apressaria em beijar-lhe a mão, e até diria ao Santo vindo do céu: espera, porque as mãos deste homem seguram a Palavra da vida e têm um poder mais que humano!" Bendito seja o Cristo Deus, que nos deu a Eucaristia! Bendito seja o Cristo Deus, que nos deu o sacerdócio! Bendito seja o Cristo Deus, que nos ensinou a amar nossos irmãos, com o mesmo amor com que amamos o Senhor! Bendito seja o Cristo Deus, que quis permanecer para sempre conosco, para que permanecêssemos sempre com ele! Bendito seja o Cristo Deus, que nos lavou os pés, para que aprendêssemos que devemos perdoar-nos uns aos outros e sermos humildes diante de todos! Bendito seja o Cristo Deus, que, pela Eucaristia e pelo amor fraterno, nos garantiu, em sua pessoa, uma aliança amorosa, eterna e definitiva com ele, que é Deus, e vive e reina com o Pai, na unidade do Espírito Santo!

SEXTA-FERIA SANTA PAIXÃO DO SENHOR

1ª leitura: Is 52,13-53,12
Salmo: Sl 30
2ª leitura: Hb 4,14-16; 5,7-9
Evangelho (Paixão): Jo 18,1-19,42

A quem endireita seu caminho mostrarei
a salvação de Deus (Sl 50,23)

ESTAMOS DIANTE DE UM MORTO, QUE É NOSSO

Todos estamos acostumados com a morte. Todos nós já estivemos diante do corpo morto de uma pessoa familiar e amiga. Hoje estamos diante da morte de Jesus, Filho de Deus, que assumiu em tudo a condição humana, inclusive a morte. Nenhum de nós desejaria a um amigo a morte violenta de Jesus. Violenta nos sofrimentos do corpo. Mais violenta no sofrimento da alma, que suportou a calúnia, o desprezo, a zombaria, a condenação a morrer numa cruz, morte reservada a criminosos. Estamos diante de um homem morto, pregado numa cruz.

Mas esse homem morto numa cruz é mais que um amigo, mais que um membro de nossa família humana: é o Filho de Deus, que aceitou essa morte vergonhosa para que a nossa vida tomasse um sentido e a nossa existência tivesse um destino eterno. A morte de Jesus na cruz é o preço da nossa vida. Não me perguntem por que Deus cobrou um preço tão alto e um preço de sangue humano. A paixão e morte do Senhor é um mistério, isto é, uma verdade de fé que ultrapassa a compreensão humana.

Teríamos também nós rezado ao Pai como Jesus no Horto das Oliveiras: "Pai, se possível afasta de mim este cálice de morte. Mas não se faça a minha vontade e sim a tua" (*Lc*

22,42)? E Jesus cumpriu a vontade misteriosa do Pai até o fim, até o extremo da angústia e da dor, até a morte. Ó vontade do Pai, difícil de entender! Ó fraqueza orgulhosa da criatura humana, sempre cheia de medo e covardia diante da misteriosa vontade de Deus! Diante do mistério do Cristo crucificado, vem-me ao coração a prece de São Francisco: "Concedei-me, meu Deus e Senhor, que eu vos conheça muito, para poder agir sempre segundo os vossos ensinamentos e de acordo com a vossa santíssima vontade!"

Uma fonte de purificação

Acabamos de ouvir a paixão e a morte do Senhor, segundo o Evangelista João. Talvez fosse melhor dizer: acabamos de *rezar* a paixão do Senhor, porque é um texto sagrado sobre a mais santa das mortes e morte da mais santa das criaturas. E como se não bastasse a morte, vimos como um soldado lhe abriu o lado com uma lança. Nunca imaginaria o soldado anônimo, que a tradição mais tarde chamou de Longino, que seu gesto cruel era o cumprimento da profecia de Zacarias: "Naquele dia... derramarei sobre a casa de Davi e sobre os habitantes de Jerusalém um espírito de graça e de consolação. E eles olharão para mim depois de haver-me traspassado. Lamentarão a morte do filho único, chorarão como se chorassem sobre um filho primogênito" (*Zc* 12,10).

Nossos olhos contemplam o Cristo traspassado e morto na cruz, o primogênito do Pai, isto é, aquele que tem o direito de herança sobre tudo (*Hb* 1,2). O primogênito de Maria, isto é, aquele para quem o anjo Gabriel, na Anunciação, prometera o trono de Davi e um reinado para todo o sempre (*Lc* 1,32-33). O primogênito de todas as criaturas (*Cl* 1,15), isto é, aquele para quem todas as coisas foram feitas, tanto as do céu quanto as da terra (*Ef* 1,10). E vejo que a profecia de Zacarias é ainda mais explícita: "Naquele dia haverá para a casa de Davi e para os habitantes de Jerusalém uma fonte aberta para lavar os pecados e purificar as manchas" (*Zc* 13,1). Por isso o profeta falava num momento de graça e de consolação.

A morte fecunda do grão de trigo

Depois da entrada triunfal em Jerusalém e antes da Última Ceia, Jesus encontrava-se diante do templo. O povo, curioso porque ele ressuscitara Lázaro, comprimia-se em torno dele. Jesus, então, afirmou: "Eu vos digo com toda a verdade, se o grão de trigo, caindo na terra, não morrer, ficará só, mas se morrer, produzirá muito fruto" (Jo 12,24). A comparação é perfeita. Jesus é esse grão de trigo, que traz dentro de si a força da vida. Mas tem de morrer para produzir fruto. O grão, que morre para brotar, é um grão carregado de esperanças. É uma morte que multiplica a vida.

Assim, a morte de Jesus, grão divino, que aceitou passar pela morte para que dela nascesse a vida, a vida em plenitude (Jo 10,10). Por isso, a cruz do Senhor não é um lenho de maldição, mas de esperança. Não é um lenho de morte, mas de vida. Com razão canta a Igreja: "Salve, ó cruz, nossa esperança!" A cruz não olha para o desespero e a ruína, mas para a alegria da colheita abundante. Hoje choramos a morte dolorosa do Senhor na cruz. Hoje beijamos seu corpo morto. Hoje consolamos a Mãe dolorosa, que retoma em seus braços o corpo do filho. Hoje nossa mente e nosso coração estão entristecidos e envoltos no mistério da morte. Mas o sol ressurgirá. Na manhã da Páscoa celebraremos a ressurreição e a vida com cânticos de vitória sobre a morte.

Hoje estamos estarrecidos diante do Cristo morto. Ele, que afirmara ser a luz do mundo (Jo 8,12), tem os olhos inchados, azulados e apagados pela morte. Suas sobrancelhas estão manchadas do sangue coagulado que lhe escorrera da coroa de espinhos. Mas a luz voltará a iluminar o mundo amanhã, quando o Cristo retomar a vida que, espontaneamente, ofereceu por nós ao Pai do Céu. Hoje estamos diante do Cristo morto. Ele, que dissera ser o caminho da humanidade (Jo 14,6), será tirado da cruz e depositado numa sepultura de pedra, cuja boca será fechada com outra grande pedra (Mt 27,60) e selada pelos sumos sacerdotes e vigiada pelos guardas do templo (Mt 27,66). Na manhã da Páscoa, ele ressuscitará para caminhar vitorioso diante de nós (Mt 28,7), primogênito e redentor de todas as criaturas (Cl 1,15), no caminho que nos leva à glória eterna.

Herança incorruptível

A morte e a ressurreição de Jesus são dois fatos, dois mistérios distintos, mas inseparáveis. O Novo Testamento não os separa. Os Evangelhos são explícitos: "Ele sofrerá muito, será entregue à morte, mas ao terceiro dia ressurgirá" (*Mt* 16,21; 17,23; *Mc* 8,31; 9,31; *Lc* 9,22). Escreveu São Paulo: "Transmito-vos o ensinamento que recebi: Cristo morreu por nossos pecados e foi sepultado. E ressuscitou ao terceiro dia" (*1Cor* 15,3-4). Os que crucificaram Jesus esqueceram a afirmação que ele fizera: "Ninguém me tira a vida. Tenho o poder para dá-la e novamente retomá-la!" (*Jo* 10,18).

Estamos diante de um morto, que é nosso. Ele se chama Jesus de Nazaré, mas é nosso. Nosso, porque nascido de mulher, carne de nossa carne e sangue do nosso sangue. Nosso, apesar de ter sido morto pelos nossos pecados. Nosso, porque de seu lado aberto nasceu a fonte de água que lavou nossos crimes e nossa infidelidade. Nosso, porque será ele a refazer a nossa unidade com Deus Criador. Nosso, porque ele é nossa vida. Nosso, porque ele é a nossa verdade. Nosso, porque ele é o nosso caminho. Nosso, porque ele é nossa salvação.

A árvore da vida do Paraíso Terrestre de Adão e Eva, que lhes causou a morte (*Gn* 2,17), tornou-se a cruz de Jesus, da qual todos nós temos a ressurreição e a vida. Os pintores muitas vezes desenham, aos pés da cruz, o crânio de Adão, para dizer que o orgulho humano reconheceu o seu lugar e sobre ele desceu a misericórdia divina, mediante o sangue escorrido do Cristo crucificado. Do primeiro Adão, trazemos as formas terrenas de nosso corpo (*1Cor* 15,49) e a permanente saudade do paraíso. Do segundo Adão, ganhamos a filiação divina (*Rm* 8,16), a imortalidade e a herança do céu, uma 'herança incorruptível', como escreveu São Pedro (*1Pd* 1,4). E isso, graças à morte e à ressurreição do Senhor Jesus.

SÁBADO SANTO
VIGÍLIA PASCAL

1ª Leitura: Gn 1,1-2,2 ou 1,1.26-31
Salmo: Sl 103 ou Sl 32
2ª Leitura: Gn 22,1-18 ou 22,1-2.9a.10-13.15-18
Salmo: Sl 15
3ª Leitura: Êx 14,15-15,1
Salmo: Sl 15
4ª Leitura: Is 54,5-74
Salmo: Sl 29
5ª Leitura: Is 55,1-11
Salmo: Is 12,2-3.4bcd.5-6
6ª Leitura: Br 3,9-15.32-38; 4,1-4
Salmo 18: Sl 18B
7ª Leitura: Ez 36,16-17a.18-28
Salmo: Sl 41
8ª Leitura: Rm 6,3-11
Salmo: Sl 117
Evangelho: Mc 16,1-7

Eis um homem cujo nome é Rebento:
onde ele está, germinará (Zc 6,12)

SOLIDÁRIOS NA MORTE,
SOLIDÁRIOS NA RESSURREIÇÃO

Estamos em plena noite. A noite santa da ressurreição do Senhor. Como as três Marias (Maria Madalena, Maria de Tiago e Maria Salomé), preparamos todas as coisas e nos preparamos e aqui estamos juntos, celebrando a saída da sepultura de Jesus de Nazaré, ressuscitado e vitorioso, trazendo em seu corpo os sinais agora gloriosos das cinco chagas. Ele prometera: "Depois de três dias, ressurgirei dos mortos" (*Lc* 18,33). Acabamos de ouvir seu anjo – 'vestido de branco' (*Mc* 16,5) para simbolizar, segundo o Apocalipse, "uma longa caminhada de tribulação e a lavagem da túnica no Sangue do Cordeiro glorioso" (*Ap* 7,14) –, que nos anunciou com alegria: "Vós procurais Jesus Nazareno, que foi crucificado. Não está mais na sepultura. Ressuscitou" (*Mc* 16,6).

Na noite de Natal, quando o anjo comunicou aos pastores o nascimento do Filho de Deus na gruta de Belém, os campos se inundaram de luz (*Lc* 2,9) e "uma multidão do exército celeste louvou a Deus, dizendo: "Glória a Deus nas alturas e paz na terra aos homens amados por Deus!" (*Lc* 2,13-14). Posso imaginar os milhares de milhões de anjos que nessa noite cantam conosco, enchendo todos os espaços terrestres e celestes. Talvez com as mesmas palavras do Apocalipse: "O Cordeiro imolado é digno de receber o poder e a riqueza, a sabedoria e a força, a honra, a glória e a bênção!" (*Ap* 5,12). Diz o Apocalipse que "todas as criaturas no céu, sobre a terra e debaixo da terra e no mar", uniram-se aos anjos para cantar: "Ao Cordeiro vitorioso a glória e o império pelos séculos dos séculos!" (*Ap* 13).

Nós somos essas criaturas, cercadas de imensa multidão de anjos, que celebram nesta noite a vitória de Jesus sobre o pecado e a maldade, sobre o demônio e a morte. Nossa voz se une à voz do salmista, que cantamos há pouco, junto com o Aleluia, e proclamamos "com brados de júbilo e de vitória as maravilhas realizadas pela mão direita de Deus" (*Sl* 118,15). Nossa voz se une à voz do próprio Cristo, para gritar aos quatro cantos do mundo: "Não morrerei, mas viverei para proclamar as obras do Senhor!" (*Sl* 118,17). Aleluia! E todos nós, nesta madrugada santa, tornamo-nos "as testemunhas da ressurreição do Senhor Jesus" (*At* 2,32).

**Garantia
de vida eterna**

Na leitura que fizemos há pouco, São Paulo comparava-nos a Jesus e dizia que, pelo batismo, nós mergulhamos com Cristo na morte e com ele fomos sepultados (*Rm* 6,3-4). E pela força do batismo, como Cristo pela força divina, com ele ressuscitamos. São Paulo usou uma expressão que nós entendemos muito bem, porque faz parte de nosso linguajar comum: "Solidários na morte, solidários na ressurreição" (*Rm* 6,5). Todos, e cada um de nós, fomos beneficiados com a ressurreição de Jesus nesta madrugada de Páscoa. Por isso, nossa alegria não nasce apenas da vitória de Jesus sobre a morte, mas também da certeza de que não morreremos para sempre, tendo, a partir desta noite, garantida a vida eterna.

Celebremos a ressurreição de Jesus! Celebremos a garantia da nossa ressurreição! Como dirá o Prefácio da Missa desta noite: "Cristo, morrendo, destruiu a morte e, ressurgindo, deu-nos a vida!" Não apenas a vida biológica, limitada ao tempo e ao espaço, mas a vida eterna, a vida divina, a vida de comunhão com Deus. As pedras foram incapazes de conter o Cristo ressuscitado. Sepultura nenhuma será doravante capaz de impedir-nos a subida para a glória eterna.

A luz se multiplica, não se divide

Este fato é novo e é consequência da ressurreição de Jesus. São Paulo nos recordava que, por isso, devemos "andar em vida nova" (*Rm* 6,4). É exatamente esta 'vida nova', que recebemos, que nós celebramos nesta noite. Acendemos na escuridão da noite um fogo novo. Iluminamos a igreja com a luz de um Círio novo, marcado com os números que compõem este ano. Logo mais consagraremos a água nova do batismo. Também a Eucaristia desta noite será nova.

Por isso, precisamos também nós, cada um de nós, revestir-nos do homem novo (*Ef* 4,24), trocar o velho fermento do nosso espírito, que produzia pecados, para refazer-nos com o fermento novo e sermos massa nova em Cristo Jesus (*1Cor* 5,7-8). Se sairmos desta noite iguais como nela entramos, a ressurreição do Cristo pode ter sido em vão para nós. Seremos semelhantes aos guardas, que vigiavam a sepultura: não viram o Cristo ressurgir e até aceitaram suborno para dizer que seu corpo fora roubado (*Mt* 28,11-15). Abramos nosso coração! Deixemos a luz nova do Cristo ressuscitado iluminar nosso interior, nossa consciência, nossa mente, nosso ser inteiro.

Páscoa quer dizer 'passagem'. Passagem da morte para a vida, passagem da escravidão para a liberdade, passagem do pecado para a graça, passagem do indiferentismo para o compromisso, passagem do egoísmo para a solidariedade, passagem da autossuficiência orgulhosa para a comunhão fraterna e comunhão com Deus. No início desta celebração, num belíssimo gesto simbólico, cada um acendeu sua luz na única luz do Círio. E toda a igreja se iluminou. A luz se multiplicou e não se dividiu. Assim é a passagem do individualismo para a comunidade, quando iluminada pelo Cristo ressuscitado, o único a estar em todos sem dividir, o único capaz de fazer de todos um só corpo e um só espírito (*Ef* 4,4). Sermos uma comunhão só entre nós e uma comunhão só com Deus é a nossa esperança e nossa vocação (*Ef* 4,4). É a nossa verdadeira Páscoa.

Releitura dos acontecimentos

Estamos no meio da noite. De uma noite muito especial e santa: a noite da ressurreição. Acendendo o fogo e o Círio pascal, celebramos a luz. Luz significa presença de Deus. Luz significa salvação. As palavras de Jesus: "Eu sou a luz do mundo; quem me segue não andará nas trevas, mas terá a luz da vida" (*Jo* 8,12) expressavam a divindade de Cristo e a salvação que trazia à humanidade. Jesus podia ter dito essas palavras nesta madrugada de Páscoa, ao sair da sepultura, porque em sua ressurreição, o Senhor quis compartilhar conosco tanto a sua divindade quanto a salvação, ou seja, a comunhão com Deus.

Há no Evangelho de Marcos, que lemos há pouco, uma recomendação de Jesus, que as três Marias deviam transmitir aos Apóstolos: que fossem à Galileia (*Mc* 16,7). Galileia não é, aqui, um lugar geográfico, mas uma indicação teológica. Na Galileia Jesus passara quase toda a vida pública. Na Galileia escolhera os Apóstolos (*Mc* 3,13-19) e constituíra a primeira comunidade (*Mc* 3,34). Na Galileia preparara os discípulos (*Mc* 4,34). Agora, depois do milagre da ressurreição, prova cabal de sua verdade, que eles começassem a reler todos os acontecimentos e ensinamentos; que se convencessem a fundo de que ele era o Cristo (*Mc* 8,29), o Filho predileto de Deus (*Mc* 9,7), o Mestre e Senhor (*Mc* 10,51), o crucificado em benefício de todos (*Mc* 15,39), o ressuscitado (*Mc* 16,6) para ser o caminho (*Mc* 16,7: "ele vos precederá") de volta à plena comunhão com Deus.

Rumo a essa comunhão, fazemos agora um novo gesto pascal. Consagramos a água batismal e renovamos as promessas solenes de fidelidade a Deus-Pai, que nos criou; a Deus-Filho, que nos redimiu no sangue de sua cruz e conquistou para nós, na ressurreição, a vida eterna; a Deus-Espírito Santo, que Jesus nos dá, para que possamos ser filhos da verdade (*Jo* 16,13) e possamos, o quanto a criatura humana for capaz, "compreender a largura, o comprimento, a altura e a profundidade" do amor do Cristo morto e ressuscitado, e sejamos "cheios de toda a plenitude de Deus" (*Ef* 3,18-19).

SOLENIDADE DA PÁSCOA

1ª *Leitura: At 10,34a.37-43*
Salmo: Sl 117
2ª *leitura: 1Cor 5,6b-8 ou Cl 3,1-4*
Evangelho: Jo 20,1-9

Na verdade, Cristo ressuscitou dos mortos (1Cor 15,20)

PÁSCOA: O GRANDE MILAGRE DA NOVA CRIAÇÃO

A solenidade da Páscoa é a maior festa cristã. O mistério pascal está no centro de todo o ensinamento da Igreja, no centro da fé. Não é fácil a nós hoje, dominados pela mentalidade científica e técnica, aceitar a ressurreição, porque ela escapa a todas as leis da natureza e a todos os cálculos da ciência.

A ressurreição de Jesus, como também nossa ressurreição, é assunto de fé. Podem-se buscar explicações e conveniências. Elas estarão sempre aquém do fato. E o fato é divino. É diferente do brotar do trigo no campo e dos astros que se mantêm no espaço, porque eles têm explicações. A Páscoa não se explica. Crê-se. É o maior dos milagres. Só a fé é capaz de assimilá-lo.

Diante do milagre as palavras se apequenam. Compreende-se a sobriedade dos Evangelistas ao contar a Páscoa. Em todas as narrações estão sempre presentes três elementos: o ver, o crer e o compreender a Sagrada Escritura. Os três elementos sucedem-se para se fundirem na fé. No Evangelho de hoje, por exemplo, está bem acentuado o ver. Viu Maria Madalena, viu Pedro, viu João. E João completa: "viu e creu" (v. 8). O verbo ver, no Evangelho de João, tanto o ver físico quanto o ver espiritual, carrega em si as sementes do crer e faz brotar a fé. Observe-se como nos versículos 8 e 9 enfileiram-se os três elementos: ver, crer, compreender a Escritura. A Escritura serve sempre de base e garantia à fé. A garantia da verdade não são os olhos que veem nem a mente e o coração que compreendem. Sabemos por experiência que eles nos podem enganar. Mas a Palavra de Deus é segura: "Eterna e estável como os céus é a tua Palavra, Senhor!" (*Sl* 119,89).

Quando a dúvida ajuda a fé

Um dos grandes argumentos usados pelos Evangelhos em favor da ressurreição é o do sepulcro vazio. São muitos os que constataram essa verdade (*1Cor* 15,5.7). Anás e Caifás tentaram transtornar o fato, dando dinheiro grosso aos guardas do sepulcro para que espalhassem que os Apóstolos haviam, à noite, roubado o corpo de Jesus (*Mt* 28,11.15). A própria Maria Madalena, que foi cedo à sepultura, ao encontrá-la aberta e vazia, pensou em roubo do corpo (*Jo* 20,2.15). Não passava ainda pela cabeça de ninguém que Jesus devia ressuscitar (v. 9). Ele predissera várias vezes a ressurreição (*Mt* 17,22; 20,19; 27,63), mas morte era morte. Um grupo havia enterrado Jesus morto. Nem os ajudou a lembrança da ressurreição do jovem de Naim, a caminho do cemitério (*Lc* 7,11-17). Nem mesmo a rumorosa ressurreição de Lázaro (*Jo* 11,43-44) lhes abrira os olhos para a possibilidade de o próprio Jesus ressuscitar.

Para nós hoje é até bom que os Apóstolos e os discípulos tenham sido tão duros de acreditar na ressurreição. Com isso buscaram para nós os argumentos. Afastaram a hipótese da mentira, da impostura, do roubo, da ilusão. Pedro dirá no dia de Pentecostes: "Deus ressuscitou-o e disso todos nós somos testemunhas" (*At* 2,32). Ainda hoje o cristão pode ser definido como 'testemunha da Ressurreição do Senhor'. Escrevendo aos cristãos de Corinto, onde havia alguns que duvidavam da ressurreição, Paulo é taxativo: "Se Cristo não ressuscitou, é vã a nossa pregação e é vã a nossa fé" (*1Cor* 15,14), e acrescenta: "Se só temos esperança em Cristo para esta vida, somos os mais miseráveis de todos os homens" (15,18).

Domingo:
dia do Senhor

O verbo *correr* aparece várias vezes no capítulo 20 do Evangelho de João. Insinua toda a pressa dos Apóstolos e dos Amigos de Jesus em conhecer a verdade da ressurreição. Vemos Madalena correr para Pedro (*Jo* 20,2). Pedro e João correm ao sepulcro (*Jo* 20,4), Madalena corre a anunciar aos discípulos que vira Jesus Ressuscitado (*Jo* 20,18). É a mesma pressa que teve Maria depois da Anunciação em visitar Isabel (*Lc* 1,39). A certeza e o anúncio da verdade pedem pressa.

Jesus ressuscitou na madrugada de domingo. Os judeus haviam festejado sua festa de Páscoa no sábado (*Jo* 19,31). O primeiro dia da semana ainda não se chamava 'domingo'. Os gregos e romanos o chamavam 'dia do sol'. Ainda hoje se conserva o costume em algumas línguas: *Sonntag* (alemã), *Sunday* (inglesa). Domingo é o nome que os cristãos deram, e o derivaram de *Dies Domini*, dia do Senhor. Já o Apocalipse emprega a expressão 'Dia do Senhor' (*Ap* 1,10).

O Antigo Testamento mandava guardar o sábado (*Êx* 20,10; *Dt* 5,15). Os primeiros cristãos, embora continuassem a guardar o sábado, reuniam-se especialmente no domingo para a Eucaristia, que era e é a celebração da morte e ressurreição do Senhor (*At* 20,7). Para as igrejas fundadas por São Paulo entre os pagãos, o domingo passou bem cedo a ser o principal dia da semana. A *Didaqué*, um livro que compendia a doutrina dos Apóstolos para a segunda geração da Igreja, diz expressamente: "Reuni-vos no domingo para a fração do pão e celebrai a Eucaristia". No século III já não havia mais nenhuma dúvida: o sábado de Moisés fora substituído pelo domingo do Senhor ressuscitado, porque na manhã de Páscoa terminara o velho mundo e começara um mundo novo (*2Cor* 5,17). Para os cristãos todos os dias são do Senhor, mas o domingo o é especialmente, porque o domingo é a páscoa da semana; nesse dia a morte deu lugar à vida, a desgraça foi substituída pela libertação, o Antigo Testamento se fechou para ser aberta a nova aliança do novo Povo de Deus.

Os mortos ressuscitam incorruptíveis

Os teólogos discutem em que consiste a ressurreição, tanto a de Jesus quanto a nossa. Os cristãos afastam a hipótese da reencarnação. Ao ressuscitar, Jesus guardou sua própria identidade, isto é, era ele mesmo e não outra pessoa (*Lc* 24,39). Seu corpo guardou as mesmas formas, mas não tinha mais a mesma estrutura material (*Jo* 20,19.26): Jesus entra na sala, estando fechadas as portas. Não se trata de um estágio superior da vida presente, libertada de seus aspectos negativos. Mas de uma vida nova, libertada inteiramente das leis da natureza. Não é um novo momento de purificação, mas a plenitude das sementes de eternidade que trazemos dentro de nós e que a ressurreição de Cristo tornou fecundas.

O *Catecismo da Igreja*, ao falar da maneira como os mortos ressuscitam, cita a Carta de São Paulo aos Coríntios: "Alguém poderia perguntar: como ressuscitam os mortos? Com que corpo voltam? Insensato! O que semeias não readquire vida a não ser que morra. E o que semeias, não semeias o corpo da planta que deve nascer, mas um simples grão, como o de trigo ou de qualquer outra espécie. Semeado corruptível, o corpo ressuscita incorruptível. Os mortos ressuscitarão incorruptíveis. Com efeito, é necessário que este ser corruptível revista a incorruptibilidade e que este ser mortal revista a imortalidade" (*1Cor* 15,35-37.42.53).

Se é verdade que a ressurreição é obra exclusiva de Deus, é também verdade que ela tem a ver com a vida presente, restaurada pela morte e ressurreição de Jesus. A vida presente modifica-se na medida de nossa fé na ressurreição. Por isso os Apóstolos, em suas pregações e cartas, insistiram tanto que a vida presente deve ser pautada pela esperança da vida futura. Não como um consolo das possíveis desgraças sofridas aqui, mas como um retorno pleno à vida divina, de onde saímos. Fomos criados por um gesto de amor. Ressuscitamos por outro gesto de amor extremado: a morte e ressurreição de Jesus Cristo.

2º DOMINGO DA PÁSCOA

1ª leitura: At 4,32-35
Salmo: Sl 117
2ª leitura: 1Jo 5,1-6
Evangelho: Jo 20,19-31

Deus, em sua grande misericórdia, regenerou-nos para uma herança incorruptível (1Pd 1,3)

CRISTO VIVE ATUANTE NO MEIO DA COMUNIDADE

Todos os anos lemos este Evangelho no segundo Domingo da Páscoa. Ele retrata a primeira comunidade reunida e o Senhor no meio dela, já não mais em sábado, mas no domingo, dia da Ressurreição. E como as pessoas passam da desconfiança à paz, do medo à alegria, do ver com os olhos do corpo ao ver com os olhos da fé, sobretudo, como o Cristo ressuscitado reparte com os Apóstolos seu poder divino de perdoar e de santificar, para que a comunidade possa continuar a missão recebida do Pai. Cristo se encontra no meio da comunidade cristã, que doravante será a continuação de seu corpo glorioso e deverá ter as mesmas características divino-humanas dele.

Este domingo, também chamado 'Pascoela', desde os primeiros séculos era conhecido como 'Domingo in Albis'. 'In albis' significa 'com roupas brancas'. Nos primeiros séculos, os cristãos adultos, que se batizavam no sábado santo à noite, vestiam túnicas brancas durante toda a semana pascal até a Missa de hoje. A partir do ano 2000, por decreto do Papa São João Paulo II, este domingo passou a ser chamado também 'Domingo da Divina Misericórdia'. A liturgia da Missa fala da misericórdia e o Salmo Responsorial repete: "Louvai o Senhor, porque ele é bom e eterna é a sua misericórdia" (Sl 118,1). O

Evangelho nos recorda da misericórdia de Deus para com a humanidade. O próprio Papa o diz: "Nas diversas leituras, a liturgia de hoje parece traçar o caminho da misericórdia que, enquanto reconstrói a relação de cada um com Deus, suscita também entre os homens novas relações de solidariedade fraterna. Cristo ensinou-nos que o homem não só recebe e experimenta a misericórdia divina, mas é também chamado a ter misericórdia para com os outros".

A fé vai além dos sentidos

O Evangelho conta dois episódios com oito dias de diferença. Eles estão muito ligados entre si. Não pela pessoa de Tomé, mas por aquilo que ele representa. Somos extremamente sensoriais. Cremos naquilo que um dos nossos sentidos capta, ou naquilo que a inteligência pode enquadrar dentro das gavetas do conhecimento. Por isso temos grandes dificuldades na fé que, nos pontos essenciais, ultrapassa qualquer sentido ou qualquer compreensão.

Esse problema também devia existir nas primeiras comunidades cristãs. Ora, o Cristo que estivera entre os discípulos, comendo e caminhando com eles, ensinando-os e sustentando-os sempre com sua presença, é o mesmo que está no meio da comunidade "até o fim dos tempos" (Mt 28,20). É o mesmo, mas não mais perceptível pelos sentidos. A frase de Jesus: "Felizes os que não veem e creem" (v. 29) se refere a todos os que, sem negar valor aos sentidos e ao entendimento, vão além e aceitam o campo da fé. Pedro dirá: "Sem vê-lo, o amais; sem vê-lo, nele tendes fé. Isso será para vós uma fonte de alegria" (1Pd 1,8).

Com alegria e causando alegria, a comunidade cristã ama o Senhor ressuscitado; crê e sabe que ele está presente, ainda que os olhos não o vejam e as mãos não o toquem. A dúvida e a incredulidade de Tomé são símbolos da dúvida e incredulidade que tantas vezes acompanham nossa mente. Mas a confissão de Tomé é também símbolo da profissão de fé de cada cristão. Todo o Evangelho foi escrito para que cada um de nós chegue à mesma conclusão de Tomé e viva essa fé em Cristo, nosso Deus e Senhor.

**Retrato da nova
Família de Deus**

Muitos querem ver no Evangelho de hoje a instituição do Sacramento da Reconciliação (Confissão). Penso que temos aqui mais que um só sacramento. Jesus reparte seu poder divino de perdoar e de santificar, sabendo que a criatura humana, pecadora de nascença, precisaria de instrumentos para sair do pecado, para morrer continuamente ao pecado e ressuscitar para a graça já na vida presente. Caso contrário, frustrar-se-iam os frutos de sua ressurreição. Veja-se como uma coisa chama outra: presença de Jesus, garantia do Espírito Santo, misericórdia divina no perdão dos pecados, santificação das criaturas, superação do medo e da incredulidade, ambiente de paz e alegria, profissão de fé, comunidade reunida. Retrato da nova família de Deus.

A liturgia pascal acentua bastante a vida nova que brota da ressurreição de Jesus. Paulo fala em "caminhar numa nova vida" (*Rm* 6,4). Poderíamos dizer que devemos passar da velhice para a infância. Não de idade temporal, mas de pureza de consciência. O próprio Jesus nos ensina que "se não nos tornamos como crianças, não entraremos em seu Reino" (*Mt* 18,3). Pedro, falando do novo povo de Deus, exorta-nos a sermos "como crianças recém-nascidas, desejando o genuíno leite do Espírito" (*1Pd* 2,2). Fazer-se criança é o sentido do renascer de que falava Jesus a Nicodemos (*Jo* 3,1-7). O Espírito Santo que Jesus hoje sopra sobre a comunidade reunida é graça e força para sairmos da ira para a mansidão, do ódio para a bondade, da discórdia para unidade, da ganância para a solidariedade, da libertinagem para a continência (*Gl* 5,19-24). O Espírito Santo nos restitui sempre de novo a alegria do amor e da unidade fraterna, sem os quais, não sobrevive a comunidade.

**Ressuscitei, ressuscito,
ressuscitarei**

A página que lemos hoje é o final do Evangelho de João. Observemos como o Evangelista dá a razão de haver escrito o Evangelho: "Para que creiais que Jesus é o Cristo, o Filho de Deus, e para que, crendo, tenhais a vida em seu nome" (*Jo* 20,31). Crer que Jesus é o Filho de Deus, enviado pelo Pai para nos dar a vida da graça, a vida eterna, esta é a razão da encarnação de Jesus. Essa, a razão da ressurreição na Páscoa. A vida da graça a que somos chamados e a vida eterna que nos espera têm tudo a ver com a ressurreição. Há vezes que os Apóstolos falam de nossa ressurreição no passado, como na Carta aos Colossenses: "Se ressuscitastes com Cristo, procurai as coisas do alto" (*Cl* 3,1). Há vezes que falam no futuro, como na Carta aos Romanos: "Quem ressuscitou Jesus dos mortos também ressuscitará vossos corpos mortais" (*Rm* 8,11).

Não é que haja duas ressurreições. Há uma só. Mas desde que cremos na ressurreição de Jesus, todas as nossas ações se voltam para ela. Nosso coração vive em estado de ressurreição até o momento (o da morte corporal) em que seremos "um só espírito com Cristo" (*1Cor* 6,17). Paulo chama essa ressurreição continuada de "passagem da vida segundo a carne para uma vida segundo o Espírito" (*Rm* 8,13). A vida segundo a carne é a vida em pecado. A vida segundo o Espírito é a vida na amizade e graça de Deus. Essa ressurreição continuada – que o Novo Testamento chama de conversão – é o caminho normal que nos leva à ressurreição gloriosa, quando nossa pessoa glorificada passa a viver a vida divina. O Evangelho de hoje põe na boca do Cristo ressuscitado nosso caminho de conversão ao dar aos homens o poder de perdoar e santificar ações pela força do Espírito Santo.

Jesus, ao dar poder de perdoar e santificar, deu também grande responsabilidade. Quando o Pai o enviou à terra, Jesus assumiu, com toda responsabilidade, a missão e a cumpriu fielmente (*Jo* 5,30). Agora, com o poder de ressuscitado e pronto para voltar ao Pai, passa a mesma responsabilidade aos Apóstolos, à comunidade: "Como o Pai me enviou, eu vos envio" (v. 21). Não os manda como criaturas humanas apenas, ainda que instruídas por ele. Manda-as revestidas do mesmo Espírito Santo, que estivera sobre ele e com ele e nele (*Lc* 4,18).

3º DOMINGO DA PÁSCOA

1ª leitura: At 3,13-15.17-19
Salmo: Sl 4
2ª leitura: 1Jo 2,1-5a
Evangelho: Lc 24,35-48

Somos testemunhas de tudo o que fez Jesus na terra (At 10,39)

NEM FANTASMA NEM ESPÍRITO DESENCARNADO, MAS JESUS INTEIRO

O clima da Missa de hoje é pascal, com forte catequese para o milagre da Ressurreição. Os sentimentos de que estão invadidos os discípulos coincidem com os nossos, quando meditamos o mistério básico da fé, que é a Ressurreição de Jesus: medo, surpresa, dúvida e alegria. O medo é o que mais inibe a gente; a capacidade de se surpreender rejuvenesce; a dúvida é meio caminho andado em direção à verdade; a alegria é consequência da certeza do encontro. Encontro com o Cristo, que nos convence de que, de fato, ressuscitou, que continua sendo ele mesmo inteiro; que seu nome glorioso perdoa os pecados de todos; que todos seremos testemunhas desses fatos.

Todo o capítulo 24 de Lucas é composto das provas da Ressurreição. Para a Igreja primitiva e para nós hoje a mensagem, a verdade pascal – fato, doutrina e consequências – está no centro do Cristianismo. A primeira prova da Ressurreição, Lucas a foi buscar no sepulcro vazio (Lc 24,1.3.12). A segunda, na voz do anjo que fala às mulheres (Lc 24,4.11). A terceira, na voz do próprio Cristo aos discípulos de Emaús, que se revela na fração do pão (Lc 24,13-35). A quarta é a aparição aos Apóstolos reunidos com outros companheiros no cenáculo, onde se joga com todos os sentidos do corpo e qualidades da pessoa humana.

Chave interpretativa dos dois Testamentos

Lucas fecha o Evangelho e as provas da Ressurreição com a aparição de Jesus aos onze, isto é, à totalidade dos Apóstolos. A finalidade é tríplice: Jesus afirma, antes de tudo, que está vivo e continua ele mesmo, em toda a sua humanidade. Faz os discípulos experimentarem essa verdade com os sentidos do corpo: "vede minhas mãos e meus pés" (os olhos); "apalpai-me" (o tato); "comeu à vista deles" (o gosto). A glória da ressurreição transfigurou, mas não obscureceu sua humanidade. Como ensina o *Catecismo da Igreja*: "O corpo ressuscitado, com o qual ele se apresenta aos discípulos, é o mesmo que foi martirizado e crucificado, pois ainda traz as marcas da paixão. Jesus tem um corpo autêntico e real, mas com uma propriedade nova de um corpo glorioso: não está mais situado no espaço e no tempo, pode tornar-se presente onde e quando quiser" (n. 645).

Depois, abre a mente dos discípulos à compreensão das Escrituras. Do ver-tocar-degustar passa ao ouvir-anunciar. Era preciso que os Apóstolos compreendessem que os fatos não haviam acontecido por acaso. Explicando as Escrituras, Jesus revela os planos do Pai sobre ele e sua missão na terra. Agora, as mesmas Escrituras deveriam iluminar e fundamentar a fé dos cristãos. Jesus se torna, então, a chave interpretativa de ambos os Testamentos e de toda a revelação divina. Fazendo-os compreender as Escrituras, Jesus afasta deles o medo do fracasso ("estavam aterrados e cheios de medo"), a perturbação e as dúvidas ("por que estais perturbados?" e "por que essas dúvidas em vossos corações?"), a incredulidade frenadora ("ainda não acreditavam").

Enfim, dá-lhes uma missão: ser no mundo as testemunhas da Ressurreição. Lucas põe o testemunho no anúncio da conversão e do perdão. De fato, a nossa conversão, a busca do perdão e a certeza de sermos perdoados por Deus são o grande fruto da Páscoa. E é pela conversão que testemunhamos a Ressurreição. E é no perdão que a Ressurreição fecunda nossas vidas com as sementes da imortalidade.

Ressurreição, conversão e comportamento humano

Aos Apóstolos não foi fácil aceitar a Ressurreição, ainda que Jesus a tivesse predito (*Mt* 17,9.22; 27,63; *Mc* 9,30; 10,34; *Lc* 18,33). Deixaram-se convencer pelas provas e pela graça ("Jesus lhes abriu os olhos da inteligência", lemos em *Lc* 24,45) e, ao partirem para a pregação, apresentaram-se sempre como 'testemunhas da Ressurreição' (*At* 2,32). Ao pregarem a Ressurreição, os Apóstolos a uniam ao perdão dos pecados e à conversão. Os profetas prometiam o perdão em nome de Javé, porque só Deus podia perdoar pecados (*Mc* 2,7). Agora, o perdão é dado em nome de Jesus de Nazaré ressuscitado. No nome de Jesus está a salvação (*At* 4,12). Os Apóstolos, na sua pregação, vão acentuar que Jesus morreu e ressuscitou para a remissão dos pecados (*At* 5,31). Jesus mesmo dissera na Última Ceia que seu sangue seria derramado para o perdão dos pecados (*Mt* 26,28). Em outras palavras: para a santificação de quem crer nele e na sua missão salvadora.

Os Evangelistas acrescentam que o perdão é para todos. Não há povo, não há classe social privilegiada. Entre os quatro Evangelistas, Lucas é quem mais acentua a universalidade da graça de Deus. A condição imposta é para todos a mesma: crer no nome do Senhor Jesus e converter o coração. À fé devem seguir e acompanhar as obras boas, fruto de um coração voltado para Deus. Por isso a fé tem tudo a ver com o comportamento e a justiça social. Já o Apóstolo Tiago observou isso, quando escreveu: "De que aproveitará a alguém dizer que tem fé, se não tiver obras? Poderá a fé salvá-lo? Se o irmão ou a irmã estiverem nus e carentes do alimento cotidiano, e alguém de vós lhes disser: ide em paz, aquecei-vos e fartai-vos, mas não lhes der com que satisfazer à necessidade do corpo, que adiantaria? A fé sozinha, se não tiver obras, será morta" (*Tg* 2,14-17).

Testemunhas oculares e ministros da palavra

A leitura de hoje termina com uma frase que envolve a responsabilidade dos discípulos (e a nossa): "Vós sois as testemunhas de tudo isso!" (v. 48). As palavras *testemunhar, testemunho* e *testemunha* ocorrem 167 vezes no Novo Testamento e são parentes próximas de outras que nós conhecemos: mártir, martírio. Qual o sentido da palavra? Ela vem do linguajar jurídico e significa: 'declaração acerca de um fato', 'anúncio de uma verdade'. Os Apóstolos se declararam 'testemunhas oculares e ministros da palavra' (*Lc* 1,2), isto é, afirmaram que presenciaram os milagres, a pregação do Evangelho, a morte e a ressurreição (*At* 10,37-38) e ensinaram o significado salvífico desses fatos.

Ser testemunha de Cristo é proclamar sua ressurreição, garantia de sua divindade. A Igreja ensina que um dos frutos do Sacramento da Confirmação é "dar-nos uma força especial do Espírito Santo para difundir e defender a fé pela palavra e pela ação, como verdadeiras testemunhas de Cristo, para confessar com valentia o nome de Cristo e para nunca sentir vergonha em relação à cruz" (*Catecismo da Igreja*, n. 1303). Esse ensinamento nos deixa claro que o testemunho se dá com o anúncio, com palavras acompanhadas do comportamento condizente. Para o cristão não pode haver contradição entre o anúncio e a ação, entre a fé e as obras.

A esse testemunho todos são chamados. Envoltos, muitas vezes, em medo e dúvidas, tomados, vezes tantas, por surpresas e alegrias, é no nosso dia a dia, em palavras e obras, que anunciamos a Boa-nova da salvação trazida por Jesus de Nazaré, Deus-homem, que morreu para vencer a morte e ressuscitou para purificar o mundo do pecado. Para Lucas, proclamar a ressurreição é anunciar o perdão dos pecados e a conversão. Esse anúncio implica a defesa da vida em todas as suas fases e sentidos. Ser testemunhas da ressurreição significa ser apóstolos da vida. E converter-se, sair do pecado, ir ao encontro do Senhor e acompanhá-lo em seus passos terrenos significa viver a plenitude da vida, que abarcará, quando for seu tempo e sempre em comunhão com Jesus, a vida divina no seio da Santíssima Trindade. Então viveremos a totalidade da Páscoa.

4º DOMINGO DA PÁSCOA

1ª leitura: At 4,8-12
Salmo: Sl 117
2ª leitura: 1Jo 3,1-2
Evangelho: Jo 10,11-18

Ele apascenta seu rebanho como um pastor (Is 40,11)

JESUS CRISTO: O ÚNICO CAPAZ DE GUIAR E SALVAR O POVO

A figura do Bom Pastor, com ovelhinha sobre os ombros, é uma das mais antigas figuras de Jesus. A liturgia guardou a riqueza da parábola do capítulo 10º de São João, lendo-o todos os anos no 4º domingo da Páscoa. O Ano A acentua o Cristo *porta* da salvação. O Ano B, este, o Cristo que nos ama e dá a vida por nós. O Ano C, o Cristo nossa segurança e garantia da vida eterna. A imagem do Cristo Bom Pastor é a imagem da misericórdia e da bondade de Deus. Ele não só sai à procura da ovelha perdida (*Lc* 15), mas também cria uma intimidade conosco, fazendo conosco uma comunhão de todos os bens divinos.

Nessa parábola, Jesus apresenta-se como o único capaz de guiar e salvar o povo, e o faz com o extremo amor de sua vida. E, como se não bastasse dar a vida como prova de seu amor, Jesus afirma que tem o poder de retomar a vida (promessa da Ressurreição) para que, em sua vida, todos tenhamos vida em plenitude para sempre, ou seja, sejamos salvos. Falar em Jesus Bom Pastor é falar em Jesus Salvador. O povo que escutava Jesus conhecia bem a vida dos pastores de ovelhas, profissão que fora também do rei Davi, antes de sua escolha e unção (*1Sm* 16,11). A profissão do pastor é 'salvar' as ovelhas da desagregação, da fome, das intempéries, das feridas, dos animais ferozes. Exatamente isso faz o Cristo conosco: salva-nos das divisões, da perdição temporária e eterna, da fome (deu-nos seu próprio corpo e sangue como alimento), do vazio de valores, de filosofias de vida passageiras, dos ataques das forças do mal, chamem-se elas demônio, pecado, desânimo ou desejo de autossuficiência.

Morre o pastor
para que vivam as ovelhas

No trecho que lemos hoje, Jesus faz uma distinção entre empregado (mercenário) e dono no pastoreio das ovelhas. Não é preciso nenhuma explicação. O povo tem um provérbio que diz bem: "Olho de patrão engorda cavalo". Jesus terá pelas criaturas humanas o cuidado de quem trata delas com muito amor e como 'coisa sua' (Jo 18,9).

A profissão de pastor ocorre na Bíblia desde as primeiras páginas (Abel era pastor: Gn 4,2). Todos os Patriarcas antigos (Abraão, Isaac e Jacó) eram nômades, criadores de cabras e ovelhas. Numa terra ingrata, semidesértica, não era fácil encontrar pasto e água em todas as estações do ano. Por isso os pastores saíam para longe, como lemos dos filhos de Jacó (Gn 37,12-17). À noite procuravam juntar vários rebanhos, e os pastores revezavam-se na guarda contra ladrões e lobos famintos (Lc 2,8). Era nessa guarda noturna, sobretudo, que se provava a honestidade e o bom pastoreio (1Sm 17,34-36). O empregado, que trabalhava assalariado, muitas vezes, preferia fugir a enfrentar os ladrões ou os animais ferozes.

Jesus declara-se bom pastor; com coragem lutará por suas ovelhas, para que nenhuma seja roubada ou se perca ou morra. Pelas ovelhas de todos os tempos e de todos os lugares enfrentará a morte. Morrerá por elas, mas retomará a vida para que todas possam retornar sãs e salvas à Casa do Pai. Perder-se-ão as que forem surdas à sua voz. De novo os verbos escutar, ouvir, que em João significam vivenciar, pôr em prática.

Eu mesmo apascentarei
as minhas ovelhas

Jesus contou a parábola do Bom Pastor em Jerusalém, talvez diante do pórtico do templo, na festa da Dedicação do

Templo (Jo 10,22), aos judeus chegados para a festa. A parábola, contada num contexto de festa, põe-se logo dentro do contexto da história da salvação. Jesus sempre comparou a salvação com uma festa, de que todos são convidados a participar. Mas há os que não vão e procuram as mais diversas desculpas (Lc 14,15-20). A parábola visava aos fariseus (Jo 9,40), que se arrogavam o direito de dizer ao povo o que era certo e o que era errado. E eles entenderam que os mercenários da parábola eram eles.

O contraste entre mercenário e bom pastor já fora descrito pelo profeta Ezequiel no excepcional capítulo 34. Excepcional em sua composição simbólica. Excepcional em seu senso profético em torno da pessoa e missão de Jesus. "Uma vez que minhas ovelhas foram entregues à pilhagem, tornando-se presa de todos os animais selvagens por falta de pastor; uma vez que meus pastores não se preocuparam com minhas ovelhas, apascentando-se a si mesmos em vez das ovelhas, venho para lhes cassar o ofício de pastor... Doravante, eu mesmo apascentarei as minhas ovelhas e as farei repousar; procurarei a ovelha perdida, reconduzirei a extraviada, enfaixarei a machucada, fortalecerei a doente e vigiarei as ovelhas fortes e sadias".

Os ouvintes de Jesus compreenderam que a figura do pastor ia mais longe do que o significado profissional. Compreenderam que significava também 'guia', 'condutor', 'legislador'. Jesus tinha todas essas qualidades. Noutra ocasião chamara-se de 'caminho' do povo (Jo 14,6) e mais vezes interpretara e completara a lei de Moisés (Mt 5,17-48).

Pastor e ovelhas em comunhão

Há mais um sentido escondido na palavra 'pastor'. Ela pode significar a providência de Deus, como no salmo 23: "O Senhor é meu pastor, nada me falta". É fácil aproximar esse salmo à vida de Jesus. Se o salmo fala em verdes pastagens, Jesus declara dar seu corpo e seu sangue como comida e bebida capazes de nos fazer viver para sempre (Jo 6,54). Se o salmo fala em águas tranquilas para beber, Jesus declara ser a fonte de água viva, e quem dela beber jamais terá sede (Jo

4,14). Se o salmo fala em reanimar a vida, Jesus declara que quem crer nele não conhecerá a morte (*Jo* 6,40). Se o salmo fala nas sendas da justificação, Jesus declara que perdoa os pecados, justificando a todos no seu sangue derramado na cruz (*Mt* 26,28). Se o salmo fala da presença de Deus a nosso lado, Jesus promete: "Estarei convosco até o fim dos tempos" (*Mt* 28,20). Se o salmo fala de uma mesa preparada, Jesus se assenta à mesa com os Apóstolos e institui a Mesa da Eucaristia (*Mt* 26,20). Jesus é o Bom Pastor. Jesus é a Providência de Deus entre as criaturas.

No trecho da parábola que lemos hoje, há um verbo de grande significado: *conhecer*, que no Evangelho de João tem um sentido bem maior que nosso linguajar comum. Na linguagem comum, o verbo *conhecer* se prende muito ao intelecto, ao saber 'quem é' e 'o que é'. Mas no Evangelho de João, o verbo *conhecer* envolve toda a vida religiosa, moral e social do indivíduo, que aceita a mensagem de Deus, submete-se a ela e pauta por ela todo o comportamento. Envolve o ver, o ouvir, o perceber, o experimentar e transforma tudo em fonte de amor.

Quando Jesus diz conhecer as criaturas humanas (as ovelhas), significa que ele assumiu a condição humana e a amou até o extremo (*Jo* 13,1). Nada do que é humano lhe é estranho. Quando fala que suas ovelhas o conhecem, significa que aceitamos sua pessoa e sua mensagem. E aceitamos com todo o nosso ser. Entramos em comunhão de vida com ele, como ele está em comunhão de vida com o Pai (v. 15). Por isso, quando na Última Ceia Jesus diz: "A vida eterna consiste em que te conheçam a ti, um só Deus verdadeiro, e a Jesus Cristo que enviaste" (*Jo* 17,3), queria dizer que a vida eterna consiste em experimentar a comunhão com o Pai e com ele, Jesus. 'Conhecer', 'ver' e 'crer' estão muito perto entre si e juntos significam 'viver'.

5º DOMINGO DA PÁSCOA

1ª leitura: At 9,26-31
Salmo: Sl 21
2ª leitura: 1Jo 3,18-24
Evangelho: Jo 15,1-8

Somos colaboradores de Deus (1Cor 3,9)

CRISTO É O TRONCO, NÓS SOMOS OS RAMOS

Os evangelhos que lemos no quinto e sexto domingos de Páscoa se completam. Ambos fazem parte do discurso de despedida da Última Ceia, em que Jesus compara o povo a uma videira, da qual ele é o tronco e nós os ramos. Embora o discurso tenha sido proferido antes da Páscoa, todo ele é pascal, mostrando como viver na comunidade cristã a presença do Senhor e como, com ele, formar o Reino dos Céus na terra, produzindo frutos agradáveis ao Pai. O discurso de despedida delineia a identidade da Igreja como comunidade. Ela só existe inserida no Cristo. A criatura humana sempre teve e tem a tentação da independência e da autossuficiência. Jesus afirma hoje que não basta ser ramos. É preciso ser ramos enxertados nele: "Sem mim nada podeis fazer" (v. 5).

Jesus glorioso sobe aos céus, mas permanece como raiz e centro da humanidade redimida, recriada em seu Sangue. Permanece como fonte de vida para todos. Permanece como princípio e fim de todos (*Ap* 1,8). Das 118 vezes em que ocorre o verbo 'permanecer' no Novo Testamento, 40 se encontram no Evangelho de João e 24 nas Cartas de João. E tem um sentido cristológico muito forte. Assemelha-se muito ao 'conhecer', que explicamos no quarto domingo. Quando João escreve na sua primeira Carta (2,3): "Sabemos que conhecemos (Jesus), se guardamos seus mandamentos", queria dizer convivemos com ele, permanecemos nele, à medida que nossa vida se assemelhar à dele. No Evangelho de João, o sentido de 'permanecer' se aproxima também ao verbo 'inabitar', empregado várias vezes por São Paulo, como, por exemplo, em *Rm* 8,8-11. Não são verbos passivos, mas dinâmicos. Há entre Jesus e nós uma intercomunicação e, por meio de Jesus, uma intercomunicação com a Trindade. Por isso podemos dizer que a Santíssima Trindade mora em nós. Ou, que nós moramos na Santíssima Trindade. Deus quer agir através de nós. E nós só podemos produzir frutos verdadeiros, se estivermos ligados a ele, como os ramos ao tronco.

Somos o prolongamento de Cristo

A figura da videira para simbolizar o povo não era estranha. Haviam-na usado Isaías (5,1-7), Jeremias (2,21) e Ezequiel (15,1-8). Jeremias, pregando contra a idolatria, põe na boca de Deus esta queixa com referência ao povo: "Eu te havia plantado como vinha excelente, toda de cepas legítimas. Como te degeneraste em ramos de uma vinha bastarda?" (2,21). Muitas vezes, no Antigo Testamento, Deus é comparado ao agricultor atento e carinhoso.

Jesus colhe a velha comparação e a refaz. Deus é o agricultor. A videira agora é ele; a melhor cepa possível, que produzirá os melhores frutos, que são inteiramente do gosto e agrado do Pai. Dessa videira o Pai jamais se queixará. Pela Paixão e Ressurreição de Jesus nós fomos enxertados no tronco. Agora fazemos parte da nova videira. Enquanto estivermos inseridos no tronco como os sarmentos na cepa, é certo que também nossos frutos serão agradáveis a Deus, porque a seiva, a vida do Cristo-tronco é a mesma que corre em nós-ramos.

É assim que somos o prolongamento de Cristo. Somos um com o Cristo também em nossas obras. Como Cristo é um com o Pai em todos os passos de sua vida terrena. Essa verdade, na qual Jesus tanto insistiu, é das que mais devem despertar nossa confiança nele e nosso esforço por conformar nossos pensamentos, palavras, planos e ações à sua maneira de agir.

Somos sócios
de um projeto divino

Na espiritualidade do Antigo Testamento há uma palavra, cujo significado se aproxima bastante a *permanecer, conhecer, viver inserido*. É a palavra 'Sabedoria', que não pode ser confundida com ciência ou conhecimentos adquiridos. Sabedoria é o gosto/alegria das coisas de Deus dentro de nossa vida. O livro do Eclesiástico traz um autoelogio da Sabedoria, no capítulo 24; a certa altura, diz: "Os meus ramos são ramos majestosos e belos. Como na videira, os sarmentos brotam encantadores. Minhas flores dão frutos de glória e riqueza" (*Eclo* 24,17). Podemos aplicar essas palavras à videira verdadeira de que fala Jesus hoje. Jesus promete esses frutos ricos de fecundidade aos ramos que ficarem enxertados nele.

Se a fecundidade e a beleza dos frutos dependem de Cristo, de nós depende ficar ou não ficar unidos a ele. Jesus não nos tirou a obrigação da procura e da colaboração. O esforço de permanecer unido é nosso. A obra salvadora de Cristo realiza-se conosco ou sem nós. Mas Deus nos quer participantes dessa obra. Participantes voluntários. Os cachos de uva não nascem do tronco, mas dos ramos. Os ramos produzem, porém, se ligados ao tronco. Por isso mesmo os cachos são tanto dos ramos quanto do tronco. Assim deve acontecer conosco e Cristo. Cristo ressuscitado é o Senhor da História e da Graça. Mas ele nos associa nesse projeto. E, de certa forma, precisa de nós. Como sócios, somos os construtores da História. Na verdade, a História depende dele, como os ramos do tronco. Sozinhos nada faremos, porque o ramo que não está ligado ao tronco perece (v. 4). Unidos ao tronco, responsável maior, transformamos cada dia num milagre de vida e de amor.

Esse é o mistério da comunhão da criatura humana com Deus na vida presente, que se plenifica na eternidade. Por isso, se estou inserido em Cristo, vivendo de sua seiva, meus frutos são frutos também divinos, que alegram e glorificam a Deus. Foi pensando na realidade desse mistério, que o Apóstolo Paulo pôde escrever aos Gálatas: "Eu vivo, mas já não sou eu, é Cristo que vive em mim. Minha vida presente na carne eu a vivo pela fé no Filho de Deus" (*Gl* 2,20). O mistério da comunhão com Deus alcança seu auge no mundo por meio da comunhão eucarística.

Somos comunhão e comunidade

Há duas palavras, próximas entre si, que, transpostas para a prática, exigem-se a tal ponto de uma não existir sem a outra: comum/união (comunhão) e comum/unidade (comunidade). Não basta ter nascido no mesmo lugar ou morar na mesma rua para que haja comunidade. Ela pressupõe um achegamento pessoal, pressupõe uma mesma dimensão de fé e de amor, pressupõe objetivos comuns. Não há comunidade sem um encontro prévio de pessoas.

O mundo massificou-se. A aldeia virou formigueiro, onde poucos se conhecem e se entendem. Esse mundo-formigueiro é anormal, porque a criatura humana não consegue viver anônima, apenas identificada pelo número de sua carteira de identidade. Nascemos para formar uma comunidade, embora cada um de nós seja um indivíduo inconfundível e irrepetível. Também Deus é um só, irrepetível; no entanto, é uma comunidade. A maior verdade que o Cristo nos trouxe foi exatamente a de que Deus é comunidade. A figura da videira hoje volta a acentuar a necessidade de fazermos uma comum/unidade, uma comunidade com Deus. Se posso chamar essa nossa comunidade pessoal com Deus de comunidade vertical, ela só é possível quando formamos a comunidade horizontal com os nossos irmãos. Não há Igreja sem comunidade. Podemos dizer que evangelizar é formar comunidade.

A Igreja só se entende como uma comunidade que se esforça por viver em comunhão. Em comunhão vertical e horizontal. À medida que vive a comunhão com Deus e com o próximo, a comunidade realiza o Reino de Céus, que pressupõe sempre e necessariamente a inserção em Cristo. Nem Paulo. Nem Pedro. Nem Apolo. Mas o Cristo de Deus (*1Cor* 3,5-7.21-23).

6º DOMINGO DA PÁSCOA

1ª leitura: At 10,25-26.34-35.44-48
Salmo: Sl 97
2ª leitura: 1Jo 4,7-10
Evangelho: Jo 15,9-17

O mandamento é que vivais no amor (2Jo 6)

DO AMOR À COMUNHÃO, DA COMUNHÃO À ALEGRIA

Vimos nos dois domingos passados que 'conhecer' e 'permanecer' significa estar em comunhão. São verbos dinâmicos que dão sentido novo à vida humana sobre a terra. Vimos no domingo passado que não basta ser ramo. Precisamos ser ramos enxertados em Cristo, porque só ele é o Filho de Deus, a verdadeira vinha do Pai. Só ele une a humanidade à divindade. "Permanecei em mim e eu permanecerei em vós" (Jo 15,4) nos dizia Jesus no domingo passado. Nesse permanecer está a comunhão do mistério divino com o mistério humano. Só nesse permanecer, o deserto da esterilidade humana, de que tanto falavam os profetas (Is 41,18-19; 51,3), pode tornar-se o jardim fecundo do Reino dos Céus na terra.

Hoje Jesus especifica a modalidade de permanecer nele: "permanecei no meu amor" (v. 9). O evangelho de hoje está embebido de ternura. Ternura de Deus-Pai para com seu Filho bendito e em quem ele pusera todo o comprazimento (Mt 17,5); ternura de Jesus para conosco, e tanta ternura de assumir toda a nossa culpa (1Pd 2,24) e dar a vida por nós (v. 13); ternura nossa, se nos amarmos uns aos outros com o mesmo amor com que Jesus nos amou (v. 12). Ao conjunto de sentimentos, ações e comportamento, que exprime essa ternura, Jesus chamou de *amizade*. E chamou aos que permanecem unidos a ele de *amigos* (v. 15).

Egoísmo e amor não convivem

O verbo 'amar' condiciona todo o evangelho de hoje. A palavra 'amor' está no centro do Cristianismo e é o eixo sobre o qual giram todas as virtudes e doutrinas do Novo Testamento. O Reino dos Céus, que Jesus veio implantar, é sinônimo de Reino do Amor. Todas as virtudes lhe servem de alimento e nenhuma subsiste sem ele. Quando São João define Deus como amor (*1Jo* 4,8), está pensando em alguém que enche todos os seres com sua plenitude, sem nada desejar deles, senão uma resposta de amor. Cristo é a concretização tanto do amor do Pai quanto do mais perfeito amor das criaturas. Pedro pôde dizer de Jesus: "Ele passou, fazendo o bem" (*At* 10,38).

Talvez a palavra 'amor' seja das mais pronunciadas em todas as línguas. Penso, no entanto, que a humanidade anda muito carente de amor. Quase diria que há um vazio crescente de amor. Os laços que expressavam amor estão se tornando cada dia mais frágeis e se rompem com facilidade. E não se criam outros. Isso porque temos dado grande espaço aos egoísmos. Egoísmo pessoal e egoísmo de pequenos grupos. Ora, egoísmo e amor não convivem. À medida que nos preocupamos em defender e aumentar nossa propriedade (e isso quase sempre se faz às custas de outros), tornamo-nos mais solitários. O grande problema de hoje é a mudança de uma letra: passar de solitário para solidário, porque a solidariedade provoca e gera amor. Por isso São Paulo disse que Cristo foi solidário com os homens (*Fl* 2,7). Esse solidarismo só se explica pelo amor. É no evangelho de hoje que ele insiste: "Amai-vos uns aos outros como eu vos tenho amado" (v. 12). E não deixa por menos: ele nos amou com o mesmo amor com que o Pai do Céu o amou. O modelo de amor proposto por Jesus é, portanto, o modelo do amor trinitário. A vida terrena de Jesus, as razões de seu nascimento e de sua morte expressam esse amor, e de uma forma compreensível e acessível às criaturas humanas.

Alegria:
característica cristã

Jesus correlaciona amor e alegria (v. 11). Fomos feitos para a alegria, não para a tristeza. Para a felicidade, não para a desgraça. Os escritores que falam de um Cristo que nunca sorriu pouco leram dos Evangelhos. A alegria é fruto da comunhão que, por sua vez, só é possível no amor. Quando Cristo entrou em comunhão com a criatura humana, os anjos anunciaram grande alegria para todos (*Lc* 2,10-11). Ele trouxe a libertação, que foi recebida com júbilo (*Mt* 13,44). A conversão do pecador é razão de alegria (*Lc* 15,32). A vitória de Jesus sobre a morte encheu os Apóstolos de exultação (*Lc* 24,41; *Jo* 20,20). Ninguém expressou melhor a alegria, nascida da comunhão, do que Maria no *Magnificat* (*Lc* 1,46-55). São Paulo, preso no cárcere de Roma, escreve aos Filipenses, que estavam sendo perseguidos por causa da fé: "Alegrai-vos sempre no Senhor! Repito: Alegrai-vos! Sede afáveis com todos!" (*Fl* 4,4-5). De qualquer modo, a alegria que nos vem do Cristo, como a paz, é muito diferente da alegria e da paz corriqueira.

A alegria é uma das características da vida cristã. São Paulo enumera a alegria logo depois da caridade entre os dons do Espírito Santo, isto é, entre as qualidades humano-divinas que devem distinguir os cristãos (*Gl* 5,22). E Jesus promete que "ninguém será capaz de tirar dos cristãos a alegria" (*Jo* 16,22), depois que ele ressuscitar dos mortos. Por isso mesmo a Igreja explode em alegria na noite pascal, no canto que começa exatamente com as palavras 'Alegre-se': "Alegrem-se os anjos e toda a assembleia celestial, alegre-se a terra inundada de tanta luz, alegre-se a Mãe Igreja iluminada pela glória do Senhor" (*Exsultet*).

Hoje Jesus promete a alegria plena a quem observar os mandamentos, como ele observou os mandamentos do Pai. Guardar não significa pô-los no arquivo, na gaveta, na despensa. Significa observá-los, transformá-los em alimento, viver deles. Não se trata aqui dos dez mandamentos, mas de muito mais: dos dez mandamentos e de toda uma forma nova de observá-los. Não se refere à letra deles, que tolhe e mata, mas ao espírito e vida (*2Cor* 4,6), isto é, como fonte vivificadora e expressão prática de amor, desse mesmo amor de que fala Jesus hoje, isto é, um amor de comunhão, um amor gratuito e recíproco. Esse amor gera alegria. Não se trata da alegria-distração, que tantas vezes é apenas uma fuga dos problemas e alívio do cansaço físico. Assemelha-se à alegria que sentimos, quando recebemos um presente inesperado, porém ocasionado pelo nosso esforço, porque a alegria cristã, se nasce da comunhão com Deus, tem suas raízes no grande dom da salvação e na nossa correspondência amorosa com ele.

A dor não tolhe a alegria

O amor e a alegria de que fala Jesus hoje são muito maiores que o bem-estar, que tanto procuramos. Temos direito ao bem-estar. Temos direito de procurá-lo. Mas a alegria cristã não se reduz ao bem-estar. E não é o bem-estar que gera a comunhão com Deus. Quem pode negar que o auge da comunhão de Cristo com o Pai aconteceu na Cruz? Uma das páginas mais lindas e alegres da literatura mundial foi escrita no meio de dores por um santo que alcançou o máximo de comunhão com Deus. Refiro-me ao *Cântico das Criaturas* ou *Cântico do Sol*, composto por São Francisco de Assis. Quase cego, com uma ferida que lhe ia da orelha ao olho, hidrópico, com as pernas muito inchadas, a ponto de não mais poder caminhar, o estômago parado, as chagas sagradas lhe doendo, o Santo se pôs a ditar as estrofes do que bem poderia ter-se chamado *Hino à Alegria*.

Não era fruto do bem-estar físico, mas fruto da comunhão com Deus e com as criaturas. Fruto de uma pacificação do coração. Fruto do amor intenso, sem medidas, ao Deus encarnado no Cristo de Belém, no Cristo do Lava-pés, no Cristo da Paixão, no Cristo feito comunhão conosco. Por isso, São Francisco de Assis – quase Cristo redivivo, como o chamou Pio XI – é o Santo do Amor, o Santo da Alegria, porque é o Santo da Comunhão.

SOLENIDADE DA ASCENSÃO DO SENHOR

1ª leitura: At 1,1-11
Salmo: Sl 46
2ª leitura: Ef 1,17-23 ou Ef 4,1-13
Evangelho: Mc 16,15-20

Deus, rico de misericórdia, ... sentou-se nos céus em Cristo Jesus (Ef 2,6)

SUBIU AOS CÉUS A FIM DE NOS TORNAR PARTICIPANTES DE SUA DIVINDADE

A Ascensão celebra a glorificação de Jesus. Voltando ao Pai, depois de cumprida sua missão na terra, ele reaparece em sua gloriosa condição divina que, no momento da encarnação, havia ocultado. Volta vitorioso sobre o pecado e a morte. Marcos emprega a expressão 'foi elevado ao céu', deixando assim ao Pai a iniciativa da glorificação. Como fora do Pai a iniciativa de mandá-lo ao mundo. Assim como na encarnação ele 'desceu' do céu, agora 'sobe' ao céu, sem que esse 'descer' e 'subir' tenha um sentido geográfico. Muitas vezes no Evangelho se diz que Jesus olhou para o alto, como se buscasse os olhos do Pai. Não significa isso que o Pai 'more' no alto. Nós, sujeitos ao tempo e ao espaço, é que distinguimos 'em cima' e 'embaixo'. Toda a Escritura, escrita em linguagem humana, está adaptada à maneira de ver, de pensar, de sentir e de agir humanos.

O Filho de Deus que hoje sobe aos céus não é o mesmo que desceu. Ao se encarnar no seio de Maria, ele era só Deus. Hoje ele retorna ao Pai também com sua humanidade, com a nossa carne humana. Por isso mesmo celebramos hoje também o início de nossa glorificação. A Oração da Missa de hoje o diz tão belamente: "Exultamos de santa alegria, Senhor, porque, em Cristo elevado ao céu, a nossa humanidade foi elevada a vosso lado". O Prefácio II da Ascensão repete a mesma verdade, que tanto nos honra e enche de esperanças: "Ele subiu aos céus a fim de nos tornar participantes de sua divindade".

Hoje é também a festa do envio. A exaltação de Jesus está ligada ao mistério da Igreja e sua missão. Hoje Jesus entrega à comunidade a continuação de sua missão. Não há duas missões, a de Jesus e a da Igreja. É uma missão só, uma missão salvadora que se realiza com a mesma graça. A Igreja não age por si. Somos membros de um só corpo, o corpo de Cristo glorificado, que a teologia chama de 'Corpo Místico'. Por isso a 'subida' de Jesus não significa afastamento, mas um novo modo de estar presente no meio de nós. Não somos órfãos de Cristo (*Jo* 14,18). Cristo prolonga-se, vive em cada pessoa que nele crer.

O ponto mais alto da história humana

Há uma expressão que merece uma explicação: 'Sentado à direita de Deus'. A Igreja pôs a mesma expressão no *Credo*. Ela origina-se do salmo 110, que é um hino ao Messias triunfante: "Assenta-te à minha direita, até que eu ponha os teus inimigos como escabelo de teus pés". Esse texto é lembrado por Jesus ao apresentar-se no templo como Messias (*Mc* 12,36). Na hora da condenação, quando o Sumo Sacerdote lhe perguntou se era "o Cristo, o Filho de Deus bendito", Jesus confirmou e acrescentou: "E me vereis sentado à direita do poder de Deus" (*Mc* 14,62).

Deus não tem direita nem esquerda. A expressão significa que ao Cristo glorioso é dado todo o poder no céu e na terra. Um poder divino, igual ao do Pai. Um poder em comunhão com o poder do Pai. Esse é o ponto mais alto da história humana, porque o Cristo ali está também como homem. Por isso mesmo, a partir desse momento, para ele "convergem todas as aspirações da História e da Civilização... e ele é a plenitude de todos os desejos da criatura humana" (*Gaudium et Spes*, 45). A glorificação de Jesus, portanto, tem muito a ver com o nosso destino humano, cujo marco final, hoje, Jesus plantou na eternidade do céu.

Ascensão:
a festa do envio

Hoje é também a festa do envio. O próprio Jesus, com sua autoridade de redentor e senhor, envia-nos ao homem fraco e carnal, que não o compreendera; ao homem traidor, que o acusara e condenara à morte; ao homem covarde, que o deixara morrer quase sozinho na cruz; ao homem é confiado o mistério do Reino. E 'homem' aqui não tem conotação sexual, porque todos e todas recebemos a missão de continuar a obra de Jesus na terra. Nas mãos do homem que matou é posto o mistério da vida que salva. Os homens que calaram medrosos na condenação de Jesus assumem hoje 'o ministério da palavra' (Lc 1,2) e se tornam 'apóstolos', isto é, enviados em nome de Deus.

Os sinais anunciados por Jesus, que acompanharão o testemunho dos que nele crerem, são os típicos da literatura neotestamentária, particularmente dos Atos: expulsar demônios, falar em línguas novas (At 2,1-13), impor as mãos aos enfermos e curá-los, lidar com serpentes e venenos, sem consequências (At 28,3-6). Que significa isso? Sabemos que por 'demônio' a Bíblia entende tudo o que impede a criatura humana ser ela mesma. Vivemos cercados de impedimentos e de ilusões. Tanta coisa que nos é proposta, mas que, na verdade, obstacula nossa essencial dimensão para Deus ou a necessária dimensão para o próximo ou a difícil dimensão para o equilíbrio do nosso eu. A todos esses empecilhos a Bíblia chama de ídolos. Quantas vezes pedimos a esses ídolos coisas ilusórias. Mencionemos o dinheiro, o poder, a escravização das pessoas a nosso serviço, a psicologia do utilitarismo, para apenas mencionar alguns dos demônios. Portanto, o verdadeiro apóstolo se distinguirá pelo desapego, pelo serviço gratuito, pela caridade sem limites, pelo respeito à dignidade de cada pessoa, pela sobriedade no uso dos bens à disposição.

Línguas novas não necessariamente significam vários idiomas. O adjetivo aqui tem grande importância. Não discursos vazios e chavões, mas a novidade sempre renovada da mensagem evangélica: verdade, fidelidade, empenho pessoal, esperança a toda prova, consolação, partilha, alegria. Serpentes e venenos significam os grandes obstáculos que, do ponto de vista humano, parecem impossíveis de superar. Todos temos experiência das forças do mal. Porém, para o apóstolo que trabalha 'em nome de Jesus' não há dificuldades intransponíveis, mesmo porque a Palavra de Deus jamais poderá ser acorrentada (*2Tm* 2,9). O curar os enfermos resume todos os sinais. Não significa que apóstolo seja sinônimo de curandeiro ou taumaturgo. As curas são possíveis, mas aqui se trata não só de doenças físicas, mas de todas as deficiências humanas, incluídas as morais, que prejudicam a realização da criatura humana, nascida para a felicidade. A Ascensão de Jesus é, portanto, para nós um ponto de partida. Sozinhos nada podemos (*Jo* 15,5). Com o Cristo vitorioso, podemos o possível e o impossível (*Fl* 4,13).

Em todo o mundo, a toda criatura

Está também clara a universalidade da salvação. Jesus envia "por todo o mundo e a toda criatura" (v. 15). Ao conjunto de coisas que o enviado deve levar, Marcos chama de 'Evangelho' (v. 15). Esse Evangelho (palavra grega que significa 'boa notícia') tem duas dimensões. A primeira é ser testemunhas, isto é, pregar por palavras e obras que Jesus de Nazaré é o Filho de Deus feito homem, que sofreu a paixão e morreu na cruz, ressuscitou dos mortos e subiu glorioso aos céus. A segunda é proclamar a nova ordem da criação. Em Cristo todas as criaturas foram renovadas, tanto as terra quanto as do céu (*Cl* 1,20).

A universalidade não é apenas geográfica ou temporal. Temos também os confins da solidão e do isolamento, do desespero e das trevas interiores, da marginalização social e da ignorância. Poderíamos pensar a festa da Ascensão como uma apoteose da missão de Jesus. E é. Mas é também a celebração da imensa responsabilidade que Jesus pôs em nossas mãos. Já não somos apenas criaturas racionais. Somos o Corpo do Senhor na história (*1Cor* 12,27).

SOLENIDADE DE PENTECOSTES

1ª leitura: At 2,1-11
Salmo: Sl 103
2ª leitura: Gl 5,16-25 ou 1Cor 12,3b-7.12-13
Evangelho: Jo 15,26-27;16,12-15 ou Jo 20,19-23

O amor de Deus se derramou em nossos corações pelo Espírito Santo, que nos foi dado (Rm 4,5)

PENTECOSTES: A FESTA DA PLENITUDE

Embora seja hoje a maior festa da Igreja, a celebração de Pentecostes no primeiro século se fazia junto com a Páscoa, com que está intimamente ligada em seu sentido histórico e teológico. Para o Evangelho de João, por exemplo, o fato é um só e só uma a celebração. Mas já no início do segundo século, começou-se a celebrar a vinda do Espírito Santo, como se encontra nos Atos dos Apóstolos (2,1-11). É a festa da plenitude dos tempos, predita pelos profetas. É a festa do início dos tempos da Igreja, da nova e definitiva aliança, a que todos somos vocacionados. É a festa da comunidade cristã, porque ela não existe sem o Espírito Santo, sua alma, sua fonte de vida. Ele mantém a unidade e dá o impulso apostólico da pregação 'a tempo e, a contratempo' (*2Ts 4,2*).

Depois de alguns dias de espera, de oração unânime, de fé na palavra do Senhor glorificado e de perplexidade, 'de repente, o Espírito Santo, prometido por Jesus (*Jo 15,26; 16,7*), desceu sobre os discípulos reunidos no Cenáculo com Maria. A partir daquele momento os discípulos se tornaram Apóstolos, isto é, enviados em nome de Cristo, como Cristo, um dia, fora enviado em nome do Pai (*Jo 20,21*). Maria, já dada à Comunidade na cruz (*Jo 19,27*), tornou-se hoje a Mãe da Igreja. O Espírito Santo, como uma alma que entra no corpo para lhe dar a vida, penetrou na Igreja nascente e a transformou no Corpo Místico de Cristo. Os novos Apóstolos, hoje 'batizados no Espírito Santo' (*At* 1,5), correrão o mundo para animá-lo, criar comunidades e cristificá-lo.

Espírito Santo, um Deus revelado por Jesus

Até pouco tempo, o Espírito Santo era chamado 'o Deus desconhecido', numa alusão ao discurso de São Paulo em Atenas (*At* 17,23). De fato, o Antigo Testamento desconhecia o Espírito Santo. Falava-se no Espírito de Deus, mas sempre em referência às obras criadoras do Pai. Humanamente falando, era impossível aos profetas e sábios do Antigo Testamento chegar ao conhecimento do Espírito Santo como Deus-pessoa. O mistério da Santíssima Trindade era totalmente desconhecido no Antigo Testamento.

Foi Jesus Cristo quem revelou a existência de um Deus único em três pessoas distintas. Talvez em nenhuma época da Igreja se falou tanto no Espírito Santo como nos dias de hoje, sobretudo a partir do Concílio Vaticano II, encerrado em dezembro de 1965. Isso não só porque todos os movimentos carismáticos se centralizam no Espírito Santo, mas também, e sobretudo, porque ele é inseparável de qualquer reflexão teológica. Ele é o horizonte dentro do qual se movimentam e se compreendem todas as verdades da fé cristã.

O Espírito Santo não tomou corpo como Jesus Cristo. Ele foi enviado de modo concreto e visível, como Jesus. Mas a forma visível de sua aparição é apenas símbolo. O vento, a pomba e as línguas de fogo não são encarnação do Espírito Santo, mas figuras, símbolos que o representam e que nos ajudam a compreendê-lo em linguagem humana quanto é possível à nossa mente e ao nosso coração. Lembra o *Catecismo da Igreja*: "Espírito e Santo são atributos divinos comuns às três Pessoas Divinas. Mas, ao juntar os dois termos, a Escritura, a Liturgia e a linguagem teológica designam a Pessoa inefável do Espírito Santo, sem equívoco possível com os outros empregos dos termos *espírito* e *santo*" (n. 691).

Um Deus com milhões de rostos

Jesus chamou o Espírito Santo de *Paráclito*, palavra grega que significa literalmente 'aquele que é chamado para ajudar' (*Jo* 14,16.26; 15,26; 16,7). Os latinos traduziram com o verbo 'ad-vocare', que significa 'chamar para perto', de onde se originou o substantivo 'advogado'. Alguns preferiram traduzir o termo grego por 'consolador', alguém que, a nosso lado, nos conforta e ajuda a superar as dificuldades. Jesus também o chama de 'Espírito de Verdade' (*Jo* 16,13).

Os sábios da Igreja procuraram sempre explicar a pessoa e a presença do Espírito Santo. Orígenes, sábio que viveu em Alexandria na primeira metade do século III, disse que o Espírito Santo é beijo. O Pai beija, o Filho é beijado. O Espírito Santo é o beijo. Uma figura bonita, compreensível, mas não diz como pode um beijo ser pessoa. E nós sabemos, por revelação de Jesus, que o Espírito Santo é pessoa divina como ele, Jesus, e como o Pai. Outros doutores da Igreja dizem que o Espírito Santo é abraço. O Pai abraça o Filho com todo o amor. Esse abraço é o Espírito Santo. Ora, poderíamos dizer a mãe abraça e beija o filho com todo o amor de mãe, querendo dar-se inteiramente nesse beijo e abraço. Nem por isso consegue dar-se totalmente. Como, então, pode Deus doar-se em amor tal que esse amor se torne pessoa? A mãe é criatura, é matéria. Deus é puro espírito. A criatura humana é limitada na sua força de doação. Deus, por ser Deus, é a própria força do amor que é e que se dá.

Costumamos dizer que conhecemos o rosto de Deus na encarnação de Jesus. O rosto do Espírito Santo tem milhões de maneiras de aparecer, como o amor, que tem um modo de ser cada vez que se ama um irmão, um filho, uma mãe, um amigo. O amor tem milhões de expressões, milhões de rostos. Se isso acontece com o amor expresso por criatura, o que não será com o amor que é divino?

Espírito Santo, inseparável da comunidade

A segunda leitura de hoje (*Gl* 5,16-25) mostra o caminho do cristão: passar do homem carnal ao homem espiritual. A palavra 'carne' aqui significa nossa fragilidade e fraqueza; somos escravos do egoísmo e, por isso mesmo, vivemos divididos, porque o egoísmo é, por si, fator de divisão. A nossa missão é passar da divisão à unidade (unidade interior, unidade na comunidade e com Deus). Essa passagem da divisão para a unidade exige permanente empenho e continuada luta. E sozinhos seremos incapazes de vencer. Por isso Jesus dá-nos o seu Paráclito, o Espírito Santo, que está a nosso lado e mora em nós (*Rm* 8,9), para defender-nos, iluminar o caminho e guiar-nos à Verdade inteira (*Jo* 16,13), isto é, ao Cristo em seu mistério divino e humano, a seus ensinamentos que são espírito e vida (*Jo* 6,63), e com isso podemos ser testemunhas do Senhor Jesus (*Jo* 15,27).

O Espírito Santo é ação. Foi ele quem inspirou todos os gestos proféticos desde o Antigo Testamento até os dias de hoje. Ele é inseparável da comunidade. É ele que leva os cristãos a serem testemunhas de Jesus ressuscitado e, por esse testemunho, a construírem o Reino dos Céus já aqui na terra. A Igreja considera o dia de Pentecostes como o dia de sua fundação. De fato, hoje, cheios do Espírito Santo, que lhes dá a força do amor e do testemunho, os Apóstolos começaram a pregar a boa-nova da pessoa e da mensagem de Jesus.

Essa força para o amor e para o testemunho do que Jesus é, fez e ensinou, ele continua derramando sobre os cristãos hoje. Na manhã de Pentecostes, ele manifestou-se em forma de línguas de fogo. Fogo que destrói a maldade, purifica, santifica, dá força contra o mal e transforma a criatura humana pecadora em herdeira dos céus, 'participante da natureza divina' (*2Pd* 1,4). A língua, símbolo da fala, da mensagem. O Espírito Santo nos leva ao louvor, à proclamação do testemunho. Assim aconteceu em Pentecostes. Assim acontece hoje. Todo cristão consciente tem disso experiência pessoal.

TEMPO COMUM

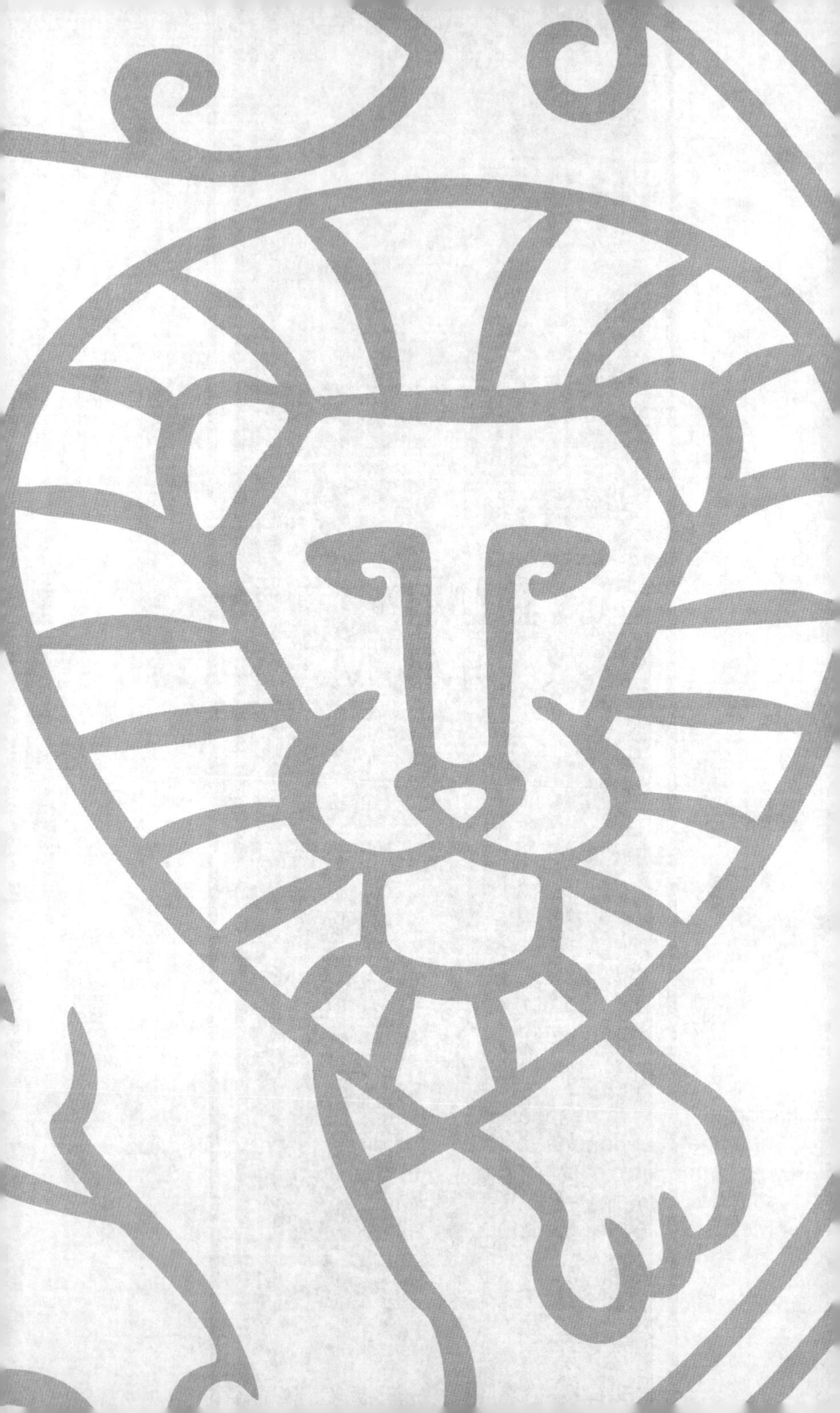

2º DOMINGO DO TEMPO COMUM

1ª leitura: 1Sm 3,3b-10.19
Salmo: Sl 39
2ª leitura: 1Cor 6,13c-15a.17-20
Evangelho: Jo 1,35-42

O que vimos e ouvimos nós testemunhamos (1Jo 1,3)

MAIS QUE PROFETA, ELE É O MESSIAS, O CRISTO

O primeiro domingo do Tempo Comum foi ocupado com a festa do Batismo do Senhor. Neste segundo domingo, lemos sempre trechos do Evangelho de João, que tem características diferentes dos outros três Evangelhos (que, por sua vez, têm uma visão do mundo e da missão de Jesus muito parecida, tanto que podem ser dispostos em três colunas e vistos em conjunto; daí se chamarem *sinóticos*, uma palavra grega que significa 'visão em conjunto').

Às vezes, João é chamado de 'evangelista existencial', porque procura peneirar os problemas básicos da existência humana para iluminá-los com a luz de Jesus Cristo. Uma luz que pode iluminar (= salvar) todo homem que vem a este mundo (*Jo 1,9*), porque Jesus é o Messias, o Filho de Deus, o Mestre definitivo. A criatura humana é colocada entre o crer e o não crer, entre a luz e a treva, entre o bem e o mal, entre o sim e o não, entre a graça e a desgraça. E nosso maior passo possível é escolher entre a bênção e a maldição. Não há meio termo (Jo 3,36).

Os três evangelhos lidos no segundo domingo do tempo comum, nos anos A, B, C, fazem parte do quadro que os exegetas chamam de 'semana inaugural' do Evangelho de João. Depois do solene prólogo (lido na terceira Missa do Natal), os inícios do ministério de Jesus são marcados por indicação de tempo ('no dia seguinte', como se vê nos versículos 29, 35, 42; 'três dias depois' em 2,1). Assim, do batismo ao primeiro grande milagre, as bodas de Caná, passam-se seis dias. Esse número não é ocasional. Pode Jesus ter realizado aqueles sinais em várias semanas. Ao Evangelista não interessa a exatidão do tempo: interessa o símbolo. Reduz a seis dias, lembrando os seis dias da criação do mundo (Gn 1), porque Jesus renova o mundo. Com Jesus acontece uma recriação do mundo, que se completa e confirma com a descida do Espírito Santo (Jo 20,22). O episódio do evangelho de hoje acontece, então, no terceiro dia.

De João Batista a Jesus Cristo

João Batista prepara os caminhos de Jesus. Hoje temos um exemplo. Manda dois de seus discípulos em busca de Jesus, porque era o Cordeiro de Deus, "sobre o qual vira descer o Espírito do céu e permanecer sobre ele" (Jo 1,32). Esta expressão "cordeiro de Deus" cabe bem em Jesus. É a maneira figurada para chamá-lo de Salvador. Lembra o cordeiro pascal, sacrificado como símbolo da libertação concedida por Deus (Êx 12,3-13). Lembra o servo de Javé, aquele que cumpre a vontade de Deus sem fazer resistência, carregando sobre si as dores do povo e é traspassado em expiação dos pecados (Is 53,3-8).

João Batista é coerente com a missão de precursor. Não há concorrência entre ele e Jesus. Pode ter havido algum ciúme entre os seguidores de João e os que iam escutar Jesus e mesmo fazer-se batizar por ele (Jo 3,22-30). Mas João vivia cheio de alegria ao ver a atuação de Jesus (Jo 3,29). João tinha consciência de que preparava caminhos para o Cristo. Por isso, os discípulos dele deverão tornar-se discípulos de Jesus, que tem o poder de "batizar no Espírito Santo por ser o Filho de Deus" (*Jo* 1,33-34). O Evangelista, propositadamente, faz os primeiros discípulos de Jesus serem seguidores de João Batista. Completam-se os tempos. O Messias chegou (v. 41). E somente ele pode ser o verdadeiro mestre (v. 38), porque tem palavras de vida eterna (*Jo* 6,39).

Toda caminhada nasce de um passo

Ter Jesus como mestre e ser ele o mestre de todos os corações é o ideal para onde aponta o Evangelista. Nos versos 37 e 38 ocorrem dois verbos fundamentais do vocacionamento: *seguir* e *procurar*. Deus pode se servir de pessoas, sentimentos, leituras, coisas ou fatos para chamar. No Evangelho de hoje, ele se serve de João Batista. Mas nada acontece, se a pessoa chamada não tomar a decisão de seguir e procurar. Podemos seguir Jesus e não procurá-lo, e não sermos bons discípulos. Podemos procurá-lo e não segui-lo (*Mc* 10,21-22), e nunca seremos discípulos. O seguir traz dentro de si previamente o crer e o dinamismo da caminhada. O discipulado não acontece de repente. Exige perseverança atenta e atenciosa receptividade. Nesses dois verbos vocacionais cruzam-se dois temas básicos de toda a espiritualidade bíblica: o tema do caminho (seguir), que deve ser feito, e o tema da procura, da qual nem Maria se viu dispensada.

No verso 39 aparece a consequência do chamado, do seguimento e da busca: encontro – ver experimentalmente – e permanência com o Senhor. Faz parte do discípulo cristão o sair sempre de novo a caminho e o permanecer, porque Cristo é o caminho (*Jo* 14,6), e quem anda com ele permanece nele (*Jo* 15,4-8). É uma experiência que todos fazemos pessoalmente: a de estar procurando – às vezes, com angústia e dor – e a de encontrar. É que Deus e sua verdade não se conquistam de uma só vez. Assim como uma longa viagem depende de um primeiro passo, também o encontro definitivo com Deus depende de um primeiro encontro, renovado centenas e milhares de vezes, como os passos na estrada. Essa procura pontilhada de encontro se chama *conversão*.

Observe-se a primeira frase pronunciada por Jesus no Evangelho de João. É uma pergunta: "O que buscais?" (v. 38). Essa pergunta Jesus a dirige a quantos dele se aproximam. O discípulo deve ter claro dentro de si as razões por que procura Jesus. Ninguém procura alguma coisa ou alguém sem razão. Não é por acaso que a pergunta é posta por Jesus aos primeiros dois discípulos. Sem responder a essa pergunta, todo o Evangelho fica sem sentido.

Vinde e vede

Há um terceiro momento. André, chamado por João Batista, encontra Jesus e com ele permanece. Em seguida, sai à procura de Simão. O mesmo Deus que diz 'vem', diz 'vai'. O discípulo de Jesus está sempre indo e vindo. Ainda depois da ressurreição, Jesus chama os discípulos à Galileia (*Mt* 28,10) e, em seguida, manda-os "ir a todos os povos" (*Mt* 28,19). Na prática, o discípulo nunca sabe se está indo ou vindo, porque a procura continuada de Cristo coincide com a procura contínua dos irmãos, sobretudo os pequenos e necessitados (*Mt* 25,34-46). O 'permanecei em mim' (*Jo* 15,4), pedido por Jesus, é altamente dinâmico e cria comunidade.

Isso aparece imediatamente no versículo 42. Na Bíblia, trocar o nome de alguém é confiar-lhe uma nova missão. Jesus apelida Simão de Cefas, isto é, pedra, rocha. O Evangelista quer dizer que Pedro estava sendo escolhido para uma missão determinada: ser pedra, ser fundamento. Mateus é ainda mais claro ao dizer que Pedro será a pedra basilar da Igreja (*Mt* 16,18), que congregará os discípulos do Senhor. João Batista aponta o Cristo para André, mas é Jesus quem escolhe André como discípulo. André conduz Pedro a Jesus: obra de evangelização. Mas é Jesus quem chama Pedro ('fixou os olhos nele') e o convida a construir uma comunidade de fé.

Há um verbo, que se repete quatro vezes no Evangelho de hoje, muito rico de sentido. É o verbo *ver*, bastante presente no Evangelho de João e que não significa ver com os olhos físicos, mas com os olhos da fé, sobretudo ver Jesus de Nazaré como Filho de Deus, enviado do Pai, e crer nele (*Jo* 6,69); ver a "Luz verdadeira que ilumina a todos" (*Jo* 1,9); ser 'filhos da luz' (Jo 12,36), para ser luz do mundo (*Mt* 5,14). O pequeno trecho do Evangelho, lido hoje, contém em germe e em figuras o Evangelho inteiro.

3º DOMINGO DO TEMPO COMUM

1ª leitura: Jn 3,1-5.10
Salmo: Sl 24
2ª leitura: 1Cor 7,29-31
Evangelho: Mc 1,14-20

O reino de Deus não consiste em palavras, mas em ações (1Cor 4,20)

O EVANGELHO DE DEUS É O REINO DOS CÉUS

Poderíamos fazer uma ligação entre as três leituras desse domingo. Na primeira se fala de Nínive, "uma cidade tão grande, que se precisavam três dias para percorrê-la" (*Jn* 3,3). Vejo nela o símbolo do mundo, 'grande e maravilhoso', como diz uma das Orações Eucarísticas. Este mundo, grande e maravilhoso, é fugaz. E estamos na segunda leitura: "passa a figura deste mundo" (*1Cor* 7,31). Ora, a esse mundo, grande e maravilhoso, mas efêmero, Jesus veio trazer a coisa maior, mais bela e mais desejável que a criatura humana pudesse pensar: a comunhão com a Trindade divina que, ao contrário da efêmera beleza do mundo, é eterna.

A comunhão das criaturas com o Criador Jesus chama de 'Reino de Deus'. Com a expressão 'Reino de Deus', que aparece já no início do Evangelho de Marcos (1,15), estamos no núcleo central da razão de ser da Encarnação do Senhor. Reino de Deus não é a vida depois da morte, no céu, mas a vida presente vivida na presença de Deus, como vivemos dentro da luz do sol. A plenitude do Reino, sim, virá depois da morte, mas com a condição de termos vivido o Reino eterno na fugacidade deste mundo. A este espaço de tempo que nos é dado a viver, Marcos chama de 'tempo completo' ou 'tempo alcançado' ou 'tempo vizinho' (a tradução em português não consegue traduzir o tempo passado em grego, que tem sempre o sentido de coisa que aconteceu, mas que continua presente), tempo que não é uma sucessão de minutos, um ontem, um hoje e um amanhã, mas uma oportunidade que nos é dada. Muitos autores preferem deixar o termo original grego 'kairós'. Kairós é este tempo que temos neste momento e na situação peculiar em que nos encontramos, e que é rico de graça, porque impregnado da presença de Deus.

Então, o nosso tempo (a nossa vida pessoal) pode tornar--se 'kairós' e abrir-nos a porta do Reino de Deus. Sob duas condições que se entrelaçam e se exigem mutuamente: converter-nos e crer no Evangelho. Converter-nos, ou seja, deixar a grande Nínive, de beleza passageira, e adentrar-nos no Reino de Deus, ou seja, num modo de viver na presença de Deus, idêntico ao modo como viveu Jesus de Nazaré. Crer no Evangelho significa crer em Jesus Cristo como Filho de Deus Salvador (Jo 3,36).

O eixo
de todo o Evangelho

A razão principal da vinda de Jesus ao mundo foi a pregação e a implantação do Reino de Deus, que é o eixo de todo o Evangelho. Marcos o põe como primeira pregação de Jesus. A expressão ocorre mais 13 vezes em seu Evangelho. Todos os Evangelistas colocam a pregação do Reino no centro da atividade de Jesus. Os discípulos são escolhidos em função do Reino.

No Evangelho há coisas que parecem absurdas. Uma delas é o tipo de pessoas que Jesus escolheu. Jesus não buscou os preparados, os influentes, os líderes, os que poderiam abrir caminhos. Buscou gente simples, os pequenos do tempo, os sem voz nem vez. E não foi por acaso. Mais tarde ele dirá: "Pai, eu te agradeço, porque revelaste estas coisas aos pequenos" (Lc 10,21). E São Paulo escreverá aos Romanos: "O que o mundo julga estulto, Deus escolheu para confundir os sábios; e o que o mundo julga fraco, Deus escolheu para confundir os fortes" (Rm 1,27), porque o critério de Deus não é a esperteza ou a inteligência humana, mas a capacidade de converter-se e crer em Jesus.

Missão universal
à beira de um lago

Marcos é o único Evangelista a chamar seu texto de *evangelho* logo no início (*Mc* 1,1). E em poucos parágrafos confirma a missão e a divindade de Jesus por meio da voz profética de João Batista (*Mc* 1,1-8), por meio da autoridade do Pai, à beira do Jordão (*Mc* 1,12-13), e por meio dos anjos (*Mc* 1,12-13), porta-vozes de Deus. Logo em seguida, Marcos fixa o tempo e o lugar do começo da vida pública. O tempo é marcado pela prisão de João Batista. Sabe-se que foi Herodes Antipas (filho de Herodes, o Grande, da matança dos meninos de Belém) quem prendeu João Batista e o matou (*Mc* 6,14-29). O mesmo Herodes a quem Pilatos enviou Jesus antes da condenação (*Lc* 23,6-12).

O local é a Galileia, a parte norte da Palestina, onde, aliás, em torno do lago de Genesaré, Jesus passou a maior parte de sua vida pública. Talvez porque, nascido em Belém da Judeia, se criara em Nazaré da Galileia e conhecia bem a região. Talvez porque as margens do lago, sobretudo a faixa norte, eram bem povoadas e havia grande movimento de gente. Talvez porque fosse muito perigoso começar por Jerusalém ou pela Judeia, bem controlada pelos romanos, repleta de descontentes e revoltosos, onde ninguém sabia de que lado alguém estava. Talvez porque a Galileia era habitada por uma mescla de raças, embora prevalecesse a hebreia, e Jesus tinha necessidade de abrir portas ao universalismo de sua mensagem de salvação. O fato é que Marcos faz Jesus passar na Galileia os 10 primeiros capítulos dos 16 que compõem o seu Evangelho. E é na Galileia também que o encerra (*Mc* 16,7).

Chamado pessoal,
resposta pessoal

Completaram-se os tempos. Tanto para Jesus quanto para a criatura humana, procurada e chamada por Jesus. Com sua vida e doutrina, Jesus vai cumprir todas as profecias e toda a vontade do Pai. Nele habita toda a plenitude (*Cl* 1,19). Nele estão todos os tesouros da sabedoria (*Cl* 2,3). Dele brota a superabundância de graças (*Rm* 5,20). Com ele chegou 'a plenitude dos tempos' (*Gl* 4,4). Para a criatura humana começará um tempo novo. Uma aliança nova entre o Criador e a criatura. Entre aquele que é absolutamente santo e o que nasce marcado pelo pecado. Para que essa aliança fosse possível, Deus fez-se um de nós, em tudo igual a nós, menos no pecado (*Hb* 4,15), elevou a criatura humana à dignidade de filho (*1Jo* 3,1) e o transformou em parceiro da história.

Na mesma hora em que toca na razão principal de sua chegada (o Reino de Deus), Jesus associa o homem à sua missão, escolhendo os apóstolos. Podendo fazer tudo sozinho e podendo fazê-lo melhor sozinho, quis a parceria da criatura humana, ainda que isso significasse atraso. Simão e André, Tiago e João, chamados por Jesus, somos nós. Todos somos chamados. Por sinal, hoje ele escolheu quatro pescadores, profissão malvista naquele tempo e considerada imprópria para pessoas boas e tementes a Deus. Nenhum pecador, nenhum pobre, nenhuma criatura é excluída. As condições continuam as mesmas duas: converter-se e assumir as consequências da conversão; crer no Evangelho, que é Jesus de Nazaré, em sua pessoa, ensinamentos e missão. Assim como Jesus chama a cada um individualmente, cada um, individual e pessoalmente, deverá dizer *sim* ou *não* ou permanecer indiferente. A quem disser *sim* e viver o sim, Jesus chamará de 'Servo bom e fiel' (*Mt* 25,21). A quem responde *não*, dirá: 'Não te conheço!' (*Mt* 25,12). Com quem ficar indiferente, 'nem frio nem quente', Jesus é duríssimo: 'Vomitar-te-ei de minha boca' (*Ap* 3,16).

Aparecem já no Evangelho de hoje algumas condições do discípulo do Senhor, que são consequência da conversão: desapego de tudo, tanto dos bens materiais (rede) quanto dos bens pessoais (a profissão) e de bens sentimentais (pai). O desapego provavelmente é a condição mais difícil do discipulado no Novo Testamento, mesmo porque, a piedade do Antigo Testamento estava muito ligada à posse de bens materiais e sociais. No desapego Jesus é o grande mestre: nada teve de próprio, nem onde reclinar a cabeça (*Mt* 8,20).

4º DOMINGO DO TEMPO COMUM

1ª leitura: Dt 18,15-20
Salmo: Sl 94
2ª leitura: 1Cor 7,32-35
Evangelho: Mc 1,21-28

A palavra dos profetas é uma lâmpada que resplandece nas trevas (2Pd 1,19)

JESUS DE NAZARÉ: O SANTO DE DEUS EM TODAS AS CIRCUNSTÂNCIAS

À chamada dos primeiros discípulos, que lemos no domingo passado, segue a 'jornada de Cafarnaum', ou seja, um dia típico da vida pública de Jesus, no cumprimento de sua missão. Durante esse dia, condensado pelo Evangelista, acontece tudo o que caracteriza o trabalho de um profeta: ensinamento contínuo, enfrentamento com as forças do mal, cura das doenças do corpo e do espírito, oração continuada. Essa deverá ser a jornada do discípulo.

Outra característica da jornada de Jesus é o fato de ele tocar com sua atividade todos os ambientes: desde o lugar sagrado da sinagoga (trecho de hoje) até o âmbito da casa de Pedro e o espaço público da porta da cidade (que leremos no próximo domingo), para depois recolher-se em oração. Também nessa pluralidade de lugares temos um elemento fundamental e característico da missão de Jesus: a boa-nova, que ele trouxe, alcança todos os espaços da nossa existência, desde o espaço considerado sagrado (a igreja) até nossa vida privada em casa, nossa intimidade e a praça pública. O sagrado impregna o dia e a noite do discípulo, esteja ele onde estiver. Tudo é sagrado para o discípulo, como tudo foi sagrado para Jesus.

A cidade de Cafarnaum, onde se passa esse dia típico de Jesus, não tinha nada de sagrado. Em Marcos, assume o símbolo de todos os lugares em que vivemos. Não é o lugar que santifica o discípulo e sua missão. A mente e o coração voltados para Deus, o nosso querer e agir voltados para Deus, que devem ser santos, é que santificam o ensinamento profético do discípulo e sua luta contra os males. Todos somos chamados a ser discípulos, ou, como diz a primeira leitura de hoje, a ser 'profetas no meio dos irmãos' (*Dt* 18,18), ou, como se diz no linguajar dos nossos dias, a ser evangelizadores. Uma evangelização autêntica exige do discípulo que viva em todo e qualquer lugar, em toda e qualquer hora, em todo e qualquer tempo crendo, adorando, contemplando e servindo o Senhor, quer esteja rezando, quer esteja trabalhando, quer esteja na intimidade de sua casa, quer esteja em praça pública.

Todos reconhecem o Santo de Deus

São claros os passos que Marcos dá para introduzir Jesus na grande pregação. Desde o início afirma sua divindade, chamando-o de Filho de Deus, já no primeiro versículo do seu Evangelho. Logo, faz falar dois profetas, isto é, dois homens cheios de Deus, que só podem falar a verdade: Isaías e João Batista. Eles testemunham o envio divino de Jesus (vv. 2-4). Em seguida, o Pai do Céu o confirma com sua própria voz (v. 11). Depois, os anjos servidores (v. 13) e, a seguir, os homens de boa vontade que, a convite seu, resolvem segui-lo (vv. 18. 20). No trecho de hoje, os espíritos maus também reconhecem a chegada de Jesus, confessam-no como o 'Santo de Deus' (v. 24) e lhe obedecem (vv. 26 e 27). Todos, do alto céu às profundezas do inferno, tomam conhecimento da chegada de Jesus, veem-no presente, reconhecem-no como o Messias, com 'o poder de Deus'.

O povo dá o primeiro e mais rudimentar passo na fé: admira-se (v. 22) com seu ensinamento e sua autoridade. E será a esse povo que Jesus ensinará as coisas novas (v. 27) do Reino dos Céus. Quem passar da admiração ao amor, do espanto (v. 27) ao seguimento poderá ser discípulo seu e entrar pela porta estreita, que leva ao caminho da vida (*Mt* 7,14).

Doença, irmã da maldade

Dois fatos grandes e inseparáveis acontecem no evangelho de hoje: Jesus mostra seu poder de palavra e seu poder sobre a maldade. Sua palavra vivifica; seu poder santifica. Ao longo do Evangelho é constante e duro o duelo entre Jesus, restaurador do bem, e Satanás, príncipe do mundo (Jo 12,31), a quem Jesus vencerá (Jo 16,33). Todos temos experiência da maldade. Todos gostaríamos de que ela não existisse. Podemos chamá-la com o nome que quisermos. A Bíblia personifica a maldade em Satanás, anjo caído do céu (Lc 10,18). Hoje sabemos que muitos possessos curados eram somente esquizofrênicos, bipolares ou epiléticos. Não importa. Não modifica o sentido do gesto de Jesus. A doença, embora não seja consequência da maldade (Jo 9,3), é-lhe irmã. Cristo mostrou poder sobre doenças e maldades e instituiu uma aliança de vida. Ele veio para que todos pudessem ter vida em abundância (Jo 10,10).

Na compreensão dos contemporâneos de Jesus, enfrentar uma doença e enfrentar o demônio era a mesma coisa. E vencê-los era sinal da chegada do Messias (Mt 11,4-5). Também os Apóstolos lutarão contra os demônios (Mc 6,13; At 8,7; 19,11-17), e toda a Igreja terá, no combate constante ao mal, uma de suas maiores preocupações (Mc 16,17). De igual maneira combaterá as superstições (At 19,18), a magia (At 13,8ss), a idolatria (Ap 9,20) e a feitiçaria (Ap 22,15), já condenadas no Antigo Testamento (Dt 18,10-12). Quando, hoje, os cristãos combatem as formas modernas de opressão estão repetindo o gesto de Jesus. Combater todas as formas de mal, curar todas as doenças do corpo e do espírito é parte da missão de Jesus, é parte da missão de cada discípulo de Jesus.

O povo se admirou do ensinamento novo

A palavra de Jesus é um ensinamento novo (v. 27). Não desdiz os profetas. Não pretende abolir as leis (Mt 5,17). Mas nele tudo é novo. Sua pessoa é a nova casa de Deus entre os homens (Jo 2,21). O Reino que prega é uma nova maneira de ver o mundo, a história e de viver. É nova a imagem que nos dá do Pai. É total novidade o relacionamento trinitário que nos revela. É novo o mandamento do amor gratuito (*Jo* 13,34) e do perdão fraterno (*Mt* 18,35). Inteiramente nova é a aliança que faz pelo sangue derramado na cruz (*Lc* 22,20). Todo o conjunto de sua pessoa e de sua pregação foi chamado de *evangelho*, que significa *boa-nova*.

Quando Pedro dirá que Jesus tem palavras de vida (*Jo* 6,68), afirma a mesma coisa, como se dissesse: "Tu tens poder sobre a maldade", porque a maldade tem como consequência a destruição e a morte. E Jesus triunfa sobre a morte, faz resplandecer a vida incorruptível (*2Tm* 1,10) e tem em suas mãos as chaves da morte e do inferno (*Ap* 1,18). Jesus consegue isso, porque é o Santo de Deus. Título que lhe é dado só duas vezes (aqui e em *Jo* 6,69), mas lhe cabe com todo o direito. Santo de Deus quer dizer o escolhido, que procede de Deus e tem poderes divinos. Ele é Deus entre nós e nos conduz ao caminho certo que leva à presença e à comunhão com Deus já na vida atual. Esse viver e atuar na presença de Deus é o Reino dos Céus pregado por Jesus.

No trecho que lemos hoje, duas vezes se diz que o povo 'se admirava'. Apesar de Marcos ser relativamente pobre em vocabulário (é uma de suas características), usa oito diferentes vocábulos para expressar a admiração em torno da pessoa, dos ensinamentos e milagres de Jesus. E ao menos 30 vezes fala desse 'admirar-se' nos 16 capítulos que compõem o seu Evangelho. A admiração é a mãe da sabedoria. Alceu Amoroso Lima costumava dizer que a criatura humana começa a envelhecer no momento em que perde a capacidade de se admirar. A curiosidade gera ciência. A admiração gera fé, embora a fé não se reduza à admiração. Talvez possamos dizer que o contrário da admiração é a 'dureza do coração' (*Mc* 16,14), de quem não se abre ao novo: nem ao novo religioso, revelado em mistério, nem ao novo cotidiano, percebido pelos sentidos. Foi a dureza de coração dos fariseus que matou Jesus (*Mc* 3,6).

5º DOMINGO DO TEMPO COMUM

1ª leitura: Jó 7,1-4.6-7
Salmo: Sl 146
2ª leitura: 1Cor 9,16-19.22-23
Evangelho: Mc 1,29-39

Estou contigo: tu me seguras pela mão (Sl 73,23)

CURAI-NOS, SENHOR, DEUS DA VIDA

Continuamos hoje a jornada típica de Jesus, que Marcos descreve no início de seu Evangelho e a faz passar em Cafarnaum, à beira do lago de Genesaré. Temos hoje uma síntese rápida, mas riquíssima, da atividade de Jesus: anuncia a Palavra de Deus ('para isso eu vim' – v. 38), avizinha-se de quem sofre (vv. 31 e 34, lembrando sua frase dita em Mt 11,28: "Vinde a mim todos os que estais atribulados") e retorna à fonte das duas atividades, rezando. Temos aqui três grandes traços característicos do cristão: pregação (evangelização, missão profética), ajuda física e espiritual às pessoas (a pessoa é sempre, ao mesmo tempo e inseparavelmente, corpo e alma) e oração. Poderíamos dizer a mesma coisa com estes outros termos: falar, fazer, meditar.

Jesus entra de cheio em sua vida pública. Passa da sinagoga (v. 29) à praça e às estradas (vv. 33 e 39). Assume sua missão: 'Devo pregar' (v. 38). Temos vários gestos e passos de sua missão: o serviço, a compaixão, a misericórdia, a pregação, o combate ao mal (personificados na doença e nos demônios), o cultivo da oração, a universalidade da salvação, a fidelidade ao compromisso.

Todas essas qualidades serão exigidas também dos discípulos e da comunidade cristã. E para eles ficou outra lição: o entusiasmo é necessário, como é necessária para a fé a admiração. Mas não é suficiente. Do entusiasmo se deve passar à ação. Talvez pudéssemos dizer que o entusiasmo é a alma da ação, mas o verdadeiro discipulado se concretiza na ação, que nunca vem sem piedade.

A caridade começa em casa

Simão e André moravam em Cafarnaum. Eram pescadores profissionais. Pedro era casado, a deduzir da existência da sogra (v. 30). Nada mais se sabe da família dos dois. É possível que, àquela altura, a mulher de Pedro tivesse morrido. Mas também é possível que ela o tenha seguido, já que eram várias as mulheres que acompanhavam Jesus e os discípulos nas andanças. Podemos concluir que Jesus tenha voltado muitas vezes à casa de Pedro, porque Cafarnaum ficou conhecida nos Evangelhos como 'sua cidade' (*Mt* 9,1). Jesus não era um pregador errante. Tinha seus pontos de retorno. Na Judeia, a casa de Lázaro. Na Galileia, a casa de Pedro.

A cura da sogra de São Pedro não é certamente um milagre espetacular. Marcos é bem sóbrio ao narrá-lo. Mas é um episódio riquíssimo de sentido. Antes de tudo, mostra um Jesus amigo, afável, misericordioso. Vale a pena pararmos para contemplar o gesto de Jesus. Ele é a encarnação da misericórdia divina. A sogra de São Pedro é o exemplo de pessoa necessitada. No lugar dela poderia estar um de nós. Jesus nos dá a mão, socorre-nos, cura-nos. Se a misericórdia é o laço que une Deus às criaturas, é também o gesto que une as criaturas entre si. E a misericórdia vira cura física e espiritual, serenidade interior, alegria sensível de amor fraterno e coragem de servir. A misericórdia é capaz de acabar com a febre de uma enfermidade e é capaz de "cobrir uma multidão de pecados" (*1Pd* 4,8). O gesto misericordioso de Jesus levou o Papa Francisco a afirmar que a misericórdia é uma lei fundamental do coração cristão. E ela começa sempre em casa. Passar por cima dos necessitados que estão em nossa casa, para ajudar os de mais longe é hipocrisia exibicionista.

Libertados, para servir

É muito carinhosa a expressão de Marcos: "Aproximando-se dela, tomou-a pela mão e a levantou da cama" (v. 31).

Para Marcos a doença e a morte manifestam o império do demônio. E qualquer cura significa uma vitória sobre as forças do mal. Não será por acaso que Marcos emprega o mesmo verbo para dizer que Jesus a levantou da cama e para dizer que Jesus ressuscitou. A doença e a morte são vencidas pelo mesmo poder divino. Aquele que tem força para nos curar tem também força para nos ressuscitar.

Passemos da febre da sogra de São Pedro ao possível simbolismo. Essa mulher, de quem, por sinal, nem sabemos o nome, somos nós. Enfraquecidos pelo pecado, cercados de maldade, abraçados pela morte. Somos nós que cantamos com o salmista hoje, no Salmo responsorial (*Sl* 147): "Curai-nos, Senhor, Deus da vida!" E o Senhor toma-nos pela mão. A mão do Senhor nos cura no corpo e na alma. Jesus redentor é sinônimo de Jesus libertador. Jesus não liberta apenas o corpo ou apenas a alma. A criatura humana redimida e salva por Jesus é pessoa, isto é, corpo e alma inseparáveis.

Vejo ainda outra lição no pequeno milagre de hoje. Penso na frase: "E ela pôs-se a servi-los" (v. 31). Somos curados, libertados por Jesus para servir. O comportamento de Jesus é a melhor prova: "Não vim para ser servido, mas para servir" (*Mc* 10,45). Servir é uma característica fundamental do cristão. Na verdade, quem adere a Jesus encontra a cura de seus males, mas para poder servir aos outros: "Entre vós quem quiser ser grande se faça servidor de todos e quem quiser ser o primeiro seja o servo de todos" (*Mc* 10,43-44). O tema do serviço é básico no cristianismo. Não se trata do serviço escravo, que degrada a criatura humana. Trata-se do serviço fraterno, expressão de amor, construtor de comunidade. É o amor que dá dignidade ao serviço. Toda a obra redentora de Jesus é um serviço de amor extremado às criaturas: "Eu vim para servir e dar a vida" (*Mc* 10,45). O lava-pés (*Jo* 13,4-17) podia-se chamar de Sacramento do Serviço. E Jesus acrescenta: "Dei-vos o exemplo para que, como eu, façais vós também (*Jo* 13,15). O ideal seria que cada um de nós pudesse dizer com sinceridade o que São Paulo afirmou de si mesmo na segunda leitura de hoje: "Fiz-me servo de todos... fiz-me tudo para todos" (*1Cor* 9,19.22).

Misturam-se pregação, oração e serviço

O povo tinha o costume de reunir-se na frente da casa de alguma pessoa, quando esta recebia visitas interessantes. Não participava da refeição, e ninguém se ofendia com isso, mas participava da conversa e observava a mesa. Não é, pois, estranho que muitos se reunissem na casa de Simão e André, depois do episódio da Sinagoga (1,23-27). Marcos chega a dizer, exagerando, sem dúvida, que "a cidade inteira lá se reuniu" (v. 33). Chama a atenção que isso aconteceu depois do pôr do sol. Era sábado (1,21) e em dia de sábado não se podia carregar peso (*Jr* 17,21; *Jo* 5,10). O sábado terminava com o pôr do sol. E foi quando carregaram até Jesus 'todos os doentes' (v. 32).

Na pessoa de Jesus, aqui, personifica-se a misericórdia de Deus, consolando o povo, como descrevera Isaías (*Is* 35,4-6), e se expressa toda a bondade de Jesus, assumindo sobre si as dores e as enfermidades de todos (*Mt* 8,16-17). Importante ver como Jesus faz o bem, presta a todos o serviço da cura e não espera aplausos, agradecimentos e recompensas. Jesus não busca aplausos como os demais homens. Busca imitadores de seus gestos e passos. Faz o bem e retira-se para um lugar solitário (v. 35) e se dispõe a partir para outras aldeias (v. 38), isto é, para que todas as comunidades recebam sua palavra, seus benefícios, sua salvação. Observemos como se misturam na vida normal de Jesus a pregação (v. 39), a oração (v. 35), o serviço aos necessitados (vv. 34 e 39). Assim deve ser a vida do cristão no dia a dia. Na vida prática, não se separam as dimensões para dentro (deserto), para o alto (oração) e para fora (serviço).

6º DOMINGO DO TEMPO COMUM

1ª leitura: Lv 13,1-2.44-46 ou 2Rs 5,9-14
Salmo: Sl 31
2ª leitura: 1Cor 10,31-11,1
Evangelho: Mc 1,40-45

Senhor, meu Deus, eu te pedi ajuda e tu me curaste (Sl 30,3)

REFAZIMENTO DA CRIATURA HUMANA: RESSURREIÇÃO DA ESPERANÇA

Nos últimos domingos viemos lendo o primeiro capítulo do Evangelho de Marcos, que começa com uma clara profissão de fé em Jesus Cristo, Filho de Deus (1,1). Todas as pessoas e todos os fatos confirmam essa divindade, justificando o comportamento messiânico de Jesus e o entusiasmo do povo. Alarga-se sempre mais o círculo. Começa com Jesus e João Batista (1,9), depois, Jesus e alguns discípulos (1,16-20), Jesus na comunidade reunida (1,21), Jesus no meio do povo (1,32) e pelas estradas da Galileia (1,39).

Ele é confirmado pelo Pai (1,11), começa a pregar a conversão e a chegada do Reino (1,15), reparte com homens sua missão (1,17.20), enfrenta os espíritos do mal (1,24), ensina coisas novas (1,27), cura enfermidades (1,31-34), reza (1,35), toma o partido dos desvalidos (1,41), pede aos discípulos o desapego (1,18.20), fala da universalidade da salvação que veio trazer à terra (1,38).

No Evangelho que lemos no IV domingo e no domingo passado, Jesus proibiu aos demônios dizer que ele era o Filho de Deus (Mc 1,25 e Mc 1,34). Hoje proíbe ao neocurado espalhar o milagre de sua cura (Mc 1,44). Mais vezes no Evangelho de Marcos aparece esse tipo de proibição (Mc 3,11ss; 5,43; 7,36; 8,26; 8,30; 9,9). Uma proibição estranha. Jesus nada tinha a esconder. Ao contrário, ele mesmo mandara gritar dos telhados a boa-nova escutada em segredo (*Mt* 10,27). E ele precisava que seus ensinamentos fossem divulgados, sobretudo, sua divindade e seu poder salvador. Até hoje não se encontrou uma explicação definitiva do que os estudiosos da Escritura chamam de 'segredo messiânico', ou seja, a ordem de Jesus de ocultar durante a vida terrena a sua divindade. Talvez pela necessidade de se preservar e não ser condenado antes do tempo, já que o fato de dizer-se 'Filho de Deus', por lei, merecia a morte. Talvez para não ser considerado curandeiro, que a lei punia severamente. Talvez para não deixar o povo correr atrás dele atraído pelos milagres (coisa bastante comum até hoje). Jesus fazia milagres para confirmar as verdades que pregava. E eram nas verdades, não nos milagres, que o povo devia crer e transformar em comportamento e vida.

O inferno da solidão

É a primeira vez que Marcos fala de lepra no seu Evangelho. A primeira leitura de hoje (*Lv* 13,1-2.45-46) ilustra a sorte do leproso: exclusão da comunidade (não podia permanecer em casa ou perto de casa ou dentro dos muros da cidade ou à beira dos caminhos). Talvez o estar condenado ao inferno da solidão fosse pior que a própria lepra. Mas havia coisa ainda pior: a mentalidade unia, tão estreita e interdependentemente, corpo e alma que uma doença do corpo, necessariamente, seria consequência, ou ao menos reflexo, de uma fraqueza moral. E como a lepra era considerada a pior das doenças (porque desfazia a carne do corpo, tornando-se, praticamente, sinônimo de morte), o leproso não só era condenado ao deserto da solidão imposta pela sociedade, mas também era considerado para sempre maldito por Deus. Ou seja, morto para a sociedade (e seu nome era retirado da lista dos habitantes da vila) e morto, sem esperança, para Deus.

Curar um leproso significava arrancá-lo da morte social e da morte religiosa, ou seja, significava ressuscitá-lo dos mortos. E como só Deus é capaz de ressuscitar um morto, curar um leproso entra na lista do poder divino, das obras que só Deus pode fazer.

Compaixão e indignação

Ao aproximar-se de Jesus, o leproso transgrediu a lei. Para um leproso existia uma única lei: a de gritar 'imundo! imundo!' (*Lv* 13,45) toda vez que alguém, por acaso, aproximasse dele. O povo costuma dizer que a necessidade não conhece lei. O leproso de hoje tinha necessidade de se curar. Também Jesus quebra a lei. Ninguém podia tocar num leproso. Se o fizesse, tornar-se-ia impuro. Jesus "estendeu a mão e o tocou" (v. 41). De fato, para Jesus "a caridade não tem lei".

Nossa tradução diz que ele o fez 'cheio de compaixão' (v. 41). Mas há códices (manuscritos antigos) que trazem 'cheio de indignação'. A compaixão é característica do comportamento de Jesus. Mas a indignação também não lhe é estranha. O estender a mão pode ser consequência de ambos os sentimentos. Compadecer-se é próprio de Deus, exatamente porque "é Deus e não homem" (*Os* 11,9). A compaixão é fruto do amor. O auge da compaixão é identificar-se com o outro. Ora, Deus se identificou ao homem, ao nascer na carne humana e entrar na nossa história. A indignação brota do coração compassivo diante do degrado da criatura humana, sobretudo quando se trata de um degrado que podia ser evitado ou superado. Jesus se encontrava diante de uma criatura aviltada ao fundo da miséria: sem ninguém por ele, sem nenhuma lei que o favorecesse, sem mesmo o consolo de pensar na bondade de Deus.

Quem está fechado em seu cômodo egoísmo não se preocupa com a sorte dos outros, mas quem tem, como Jesus, um coração misericordioso, isto é, aberto aos necessitados, experimenta muitas vezes a mistura da compaixão e da indignação. A indignação sozinha é estéril, mas unida à compaixão é capaz de milagre. A compaixão nos leva a agir de imediato para solucionar o problema como ele se apresenta na hora (por exemplo, dar de comer a quem tem fome). A indignação, que nasce da compaixão, leva-nos a procurar soluções mais definitivas (como lutar por emprego e moradia, saúde e educação), envolvendo a quantos têm obrigações para com o caso. O egoísta não sente compaixão: o máximo que ele sente é pena. Sentir pena não ajuda ninguém. A compaixão, nascida do amor, leva-nos a assumir a causa do outro e gera indignação diante das situações de gritante injustiça e nos obriga ao empenho social. A Campanha da Fraternidade, no Brasil, é um belíssimo exemplo de compaixão unida à indignação e ao compromisso social.

Serviço e anúncio

O leproso pede de joelhos. Ressaltam aqui duas virtudes próprias de quem pede angustiado: humildade e confiança. O orgulhoso tem dificuldade de pedir. Um evangelho apócrifo (antigo como os Evangelhos, mas não aceito pela Igreja como livro da Bíblia) conta o milagre de hoje, pondo na boca do leproso estas palavras: "Mestre Jesus, tu que andas com os leprosos e comes em suas grutas, também eu fiquei leproso; se queres, podes curar-me". A oração afirma que Jesus desceu aos mais espezinhados. Não só passou por eles. Não só os curou, quando os encontrou, como parece ser o caso de hoje. Mas foi visitá-los, andou no meio deles e comeu com eles. Comer com alguém significava participar de sua sorte, ou seja, ser compassivo.

No domingo passado, ao comentar a cura da sogra de São Pedro, acentuamos a frase: "Ela se pôs a servi-los". E dissemos que o serviço é uma característica do cristão. Hoje, o neocurado sai proclamando e divulgando a notícia da cura (salvação) recebida (v. 45). Nos dois milagres ocorrem duas palavras que são quase o coração da fé e do comportamento cristão: serviço (ou *diaconia*) no primeiro caso; anúncio (ou proclamação do *kerigma*) no segundo. *Diaconia* e *kerigma* são duas palavras gregas que voltaram ao vocabulário cristão pós-conciliar. Quem é curado pelo Senhor e o segue como discípulo transforma sua vida num *anúncio* da bondade de Deus (evangelização), anúncio testemunhado na prática pelo serviço caridoso e gratuito. Uma gratuidade que vai além da obrigação. Uma caridade que supera as leis. Exatamente como Jesus hoje diante do leproso.

7º DOMINGO DO TEMPO COMUM

1ª leitura: Is 43,18-19.21-22.24b-25
Salmo: Sl 40
2ª leitura: 2Cor 1,18-22
Evangelho: Mc 2,1-12

Volta para mim, porque eu te perdoei (Is 44,22)

A FÉ GERA A CARIDADE, A CARIDADE ALIMENTA A FÉ

Os evangelhos do sétimo, oitavo e nono domingos fazem uma unidade. Nem sempre é percebida, porque, em alguns anos, esses domingos ou um ou dois deles se omitem, quando a Quaresma começa mais cedo. A cura do paralítico introduz hoje a secção chamada 'disputas da Galileia'. São cinco enfrentamentos entre Jesus e os chefes do povo (fariseus, escribas e saduceus). Com eles, Marcos aponta para a cruz, ou seja, tudo o que vai acontecer ao longo do Evangelho leva ao Calvário. Para o Evangelista, a cruz não é um acidente na vida e missão de Jesus, mas tudo se encaminha para ela, como um rio para o mar.

No fundo das discussões está a pergunta fundamental do Novo Testamento: "Quem é Jesus de Nazaré?" Por meio dos milagres, dos ensinamentos, do comportamento de Jesus, Marcos procura mostrar quem ele é e a que veio e como a criatura humana pode achegar-se a ele e quais são as consequências para quem nele crer e, por causa dele, mudar os rumos da vida. Enquanto mostra a razão de ser das Leis, mostra também que não é a letra da Lei que salva, mas a misericórdia, que está acima, sem contradizê-la, e a envolve, sendo maior, mesmo quando a lei é divina.

No episódio de hoje vemos também que não é suficiente escutar Jesus por curiosidade. A curiosidade pode ser um primeiro passo positivo, como o é a admiração e o aplauso. Os escribas estão hoje presentes, ouvindo Jesus, mas se põem contra ele, porque Jesus se atribui o poder de Messias, de 'filho do homem' (v. 10), previsto pelos Profetas para purificar as criaturas e levá-las novamente à verdadeira religião e reunir em torno do Senhor um povo livre, santo e fiel. Em outras palavras, Jesus apresenta-se como o Cristo de Deus, com poder divino sobre o corpo e a alma.

Coisas reveladas
aos corações acolhedores

Não basta, portanto, escutar com os ouvidos Jesus. Não basta dizer orações, como o fariseu no templo (*Lc* 18,11-12), ou discutir religião, como os escribas hoje. Saberá quem é Jesus aquele que se reconhece criatura dependente, enfermo no corpo e na alma, 'paralítico', isto é, incapaz de sozinho curar-se, salvar-se. O autossuficiente, o orgulhoso não reparte os espaços de seu coração, ou seja, de sua vida. E só pode saber 'quem é Jesus', quem lhe faz lugar num coração necessitado, humilde, receptivo, "porque o Senhor esconde essas coisas aos sabidos e aos inteligentes e as revela aos pequenos" (*Lc* 10,21). O contraste entre os escribas e os quatro que trouxeram o paralítico (Jesus elogia-lhes a fé, v. 5), podemos vê-lo ainda nos dias de hoje em inúmeras situações.

O doente curado por Jesus não é um doente qualquer. É um paralítico. Os paralíticos eram excluídos da vida social e religiosa. Como os leprosos, eram mortos vivos. O paralítico, falto de forças, incapaz de caminhar sozinho e, por isso mesmo, dependente em sua vontade e planos, é símbolo da criatura humana, sobretudo depois do paraíso perdido. Como diz uma das Orações Eucarísticas: "Estávamos perdidos e incapazes de encontrar o Senhor". Alguns versículos adiante, Jesus dirá com clareza que veio exatamente para curar os doentes e os pecadores (*Mc* 2,17). E fazia-o não por ser milagreiro ou mago, mas porque era o Cristo, Filho de Deus, e tinha poder sobre qualquer tipo de mal: físico, psíquico e espiritual. De fato, podemos dizer com o povo que rodeava a casa de Simão e André: "Nunca vimos coisa igual!" (v. 12).

**Tudo e todos convergem
para o Cristo**

Marcos diz que muitos se reuniram diante da porta da casa. Provavelmente era a casa de Pedro e André. Não interessa ao Evangelista de quem era a casa. Interessa que o povo se reuniu. O verbo grego empregado por Marcos (syn-ághein) é o mesmo que vai dar o nome 'Sinagoga', casa em que os hebreus costumavam (e ainda costumam) reunir-se. No início de sua vida pública, Jesus começou pregando na sinagoga (*Mc* 1,39). Depois, passou à praça, às casas, aos campos e até à barca dos pescadores. A nova casa de oração, a verdadeira casa de oração, não é a igreja de quatro paredes, por mais artística e funcional e necessária que seja, mas onde se encontra Jesus, porque ele é o verdadeiro templo do Senhor. Se Jesus está na casa de Simão, é lá que está a 'sinagoga', a casa de oração, o lugar do encontro com o Deus da misericórdia.

O paralítico é levado por quatro pessoas. Poder-se-ia ver apenas o lado da praticidade, já que foi levado sobre uma maca. Mas o número quatro é simbólico. É o número dos elementos cósmicos (água, ar, terra, fogo), é o número dos pontos cardeais (norte, sul, leste, oeste). Tudo deve levar ao Cristo. De toda a parte se vem a ele, porque todos são chamados à cura, à salvação. São Paulo diz a mesma coisa em outras palavras: "Nele foram criadas todas as coisas, nos céus e na terra, as visíveis e as invisíveis; tudo foi criado por ele e para ele... Aprouve a Deus fazer habitar nele a plenitude e por ele reconciliar... e pacificar todas as coisas, tanto da terra quanto do céu" (*Cl* 1,16-20). Todas as criaturas convergem para o Cristo, pedra angular (*At* 4,11), isto é, pedra sem a qual o edifício não permanecerá em pé.

Observemos que quem tem fé são os quatro. Nada se diz do paralítico, porque o paralítico é símbolo da pessoa que não tem fé. Se tivesse fé, caminharia ao encontro de Jesus e depois o seguiria com os próprios pés. Como é bonita a ação dos que têm fé: levam o necessitado até Jesus. A pessoa de fé assume a responsabilidade de levar até o Senhor, por meio de suas obras, seu comportamento, seu modo de ser e viver, os que ainda não creem. Esse é um belo exemplo em que a fé se torna caridade, e a caridade, alimento da fé.

Agora podemos voltar para a casa do Pai

Jesus não nega que só Deus pode perdoar pecados. Simplesmente ele perdoa os pecados, porque era e é Deus. Os escribas se escandalizaram. Poderíamos nos perguntar se seu escândalo era porque Jesus 'blasfemara' ou se porque eles desconfiavam que nem Deus poderia perdoar. A teologia do Antigo Testamento sempre teve dificuldade com o perdão. Por isso mesmo, Jesus, que não renega o Antigo Testamento, encontrou muita resistência para implantar a ideia de um Deus-misericórdia, de um Deus-Pai carinhoso. Se a criatura humana se distingue por sua fragilidade, sua tendência ao pecado, seu contínuo perigo de morte, Deus se distingue por sua generosidade, pela partilha de sua graça, por seu perdão incondicional, por estar exclusivamente voltado para a vida.

"Toma teu leito, vai para casa." Quando Jesus nos perdoa, salva-nos, mudam as perspectivas de nossa vida. O leito até então era o lugar da desgraça. O homem vivia deitado sobre ela. Depois, ele tem força de "carregar sua cruz" (Mc 8,34), de suportar os contratempos, de ser mais forte que a maldade e as doenças. Com Jesus, "o jugo se torna suave e o peso leve" (Mt 11,30).

Muito sugestiva é a frase de Jesus: "Vai para a tua casa!" Jesus veio ao mundo justamente para nos levar de volta para a casa do Pai, porque Deus é a casa de onde saímos e para ele devemos voltar. Quando Jesus nos cura de nossos pecados e maldades, podemos caminhar, ainda que carregando toda a nossa condição humana, para a casa do Pai. Em outro momento, Jesus nos descreve com quanta misericórdia o Pai nos espera de volta (Lc 15,20-24). Éramos paralíticos, incapazes de ir ao encontro do Pai. Fomos salvos por Jesus. Coisa jamais vista: Deus e a criatura humana se encontram, assumem um destino único e formam uma só comunhão.

8º DOMINGO DO TEMPO COMUM

1ª leitura: Os 2,14b.15b.19-20
Salmo: Sl 102
2ª leitura: 2Cor 3,1b-6
Evangelho: Mc 2,18-22

Todos vós sois um em Cristo Jesus (Gl 3,28)

O IMENSO AMOR COM QUE DEUS AMOU E AMA A CRIATURA HUMANA

Uma das cinco disputas entre Jesus e os Fariseus, na Galileia, que Marcos põe uma depois da outra em forma didática e catequética, é a questão do jejum. O jejum é bastante conhecido nas civilizações antigas, mesmo fora da Bíblia. E sempre significou abster-se de alimentos durante determinado espaço de tempo. E sempre esteve em relacionamento com a aproximação da divindade. Jejuava-se para que a aproximação com os deuses fosse proveitosa. Jejuava-se também como expressão de luto, talvez não como manifestação de dor, mas de ajuda ao morto no seu encontro com o além. O jejum aparecia também em ritos de fertilidade, já que a fertilidade tinha qualquer coisa de divino em si mesma.

O jejum bíblico também está sempre relacionado com o aproximar-se a Deus. Assim Moisés permaneceu, na montanha sagrada, 40 dias e 40 noites "sem comer nem beber" (*Dt* 9,9). Todos os sentidos, formas e finalidades do jejum bíblico estão relacionados com a aproximação da criatura humana a Deus. Assim, quando alguém jejuava para superar situações difíceis, na verdade pedia a Deus que o libertasse (*1Rs* 21,27). Quando um povo inteiro jejuava em tempo de guerra ou peste, era para pedir a Deus que permanecesse perto e infundisse coragem e força para superar o inimigo ou a desgraça (*2Cr* 20,3). Quando alguém jejuava em expiação dos pecados, jejuava para reparar um erro que o distanciara ou separara de Deus (*Jn* 3,4-10). Quando alguém precisava tomar uma decisão difícil, jejuava para pedir as luzes divinas; assim o Profeta Daniel, necessitando 'ter clareza nas Escrituras', recorreu ao Senhor com preces, súplicas e jejum (*Dn* 9,3). O próprio Cristo, antes de decidir enfrentar o período de sua vida pública, jejuou durante 40 dias (*Mt* 4,2).

Ligado ao jejum esteve e está sempre o sentimento de humildade e mesmo de humilhação, porque não é Deus que se distancia, mas é a criatura que toma distância do Senhor. Ou, quando a Bíblia diz que Deus afastou-se irritado, seu afastamento é ocasionado pela infidelidade da criatura. Por isso mesmo, o jejum está muito ligado ao tema da penitência, da conversão, do reconhecimento da própria impotência diante do que aconteceu ou vai acontecer. E vem sempre acompanhado de orações (*Sl* 35,13: "Quando eles estavam enfermos, eu me vestia de saco, mortificava-me com jejuns e orava, curvado sobre o peito").

Os benefícios de Deus não se compram

Os hebreus levavam a sério o jejum. Havia um só jejum obrigatório: o da Expiação, também chamado da Reconciliação (*Lv* 16,29-31). Não é desse jejum que se discute hoje, porque esse jejum era tão sagrado que todos os Apóstolos, inclusive Jesus, observavam-no com rigor. Com o tempo, porém, foram-se acrescentando outros jejuns, a ponto de os fariseus jejuarem (e imporem aos outros) dois dias por semana (*Lc* 18,12). Já os profetas (*Is* 58,1-5) haviam alertado sobre o perigo de perder o verdadeiro sentido do jejum (exprimir a pequenez e a insuficiência da criatura humana diante de Deus) para transformar-se numa espécie de moeda com que se pudesse 'comprar' os benefícios de Deus. Nessa ótica, quanto mais se jejuava, mais *direito* tinha-se à bênção de Deus. Contra essa doutrina e prática insurgiu-se Jesus, porque o jejum não mais expressava a humildade da criatura, mas o orgulho da conquista com os próprios méritos das bênçãos divinas.

**Minha esposa
para sempre**

À pergunta que fazem a Jesus ele responde com outra e introduz o tema das 'Núpcias messiânicas', de que falavam os Profetas. O termo 'esposo' é encontradiço nos Profetas para indicar o Senhor, esposo de Israel, como em Oseias (primeira leitura de hoje): "Te farei minha esposa para sempre" (Os 2,21). Jesus é o esposo esperado, a encarnação do imenso amor com que Deus amou as criaturas humanas. Em Jesus se realizam todas as promessas. Em Jesus se celebra o casamento de Deus com a ela. Jesus assume a humanidade para que ela tenha condições de revestir a divindade. O Filho de Deus se encarna para fazer-nos viver em comunhão e em intimidade com Deus, formando ele e nós um só corpo e um só espírito.

Ao se chamar 'esposo', Jesus terá escandalizado os fariseus, porque significava chamar-se Deus e Senhor do povo. E era de fato na qualidade de Filho de Deus, com todos os poderes divinos, que ele ali estava para refazer a aliança entre o Criador e a criatura, para criar uma carne nova e um espírito novo (simbolizados hoje no pano novo e no vinho novo). Jesus não se opõe ao jejum, mas às razões pelas quais se impunha o jejum.

A comparação com o pano novo e o vinho novo em odres novos pode sugerir a ideia de uma contraposição entre o Antigo e o Novo Testamento. Na verdade, a contraposição acontece em cada um de nós. Cada um sabe que dentro de si mora um velho e farisaico homem, de quem precisa se libertar para que nasça o homem novo e cristão (no sentido literal do termo). O velho homem é incapaz de compreender e de se deixar assimilar pelo Cristo a ponto de fazer 'uma só carne e um só espírito'. E aqui entra o sentido do verdadeiro jejum, sinônimo de alegre e permanente conversão ao Senhor, que já fez aliança e comunhão conosco em Cristo. Não se trata de 'comprar' a proteção divina por meio do jejum, mas de, com o jejum, a penitência e a oração, melhor nos dispormos à "unidade com o Cristo como ele e o Pai são um só" (Jo 17,11.21).

Quem está em Cristo
é criatura nova

Quando o Cristo passar pela morte (v. 20), o jejum de seu discípulo consistirá em morrer com ele. Ora a morte de Cristo não foi apenas um fato histórico já terminado. A Igreja nos ensina que o mistério da cruz se prolonga, vivo e verdadeiro, como naquela primeira Sexta-feira Santa. Por isso mesmo o discípulo de Jesus vive mergulhado no mistério da cruz, porque faz uma comunhão com o Senhor, onde o Senhor estiver. Se estivermos unidos ao Senhor – uma só carne e um só espírito –, a cruz e o jejum se tornam permanente fonte de vida. Em outras palavras, o discípulo de Jesus vive em permanente festa, a festa de sua união nupcial com Deus. Uma grande novidade aconteceu: em Jesus, Deus assumiu a humanidade e, ao assumi-la, recriou as criaturas e as recebeu como um esposo recebe sua esposa, para serem dois num só destino. Por isso São Paulo podia dizer: "Quem está em Cristo é criatura nova. O velho passou e um mundo novo se fez" (*2Cor* 5,17-18).

Interessante que nesse contexto Jesus se lembra do vinho. O vinho na Escritura é símbolo de tempos novos (*Gn* 49,11-12); símbolo da alegria e do amor (*Sl* 104,15); símbolo da vida e da imortalidade. A nossa comunhão com Deus trazida por Cristo é garantia de vida eterna (*Jo* 10,10), é a realização do maior dos sonhos humanos: viver para sempre. Essa novidade absoluta do Evangelho é ocasionada pelo infinito amor de Deus e deveria deixar o homem envolto em tanta alegria íntima quanto a água envolve o peixe.

Nossa comunhão com Deus (nossa fé e nossa religião) é coisa muito séria. Mas ela não sobrevive sem a dimensão da alegria e do entusiasmo. Uma religião lúgubre, uma religião que incute medo nada tem a ver com Jesus, ainda que permeada de jejuns e penitências. O cristianismo, que tem a cruz como símbolo, é a religião da alegria, porque nela a criatura humana tem o máximo que pode desejar: estar em comunhão permanente e eterna com Deus.

9º DOMINGO DO TEMPO COMUM

1ª leitura: Dt 5,12-15
Salmo: Sl 80
2ª leitura: 2Cor 4,6-11
Evangelho: Mc 2,23-3,6 ou Mc 2,23-28

Este é o dia que o Senhor fez, exultemos e alegremo-nos nele (Sl 118,24)

O DIA DO SENHOR: SINAL SAGRADO DE ALIANÇA ETERNA

Temos hoje a quarta disputa (as chamadas 'Disputas da Galileia') entre Jesus e os fariseus. Marcos organizou sucessivamente os debates, sem se preocupar com quando e onde de fato aconteceram. Escolheu essa forma didática, para fazer o próprio Jesus se apresentar como Filho de Deus e dizer para que viera ao mundo. Por trás das disputas está sempre implícita a pergunta: *Quem é Jesus*. Da discussão desponta a resposta: Ele é o enviado de Deus com poderes divinos, é o Messias, que veio ao mundo como libertador e salvador.

A primeira controvérsia foi sobre o perdão dos pecados. Os fariseus e Jesus estão de acordo com uma verdade: só Deus pode perdoar pecados. Diante de uma casa supercheia de gente, Jesus perdoa os pecados do paralítico e o cura física e espiritualmente (*Mc* 2,10-11). Aos olhos de todos fica claro: ele tem poderes divinos. A segunda disputa girou em torno da liceidade de alguém comer com pecadores. Para os hebreus, comer com alguém significava participar de suas ideias e de seu pecado. Jesus ceia na casa de Mateus, o publicano, considerado pecador público (*Mc* 2,15). Os fariseus se escandalizam. Jesus, para ainda maior escândalo deles, declara-se médico dos enfermos e diz ter vindo ao mundo exatamente para chamar os pecadores (*Mc* 2,17). A terceira discussão partiu da obrigatoriedade do jejum (Mc 2,18). Jesus aproveitou a questão para falar que viera ao mundo para desposar a humanidade. Jesus usou uma figura dos profetas (Os 2,21). Deus era chamado de 'esposo'. Jesus é o esposo, que veio desposar a humanidade e fazer com ela um só corpo e um só espírito. A questão de hoje gira em torno da observância do sábado. Note-se que Jesus não é contra a observância do sábado, não é contra o jejum e reconhece que a criatura humana é pecadora. Mas os fariseus e os escribas (explicadores da Lei) haviam desviado o verdadeiro sentido do sábado, do jejum e do conceito de pecador. Jesus tenta repor essas questões em suas justas dimensões, para que ajudem a criatura humana a viver na liberdade e alegria dos filhos de Deus e não na escravidão de sutis e complicadas interpretações impostas.

Misericórdia e caridade acima da Lei

O sábado foi instituído como dia sagrado principalmente por duas razões: como memória dos dias da criação, em cujo sétimo dia o Senhor descansara (Êx 20,11), e comemoração da saída da escravidão egípcia (Dt 5,15). Por isso mesmo, o sábado significava um dia de agradecimento e de libertação, celebrado com repouso de todos, inclusive dos animais e escravos (Dt 5,14). Mas os fariseus e os escribas haviam complicado de tal maneira a observância do sábado, com dezenas de proibições e sutilezas, que o preceito do sábado se tornara um peso muito grande para o povo.

Jesus respeita o sábado, mas em seu sentido genuíno: dia em que se manifesta e se celebra a misericórdia e o amor divino, seja na criação amorosa das criaturas, seja na libertação dos males que impedem a felicidade. O mesmo se diga da observância do domingo, que substituiu o sábado para lembrar a ressurreição de Jesus, o grande gesto de Deus que recriou o universo e libertou em definitivo a humanidade do pecado e da morte. A observância do domingo é um mandamento a ser cumprido. Mas para celebrar a misericórdia divina e a redenção trazida por Cristo.

Jesus de Nazaré:
Mestre e Senhor

Há dois casos no trecho de hoje. O primeiro é o episódio dos discípulos de Jesus que colhem espigas em dia de sábado, 'caminhando no meio das plantações'. A crítica dos fariseus não é por que eles estejam roubando espigas, mas por que as colhem em dia de sábado. Pela lei, os passantes podiam colher nas plantações dos outros espigas com as mãos. Diz o Deuteronômio: "Quando entrares na plantação do próximo, poderás colher espigas com a mão, mas te é proibido ceifar" (*Dt* 23,6).

Jesus recorre a um episódio acontecido com Davi para defender os Apóstolos e para dar sua lição. Conservava-se no templo uma mesa de ouro com 12 pães, renovados a cada sábado (*1Cr* 9,32). Eram chamados 'Pães da Proposição' ou também 'Pães da Face', por estarem continuamente diante da face de Deus, ou chamados também 'Pães Perenes', expressão usada por Números 4,7. Eram 12 e representavam as 12 tribos de Israel. Os pães velhos só podiam ser comidos pelos levitas. Ora, Davi, em fuga de Saul, bateu à porta do sacerdote Aquimelec e pediu pão para si e para os companheiros (*1Sm* 21,3-10). O sacerdote não tinha pão comum, apenas Pães da Proposição. Na falta de outro pão, o sacerdote os deu a Davi, que os partilhou com os companheiros. Jesus recorda esse episódio para dizer que as leis são relativas. Se Davi, que era criatura humana, embora com um destino real e profético, interpretou com tanta liberdade uma norma mosaica, com muito mais razão podia ele, Filho de Deus, permitir que os Apóstolos colhessem espigas em dia de sábado.

A preleção continuou. Jesus se declarou senhor do sábado. Ora o senhor do sábado era Deus, como hoje dizemos que o domingo é o Dia do Senhor. Jesus não apenas contestou o legalismo dos fariseus, dando uma nova interpretação à lei, mostrando-se assim com a autoridade de um mestre, mas se disse dono do sábado, isto é, Deus. Marcos está respondendo à pergunta implícita: Quem é Jesus de Nazaré? É o Mestre que ensina com autoridade, é o Cristo Senhor.

Fazer o bem ou o mal em dia de sábado

O episódio seguinte é ainda mais esclarecedor sobre a observância do sábado. Diante do homem de mão seca, e movido pela vontade de curá-lo, Jesus perguntou aos fariseus se era lícito fazer o bem ou o mal em dia de sábado (3,4). Marcos diz que Jesus estava indignado (v. 5). Pela pergunta que Jesus fez, acho que ele estava também irônico. Perguntou se era lícito em dia de sábado salvar uma vida ou matar. Jesus salva a vida do homem de mão seca. Faz o bem em dia de sábado. Os fariseus, que viam profanação do sábado no gesto misericordioso de Jesus, no mesmo dia de sábado fazem o mal, porque "saindo dali, imediatamente, puseram-se a conspirar para matá-lo" (v. 6). Por isso eu disse que Jesus falara com ironia. Ele pratica o bem em dia de sábado. Os fariseus, seus críticos ferozes, fazem o mal. Jesus salva uma vida. Os fariseus tramam sua morte.

Jesus manda o doente *estender a mão* (v. 8), para ser curada, sim. Mas podemos ver aqui um gesto simbólico, que nos ajuda a compreender a observância do sábado ou, para os cristãos, do domingo. Estender a mão para que ela possa alcançar a outra e juntas se unirem para a oração. Estender a mão para que ela se levante e se abra no gesto profético de súplica a Deus. Estender a mão para receber com humildade os dons de Deus. Estender a mão para que ela possa ser um instrumento de trabalho cotidiano. Estender a mão para que ela possa apertar a mão estendida do amigo ou do inimigo e juntas celebrarem a pacificação e o amor fraterno. Estender a mão para oferecer aos irmãos e às irmãs nosso carinho, nossa partilha, dizendo que estamos presentes e solidários.

Celebrar o dia do Senhor, portanto, é rezar juntos e juntos pôr-se com humildade de criaturas diante do Deus criador, de onde nos vêm todos os bens, é partilhar os bens espirituais e materiais, reconciliar-se, solidarizar-se. O sábado (o domingo) é o dia da misericórdia de Deus, que nos criou por amor, por amor nos libertou e redimiu e conosco fez comunhão e fraternidade.

10º DOMINGO DO TEMPO COMUM

1ª leitura: Gn 3,9-15
Salmo: Sl 129
2ª leitura: 2Cor 4,13-18-5,1
Evangelho: Mc 3,20-35

Quem não permanece na doutrina de Cristo não tem Deus (2Jo 9)

EM CRISTO ESTÁ A PLENITUDE DA DIVINDADE EM FORMA CORPORAL

O Evangelho de hoje põe-se dentro das controvérsias (e deve ter havido inúmeras), aproveitadas pelo Evangelista para elucidar a pessoa e a missão de Jesus. São muitos os elementos que aparecem, a começar da casa em que Jesus se reuniu. Já não mais a sinagoga, onde Marcos faz acontecer as primeiras controvérsias. Aos poucos se delineia o novo lugar do novo povo de Deus. Nos versículos anteriores, Marcos conta a escolha dos doze apóstolos (Mc 3,13-19). De certa forma, eles substituirão os chefes das doze tribos de Israel.

Depois temos a multidão que acorre e ocupa Jesus e os Apóstolos a ponto de eles não terem tempo sequer para comer (v. 20). É essa multidão, que parece 'rebanho de ovelhas sem pastor' (Mc 6,34), que Jesus, auxiliado pelos Apóstolos, deverá transformar em novo povo eleito, em nova família de Deus, em nova comunidade de santos. Não será o laço de parentesco, não será o sangue de raça que decidirá a entrada ou não entrada na nova família. Entrarão os que estão dispostos a 'cumprir a vontade de Deus' (v. 35).

O pecado contra
o Espírito Santo

Visto assim, a lição do Evangelho parece linear e fácil. Mas não é, porque a criatura humana é um ser dividido, fragmentado, envolto ao mesmo tempo de graça e maldade. Todos temos essa experiência. Assim como muitos procuram explicações e fontes para saciar a sede de fé em alguma coisa superior às forças humanas, que sentem e não conseguem explicar, também procuram explicações para o pecado, que marca profundamente a criatura. As explicações que encontramos fora da Revelação são insuficientes. Lembra-o o *Catecismo*: "Sem o conhecimento que a Revelação nos dá de Deus não se pode reconhecer com clareza o pecado, sendo-se tentado a explicá-lo unicamente como uma falta de crescimento, como uma fraqueza psicológica, um erro, a consequência necessária de uma estrutura social inadequada" (n. 387).

Esse homem de dupla face (que São Paulo chama carne/espírito) está presente no Evangelho de hoje. A luta entre o bem e o mal acompanha o ser humano desde o paraíso terrestre (*Gn* 3,5). A maior expressão do mal é o próprio demônio. Para expressar a divisão do homem entre o bem e o mal, a Sagrada Escritura, em suas primeiras páginas, usa uma linguagem figurada, que só se tornou clara com a vinda de Jesus, porque "a doutrina do pecado original é, por assim dizer, o *reverso* da Boa Notícia de que Jesus é o Salvador de todos, de que todos têm necessidade da salvação e de que a salvação é oferecida a todos graças a Cristo" (*Catecismo*, n. 389).

Negar que Jesus tenha o poder de perdoar pecados, de expulsar os demônios e vencer as forças do mal, negar-lhe seu poder divino e redentor, opor-se à sua obra salvadora é 'blasfemar contra o Espírito Santo' (v. 29). Espírito Santo aqui não é a terceira pessoa da Santíssima Trindade, mas o próprio Cristo como Filho de Deus, sua divindade. Quando se nega a divindade de Jesus, nega-se também seu poder de perdoar e redimir, por isso mesmo, anula-se o perdão que Deus pode dar à criatura. Não é que haja pecados que Deus não possa perdoar. Sua misericórdia é e será sempre infinita. Cristo é a encarnação da misericórdia divina. Mas Deus não pode perdoar a quem não quer o perdão e nega seu poder de perdoar.

O espírito de Deus, que recria a terra

Os fariseus ensinavam que no mundo havia dois espíritos em luta para governá-lo: um o espírito do bem (Deus) e outro o espírito do mal (o demônio) e que o espírito do mal estaria governando. Mas chegaria um tempo em que o espírito do bem haveria de vencer e libertaria o mundo do mal. Súplica como: "Enviai, Senhor, o vosso espírito e renovareis a face da terra" (*Sl* 104,30), que a Liturgia hoje aplica ao Espírito Santo, no Antigo Testamento expressava o grande anseio de dias melhores, de maior piedade, de mais sentida presença de Deus. Nessa linha eram vistas as promessas de Deus por meio dos profetas. Assim o lindo e poético texto de Isaías: "Israel, meu eleito, derramarei água no solo árido e torrentes na terra seca; derramarei o meu espírito sobre a tua descendência e a minha bênção sobre a tua prole... e então um dirá: *Eu pertenço ao Senhor*; e outro tatuará no braço: *Sou do Senhor!*" (*Is* 44,2-5). O resultado do Espírito era a certeza da pertença e a fidelidade a toda prova ao Senhor.

Busco ainda outro texto no profeta Ezequiel: "Eu vos purificarei de todas as impurezas e de todos os ídolos. Dar-vos-ei um coração novo e incutirei um espírito novo dentro de vós. Removerei de vosso corpo o coração de pedra e vos darei um coração de carne. Incutirei meu espírito dentro de vós e farei com que andeis segundo minhas leis e cuideis de observar meus preceitos... Sereis o meu povo e eu serei o vosso Deus" (*Ez* 36,25-28). De novo o retorno à piedade, isto é, ao amor filial da criatura para com Deus; de novo a pertença ao Senhor; de novo uma ação que só podia partir de Deus, o Sumo Bem. À criatura competia aceitar de boa vontade e com submissão filial.

O sonho profético, o anseio do povo realizavam-se: aí estava Jesus de Nazaré. Ele começara sua vida pública exatamente com estas palavras: "O Espírito do Senhor está sobre mim, ele me ungiu para evangelizar os pobres e anunciar a libertação" (*Lc* 4,18). Seus gestos, seus sinais, suas palavras e doutrina se orientavam nessa direção. Curava os enfermos atacados pelas piores doenças (o povo pensava que a doença era obra do espírito do mal), perdoava pecados, expulsava demônios. Essas obras 'do espírito' os fariseus viam com os próprios olhos. Em vez de se abrirem à novidade divina, em vez de verem que era chegada a plenitude dos tempos (*Gl* 4,4), jogavam-lhe na cara que ele fazia essas obras pela força dos demônios. Aliás, como as obras de Jesus eram grandes, diziam que era pela força do chefe de todos os demônios que ele agia (v. 22). Ao chefe dos demônios os fariseus chamavam com um nome bem pejorativo: Belzebu, que significa 'o deus do esterco'. Um ataque, portanto, violento e baixo a Jesus e suas obras. Equiparar Deus ao Demônio é blasfêmia, porque atenta contra a santidade divina. A essa blasfêmia Jesus chama de 'blasfêmia contra o Espírito Santo' (v. 29).

Não médium, mas Deus

O trecho começa com parentes de Jesus e termina com parentes. A atitude dos primeiros assemelha-se, embora de forma atenuada, à dos fariseus. Não veem a presença de Deus, mas uma 'loucura' (v. 21). Esses parentes continuam. Continuam negando a divindade de Jesus, atribuindo-lhe poderes mediúnicos. E pensam até que estão afirmando coisa boa dele. Não estranha que os que lhe dão apenas poderes mediúnicos não creem em seu poder redentor, porque a redenção está ligada à divindade. Descartada a divindade de Jesus, está negada sua missão salvadora.

O episódio dos parentes que aparecem na parte final, incluída sua Mãe, realça o fato de que, na nova família de Deus, que Jesus estava começando a fundar, não seriam o sangue e os laços familiares, por maiores que fossem, que dariam algum direito à pertença. Mas o 'fazer a vontade de Deus' (v. 35). E nisso Maria leva o maior elogio, porque ela se tornou quase sinônimo de vontade de Deus, com seu histórico e fundamental 'sim' (*Lc* 1,38). Fazer a vontade de Deus é "crer que Jesus é o Cristo, o Filho de Deus e, crendo, ter a vida em seu nome" (*Jo* 20,31).

11º DOMINGO DO TEMPO COMUM

1ª leitura: Ez 17,22-24
Salmo: Sl 91
2ª leitura: 2Cor 5,6-10
Evangelho: Mc 4,26-34

Confiamos em ti e nunca fomos decepcionados (Sl 22,6)

MODO DE CRESCIMENTO DO REINO DE DEUS

Lemos hoje duas parábolas em torno do Reino dos Céus. A primeira é típica de Marcos, isto é, só ele a conta. A segunda é narrada também por Mateus e Lucas. As duas parábolas fazem parte de todo um conjunto de ensinamentos. Marcos reuniu-os no capítulo quarto. Todos eles referem-se ao Reino de Deus, que está próximo, e ao núcleo central da mensagem de Jesus. Já lembramos, em outros momentos, que era costume de Jesus usar parábolas. O próprio Evangelista lembra isso hoje, no v. 34, informando também que, quando a sós, Jesus retomava as parábolas contadas para explicá-las melhor aos discípulos.

As duas parábolas partem de três momentos, que os ouvintes conheciam muito bem: a sementeira, o crescimento, a colheita. Como se trata de parábola (história inventada na hora, para dela se tirar uma ou mais lições de moral), não convém discutir pormenores de tempo, lugar nem mesmo de lógica, mas devemos ir diretos à lição ou aos símbolos que expressam.

A semente da primeira parábola é a própria doutrina salvadora de Jesus. Ele a plantou. Ela há de frutificar. Essa é uma lição que Jesus procurou ensinar sempre de novo. Suas palavras são vivas, têm fecundidade, podem e devem frutificar; seus ensinamentos são revestidos de autoridade divina;

seu plano salvador não falhará. Ainda que demore. Ainda que as aparências sugiram fracasso, como foi o caso da cruz. A primeira parábola, na verdade, é uma lição de confiança. Noutra parábola, a do semeador (*Mc* 4,13-20), Jesus garantiu que sua doutrina (semente) só não frutifica, se a terra (pessoa) não for boa.

Cooperadores de Deus

Parece-me que a primeira parábola frisa dois pontos: a atitude do camponês e o que acontece com a semente. O camponês semeia, mas não cabe a ele fazer brotar, crescer e amadurecer. Essa parte pertence a Deus. Também no Reino dos Céus, ainda que seja a criatura humana a semeá-lo, pertence a Deus a realização do Reino, a graça da salvação. Quando o fruto está maduro, não se volta a falar do camponês, porque daria a ideia de que ele o colheria para si, para seu celeiro. Fala-se apenas da foice colhedora. Ninguém planta o Reino em proveito próprio. O apóstolo (camponês) é um operário de Deus a serviço de todos.

A parábola deixa entrever que o tempo de brotar, crescer e amadurecer não tem importância para o camponês, mas tem para semente. Embora invisível, misteriosa, a semente da Palavra de Deus, semeada pelo apóstolo, pelo missionário, tem vida própria, independente de quem a semeou; uma vida que não depende do camponês, mas de Deus, que lhe deu a fecundidade e lhe dá o crescimento. O camponês acaba sendo apenas um instrumento possibilitador da semente. Assim acontece com a semente do Evangelho.

Talvez São Paulo se tenha lembrado dessa parábola quando, mais tarde, encontrou em Corinto cristãos que brigavam entre si, uns dizendo que eram discípulos de Paulo, outros de Apolo. O Apóstolo escreveu: "Nós somos apenas ministros: eu plantei, Apolo regou, mas quem deu o crescimento foi Deus. Nem o que planta é alguma coisa nem o que rega, mas, sim, Deus, que dá o crescimento. Nós somos meros cooperadores de Deus" (*1Cor* 3,6-9).

**Deus tarda,
mas não falha**

Em outras palavras, o pregador precisa da humildade para não atribuir às suas qualidades a fecundidade e o crescimento do Reino. Deve também se revestir de muita confiança. O povo brasileiro tem um provérbio dito muitas vezes em hora de vingança; hoje quero aplicá-lo ao crescimento do Reino: "Deus tarda, mas não falha". Todos os que trabalhamos no Reino e pelo Reino precisamos, ao lado da humildade e da confiança, ter muita paciência. O homem moderno costuma ser imediatista. Sua técnica acelera o crescimento e o amadurecimento dos frutos. A tentação de apressar o Reino por métodos e técnicas humanas é grande. Ainda mais num tempo como o nosso que tanto valoriza a eficiência.

É justo e louvável que o evangelizador use de técnicas humanas para a pregação. Mas o crescimento pertence a Deus. O apóstolo não pode usar os métodos extremamente humanos, como os violentos dos zelotas; o apego exagerado à letra escrita das leis, como os fariseus; ou os cálculos minuciosos sobre o fim dos tempos, como os apocalípticos. A nova doutrina do novo Reino pedia homens novos, novo método, novo modo de pensar, novos caminhos de ação. Jesus associa a criatura humana ao seu projeto, mas o projeto será sempre dele e a criatura humana, por mais que faça, terá sempre uma função secundária.

Talvez fosse bom lembrar que a semente fica escondida na terra. É seu modo natural para germinar e brotar. É seu modo natural de pôr raízes e se firmar. O mesmo acontece com as coisas do Reino: muitas e muitas vezes são escondidas, discretas, sem barulho. A garantia de seu futuro não depende de técnicas humanas, mas da vontade do Pai.

**O grão de mostarda
pode simbolizar Cristo**

A parábola do grão de mostarda pode ter ao menos três sentidos. Os três cabem aqui. O primeiro é o da pequenez do grupo com que Jesus começava a Nova Aliança. Gente simples (pescadores, plantadores de trigo). Se de um grão de mostarda pode nascer uma planta (a planta da mostarda pode chegar a 3 e 4 metros de altura), por que não nasceria e vingaria, a partir dele e dos Apóstolos, um novo povo? O segundo é o da universalidade. Na parábola muitos passarinhos vêm abrigar-se nos ramos. Na nova família de Deus (a Igreja), povos de todos os lados virão abrigar-se nela. Os hebreus pensavam que Deus só queria uma raça, uma raça escolhida por ele entre todas. As primeiras comunidades cristãs, formadas por judeus convertidos, deviam superar essa posição. A nova família de Deus era para todos os que quisessem ouvir a Palavra e pô-la em prática (*Lc* 8,21), fazendo assim a vontade do Pai (*Mc* 3,35).

O terceiro sentido: num de seus sermões, explicando a parábola do grão de mostarda, Santo Ambrósio († 397) aplica-a ao próprio Jesus. Ele é, ao mesmo tempo, semente e árvore. É semente quando os ouvintes se perguntavam: "Não é ele o filho do carpinteiro José?" (*Mt* 13,55). Mas é árvore alta, a cujos ramos não chegam as mãos humanas, quando os judeus admirados se perguntavam: "De onde lhe vem esta sabedoria?" (*Mt* 14,54). A comunidade cristã deve ser pequena na humildade e grande na sabedoria, isto é, na vivência das coisas de Deus. Revestida dessa sábia pequenez, a comunidade produzirá muitos frutos.

A figura da árvore, a cuja sombra se abrigam os passarinhos, não é nova na Bíblia. Assim no profeta Ezequiel, Deus promete: "Eu mesmo arrancarei um rebento e o plantarei sobre um alto e escarpado monte. Ele produzirá folhagem, dará frutos e tornar-se-á um majestoso cedro. Debaixo dele pousarão todos os pássaros, à sombra de seus galhos as aves farão ninhos" (*Ez* 17,22-24). Essa árvore, como a da parábola de hoje, sugere segurança. A ideia da segurança e do sentir-se bem é reforçada pela imagem da sombra, apreciadíssima num clima tórrido como o da terra de Jesus. O Reino dos Céus, de aparência humilde, de lento crescimento, nada espalhafatoso será a casa de todos os que creem no Senhor Jesus e nela encontrarão a desejada segurança.

12º DOMINGO DO TEMPO COMUM

1ª leitura: Jó 38,1.8-11
Salmo: Sl 106
2ª leitura: 2Cor 5,14-17
Evangelho: Mc 4,35-40

Os demônios creem e tremem (Tg 2,19)

O HOMEM JESUS DE NAZARÉ É DEUS COM PODERES SOBRE OS DEMÔNIOS

Jesus termina a pregação em Cafarnaum, onde cura uma multidão de enfermos, perdoa pecados, expulsa demônios, sinais previstos pelos profetas como prova da chegada do Messias. O povo, admirado, reconhece a autoridade de Jesus, inclusive porque "ele manda até nos espíritos impuros e eles lhe obedecem" (*Mc* 1,27). Depois, Jesus escolhe os doze "para ficarem em sua companhia e mandá-los pregar, com o poder de expulsar os demônios" (*Mc* 3,15). Em seguida, exige-lhes o desapego à família e aos bens terrenos (*Mc* 3,31-35) e ensina-lhes como catequizar o povo com pequenas historietas, que os Evangelhos chamam de parábolas (*Mc* 4,33-34).

A Marcos não interessa a ordem cronológica. Interessa certa ordem de ensinamentos. Nesse momento, de noite, Jesus dá ordens para tomarem uma barca e atravessarem o lago em direção às terras pagãs de Gérasa. Vejo na figura da noite um símbolo. A Bíblia refere-se aos pagãos como povos que "estão sentados nas trevas" (*Lc* 1,79). E nas trevas moram também os demônios. Então, mais que fato histórico, a noite do Evangelho de hoje é carregada de sentido simbólico. A aventura do grupo, em companhia de Jesus, no meio da tempestade, lembra o acontecido na sinagoga de Cafarnaum: um espírito imundo reage à presença de

Jesus. Jesus dá-lhe ordens de calar-se e sair do homem. O espírito, agitando-o violentamente, dá um grande grito e sai. E todos ficam admirados (*Mc* 1,24-27). Repetem-se a cena e a lição hoje.

Jesus viaja no barco de nossa vida

Há duas frases de Jesus na Última Ceia que caem bem neste domingo. Uma: "Sem mim nada podeis fazer" (*Jo* 15,5). Apesar de toda a sua experiência com o mar, os Apóstolos estavam apavorados com as ondas revoltas do lago, dentro da noite tempestuosa, símbolo de muitas situações que eles encontrariam na missão. Quando viram que o barco afundava, apelaram para Jesus, que deu ordens ao vento e ao mar e recompôs a bonança. Outra: "Coragem! Eu venci o mundo!" (*Jo* 16,33). Para os Apóstolos pescadores, Jesus não só acalmou as ondas, mas mostrou que tinha poderes sobre os demônios, porque, no pensamento deles, os demônios moravam no fundo do mar e eram eles que o revolviam. Tanto que, no dia seguinte, quando Jesus libertou um possesso em Gérasa, os demônios (o Evangelista diz que eram mais de dois mil) entraram numa vara de porcos, que se precipitou no mar, porque o mar seria sua morada (*Mc* 5,9-13).

Jesus adaptou-se pedagogicamente à mentalidade dos Apóstolos e foi, de ensinamento em ensinamento, passando a doutrina nova e corrigindo os conceitos errados. Como na Sinagoga de Cafarnaum, os Apóstolos estavam diante de alguém, maior que profeta, a quem os agentes do mal obedeciam. O Evangelista João chamou de "mundo" o conjunto dos males que afligem a parte espiritual do ser humano. Jesus venceu o mundo, numa vitória em nosso proveito, como venceu a tempestade em proveito dos doze. Por isso pede coragem e ânimo. A missão dos Apóstolos seria pregar a chegada do Reino de Deus a hebreus e pagãos, um Reino na terra, nesta vida procelosa. Apesar do mal, apesar das borrascas tenebrosas ocasionadas pela presença do mal no mundo, o Reino é possível, porque Jesus está presente. A atenção e a luta serão incessantes, o medo virá. Mas o pensamento de que Jesus "está conosco" (*Mt* 28,20), no mesmo barco da vida, significa garantia.

A experiência dos pescadores e o poder divino de Jesus

O episódio acontece no mar da Galileia, muito familiar, ao menos a Pedro e André, João e Tiago, que nele pescaram a vida toda antes de serem Apóstolos (*Mc* 1,16-20) e a ele voltaram no entretempo da Páscoa e Pentecostes (*Jo* 21,1-11). Até hoje a pesca é o mais importante meio de subsistência da população circunvizinha (menos numerosa hoje do que no tempo de Jesus). Não são raras no lago (que fica a 210m abaixo do nível do Mar Mediterrâneo) tempestades súbitas e fortes. Para que os experientes Apóstolos se apavorassem, a tempestade deve ter sido violenta. De qualquer maneira, como mais interessava o símbolo, o Evangelista carregou nas cores do quadro milagroso, um quadro profundamente humano dentro da natureza revolta, natureza composta de forças visíveis e invisíveis.

Como vimos, a tempestade, na cabeça dos doze, era provocada pelos demônios, que moravam no fundo do mar. Então o episódio toma um sentido de luta de poderes entre os espíritos do mal e Jesus de Nazaré, encarnação do espírito do bem. Essa luta entre o bem e o mal ocupa largo espaço na teologia bíblica. E a ideia de que os espíritos do mal morassem nos abismos do mar aparece clara nalguns salmos que cantam a passagem pelo Mar Vermelho (*Sl* 106,9), sempre vista pelos Israelitas como uma tremenda vitória de Deus para libertar o povo do mal da escravidão. O Apocalipse faz uso da mesma crença e, para descrever a vitória final do bem sobre o mal, diz que "o mar entregou os mortos que tinha em seu seio" (*Ap* 20,13). O livro de Jó foi escrito exatamente para mostrar a existência dos dois princípios, do bem e do mal, e no trecho que lemos hoje, como primeira leitura, encontramos um Deus soberano do mar (*Jó* 38,8-11), pondo-lhe limites, isto é, mostrando-se senhor e acima dos espíritos do mal, exatamente como Jesus hoje na barca.

De um lado, temos hoje um Jesus visivelmente humano, que dorme recostado a um travesseiro, depois das pregações do dia. O Concílio lembrou-nos essa humanidade de Jesus, quando ensinou: "O Filho de Deus trabalhou com mãos humanas, pensou com inteligência humana, agiu com vontade humana, amou com coração humano" (*Gaudium et Spes*, 22). A humanidade de Jesus está tão presente em sua vida na terra, quanto sua divindade. De outro lado, se tantas vezes Jesus ocultou sua divindade, hoje ela se manifesta no gesto de dar ordens ao mar revolto (e aos demônios). O Evangelista quer ressaltar a verdade de seu poder divino a que se sujeitam todas as criaturas, boas e más. Não se travam batalhas para ver quem é mais forte. Simplesmente, Jesus tem poder, dá ordens, é obedecido. Sua natureza humana, que lhe traz cansaço e sono, não se altera com o gesto de sua natureza divina.

**Deus também
é silêncio**

A experiência resolve muitas coisas difíceis, mas não resolveu a do Evangelho de hoje. Os Apóstolos tiveram medo, primeiro da tempestade (das forças do mal). Depois, do poder divino de Jesus (vv. 40 e 41). O medo deve ter sido excepcional, pois o próprio Jesus os repreendeu (v. 40). No entanto, eles adquiriram nova experiência: no meio da maldade e das dificuldades é preciso confiar em Jesus. E seus poderes divinos, que tanto temor lhes incutia, seriam repartidos com os Apóstolos e com quantos continuassem sua missão. A vitória do bem sobre o mal estaria garantida com a presença divino-humana de Jesus.

Fica-nos ainda outra lição: esse Jesus presente pode parecer dormindo, não ligando pelos acontecimentos e até pode parecer pregado e morto numa cruz. Mas é preciso tomar o partido dele e confiar nele, mesmo quando a noite se faz tormentosa. E aqui não vai nenhum símbolo, porque todos temos experiência dessas horas, que os místicos chamam de 'noite escura'. Fé é também crer num Deus silencioso, 'ausente', e remar confiando nele, apesar das ondas, apesar do mal, apesar de 'sentir-se sozinho'. Tem gente que alude ao silêncio de Deus diante do mal para deixar de cultivar a fé e praticar a religião. O silêncio é uma das grandes qualidades distintivas de Deus.

13º DOMINGO DO TEMPO COMUM

1ª leitura: Sb 1,13-15; 2,23-24
Salmo: Sl 29
2ª leitura: 2Cor 8,7.9.13-15
Evangelho: Mc 5,21-43 ou Mc 5,21-24.35b-43

Suporto em meu corpo dores cruéis, mas em minha alma suporto-as com alegria (2Mc 6,30)

ACOLHEMOS O SUCESSO E A GLÓRIA E NÃO ACOLHEMOS O SOFRIMENTO

Poderíamos, talvez, chamar este domingo de 'Domingo do sofrimento', porque o Evangelho fala dos dois piores: o incurável e a morte. A compreensão do sofrimento se faz com muita dificuldade. Para Antigo o Testamento e outras muitas culturas, o sofrimento se prende a castigo. Apesar de todo o esforço de Jesus para desfazer esse equívoco, ainda hoje muitos cristãos, e bons cristãos, pensam o sofrimento em termos de expiação de pecado cometido. O sofrimento, sem dúvida, prende-se ao problema do mal no mundo. Para nós cristãos, o tema tem a ver com o mistério da Cruz. Se para nós a cruz é uma desgraça e um tormento, o sofrimento também será tormento e desgraça. Se a cruz for fonte de dinamismo divino para irradiar salvação, também o sofrimento é dinâmico, liberta, salva e promove o ser humano.

Se a cruz for apenas morte, também o sofrimento terá o gosto e o germe da morte. Se a cruz encerrar em si a aurora da páscoa, a certeza da ressurreição, da vitória e da glorificação, também o sofrimento se colocará no caminho da ressurreição e da glorificação. Para quem a cruz é um escândalo, escândalo será também o sofrimento. Se chamarmos a cruz de mistério, também podemos falar no mistério do sofrimento.

O mal não tem explicações

O mistério não contraria nossa inteligência, nossa lógica, mas está acima dela. O mistério tem algumas explicações, mas jamais pegaremos seu núcleo. O mal é um mistério, ainda que seja uma realidade. Paulo VI disse textualmente (15.11.1972): "O mal constitui a maior dificuldade para a nossa compreensão religiosa do cosmos". Santo Agostinho, que passou anos inteiros procurando a explicação do mal, não a achou e disse nas suas *Confissões* (VII,5): "Procurei de onde vinha o mal e não encontrei explicação". De fato, para o intelecto humano é fácil acolher a dinâmica do sucesso, da afirmação, da glória, mas lhe custa acolher (nem digo *compreender*) o sofrimento, a humilhação e a morte. E pior quando a morte vem de modo violento e injusto.

Carlos Mesters, no livro *A missão do povo que sofre*, conta a história verdadeira da Teresinha, que "veio de Minas para a Baixada Fluminense. Veio com o marido e o filho de poucos meses e foi morar com a irmã casada. Certo dia, o filho ficou doente, muito doente. O marido não estava em casa. Ela ficou sem saber o que fazer. Chamou o cunhado e juntos foram ao posto médico mais próximo. Não foram atendidos. Parece que faltavam alguns papéis. Foram ao centro da cidade. Andaram a tarde toda, de hospital em hospital. Na boca da noite, tomaram o ônibus de volta. Por sorte conseguiram um lugar para sentar. O nenê piorando. De vez em quando, a mãe tirava o cobertor e olhava o filho, preocupada. Ele parecia dormir. Quando o ônibus parou debaixo de uma lâmpada, ela olhou de novo e percebeu. Levou um susto. O menino estava morrendo. Ela ficou em pânico... O cunhado falou baixinho: Quieta, mulher, fique firme, não deixe perceber nada. Senão a polícia vem prender a gente! Assim ela ficou até o ponto final. O filho morto nos braços".

Encurtei a história, que é verdadeira. Haverá muitas outras histórias parecidas. Não sei o que é mais difícil de acolher: a morte de uma criança inocente ou a maldade dos homens em não atender uma criança doente. É o mesmo mistério estúpido do mal.

A ciência não explica o sofrimento

Nem a psiquiatria nem a psicologia explicam o sofrimento. Freud gastou a vida a ajudar as pessoas e queria que todos se sentissem melhor e mais fortes diante das adversidades da vida e conseguissem ser criaturas normais. Quando estava para morrer, um dos discípulos lhe perguntou: "Mestre, poderia o Sr. definir quem pode ser considerado uma pessoa *normal*?" Freud respondeu: "Normal é a pessoa que sabe fazer duas coisas e as faz bem: trabalhar e amar". Outro psicólogo, Viktor Frankl, completou a frase de Freud: "É normal a pessoa que sabe trabalhar, amar e sofrer", porque, para Frankl, o sofrimento é uma riqueza e uma experiência única, à qual todos têm direito.

Fala-se hoje muito em direitos da pessoa. Talvez muita gente não se deu conta de que tem o direito de sofrer. No trabalho, o homem relaciona-se com a matéria e a transforma; no amor, entra em contato com outra pessoa e chega a prolongar-se nos filhos; mas no sofrimento, o homem se enfrenta a si mesmo. Ninguém pode tirar ao homem o direito de experimentar-se por meio da dor, de encontrar-se consigo mesmo naquilo que ele tem de mais profundo e seu. Quem sofre toca com sua mão o fundo do próprio coração e o âmago de sua vida, em que moram parede-meia o amor e o ódio, a aceitação e a revolta, o sim e o não. O sofrimento representa uma possibilidade excepcional de vivenciar um valor profundo da própria existência. Nem Cristo quis fugir dessa experiência fundamental. E adentrou-se tanto no sofrimento, que a Liturgia lhe aplica o apelido previsto por Isaías: "homem das dores" (*Is* 53,3).

É verdade que sua paixão foi considerada loucura pelos pagãos e escândalo pelos judeus (*1Cor* 1,22-25), mas São Paulo acrescenta: "Na verdade, o Cristo crucificado é poder e sabedoria de Deus". Será que algum dia nós chegaremos a dizer que nosso sofrimento, também ele, é *sabedoria* de Deus? Que também ele é *poder* divino?

Sofremos menos hoje que ontem?

O excepcional desenvolvimento das ciências despertou a ideia de uma criatura humana com poderes ilimitados: haveria de sujeitar a natureza e re-trazer para o homem o paraíso perdido. A Trindade criadora passou a chamar-se: produção ilimitada, liberdade absoluta e felicidade irrestrita. Vivemos hoje a decepção dessa utopia. Cabem as perguntas: o ser humano de hoje sofre menos do que o de ontem? Mudou, acaso, o conceito de dor? A técnica resolveu o mistério do mal? A experiência tem-nos mostrado que, à medida que aumentamos nossos poderes, tornamo-nos mais pobres, mais desumanos e, portanto, mais sofridos e causadores maiores de sofrimentos.

Ponho uma pergunta que me parece fundamental: é o sofrimento algo que deve receber curativos e sarar, ou é algo que deve ser vivido, como o amor e o trabalho? Em outras palavras: é o sofrimento um fator negativo ou um fato positivo da nossa existência? Trocando em termos estritamente cristãos: a cruz é fonte de vida ou de morte? Ou ainda em outras palavras: a paixão de Cristo – física e psiquicamente – é um fracasso ou uma forma de plenificação do florescimento da vida humana? Faço ainda outra pergunta: a dor e a alegria são antônimas que se repelem ou são colunas que repartem entre si a grandeza da vida humana?

De qualquer maneira, Cristo mandou-nos combater o mal e curar os doentes (*Mt* 10,8). O Evangelho de hoje é um exemplo claro. Mandou-nos também assumir nossa condição de criaturas humanas limitadas. A essas limitações físicas e espirituais ele chamou de 'cruz' e aconselhou-nos carregá-la (*Mt* 10,38; *Mc* 8,34; *Lc* 9,23). Fique claro que a criatura humana não foi criada para o sofrimento, mas tem necessidade de conviver com ele. A utopia da terra sem males, que tanto gostaríamos que acontecesse, não existirá neste mundo. Também a morte não é a finalidade do homem, que tem uma origem divina e um destino eterno. A morte é o parto necessário para a plenitude da vida. Parto, com sua dor, espera/esperança e alegria. Já o sábio do Antigo Testamento descobrira que "Deus criou o homem para a incorruptibilidade" (*Sb* 2,23).

14º DOMINGO DO TEMPO COMUM

1ª leitura: Ez 2,2-5
Salmo: Sl 122
2ª leitura: 2Cor 12,7-10
Evangelho: Mc 6,1-6

Acaso a incredulidade de alguns destruirá a fidelidade de Deus? De modo algum! (Rm 3,3)

INCREDULIDADE: FILHA ESPÚRIA DA LIBERDADE

Um dia Jesus queixou-se dos que "têm olhos e não veem, têm ouvidos e não ouvem" (Mc 4,12). Isso aplica-se aos habitantes de Nazaré, no Evangelho de hoje, e aos que, semelhantemente a eles, não são capazes de ir além das aparências da carne e do sangue, e ver também com os olhos da fé, e ouvir com os ouvidos da esperança, e entender com o coração feito de amor.

Ora, o Evangelho sobrepassa a todo o momento os sentidos e a compreensão humana. Nada é contra a natureza ou contra a razão. Mas muita coisa, o essencial, sobrepassa o entendimento e vai além do que nossos sentidos e inteligência podem captar. A lição é sempre atual. Ler o Evangelho e admirar-se da sabedoria nele contida ainda não é fé. E Jesus pede mais que admiração (passo certo, necessário, mas insuficiente). Seus sinais e suas palavras servem para que "creiamos que Jesus é o Cristo, o Filho de Deus, e para que, crendo, tenhamos a vida em seu nome" (Jo 20,31).

De Cristo vem cristão

Em dado momento de sua vida pública, Jesus retorna a Nazaré, sua terra. Embora tenha nascido em Belém, na Judeia, passou a maior parte de sua vida em Nazaré da Galileia. Quando Jesus entrou triunfalmente em Jerusalém, a multidão respondia aos estrangeiros, que perguntavam quem era aquele homem aclamado: "É o profeta Jesus, de Nazaré da Galileia" (*Mt* 21,10-11). Condenado à morte, Pilatos mandou colocar no alto da cruz, em latim, grego e aramaico: "Jesus *Nazareno*, rei dos Judeus" (*Jo* 19,19-20). Quando, depois de Pentecostes, Pedro curou um paralítico, ele o fez em nome de Jesus Cristo *Nazareno* (*At* 3,6). Apóstolos, povo e autoridades sabiam que Jesus era de Nazaré, aldeia sem nenhuma importância antes da morte de Jesus. O nome da cidade não ocorre em nenhuma passagem do Antigo Testamento. Tudo indica, porém, que era uma vila sacerdotal, isto é, habitada, sobretudo, por sacerdotes. No tempo de Jesus era um lugarejo pobre, onde se cultivavam trigo, linho, vinhedos, olivais e árvores frutíferas, como a figueira. Maria vivia em Nazaré antes do nascimento de Jesus (*Lc* 1,26), enquanto José era originário da região de Belém (*Mt* 2,1-11). Só depois da volta do Egito (*Mt* 2,19-23), eles se fixaram, como família, em Nazaré. Como se sabe, José era carpinteiro de profissão e ensinou essa profissão a Jesus. Não lhes faltava trabalho, mesmo porque, em tempos de Jesus adolescente, construiu-se a cidade de Séfforis, capital da região, a apenas cinco quilômetros ao norte de Nazaré. Tudo indica que a parentela de Jesus e os habitantes de Nazaré eram acomodados, provavelmente, por medo dos romanos. Por isso não aplaudiam a fama de seu conterrâneo nem se orgulhavam muito dele. O Evangelho de hoje o mostra bem. Noutra ocasião, os parentes quiseram "agarrá-lo, pois diziam: Ele está louco!" (*Mc* 3,21).

Os primeiros discípulos eram chamados 'nazarenos', por causa de Jesus (*At* 24,5). Só mais tarde, mas ainda em tempos dos Apóstolos, foram chamados de 'cristãos', nome evidentemente derivado de Cristo, que quer dizer 'ungido'. Segundo *At* 11,26, o nome surgiu em Antioquia, por volta do ano 43. O apelido – que se tornou glorioso e universal – provavelmente foi dado pelos juízes romanos, que tiveram de resolver muitas questiúnculas levantadas pelos judeus contra os seguidores de Cristo. O nome ocorre ainda em *At* 26,28 e na primeira Carta de Pedro (*1Pd* 4,16).

Eles se escandalizaram de Jesus

Jesus entra na sinagoga em dia de sábado. O povo hebreu reunia-se na sua igreja, a sinagoga, sobretudo aos sábados. Depois de uma oração, lia-se um trecho, ou em torno da Lei ou em torno dos Profetas. Então alguém, de mais de 30 anos, tecia um comentário e, por fim, era dada a bênção de Aarão (*Nm* 4,24-26). A sinagoga de Nazaré era muito familiar a Jesus, porque a frequentara desde criança. E todos aí o conheciam. Mas até então, Jesus não tinha a idade exigida para explicar os Profetas. Agora, passando os 30, aceitou o pedido da comunidade que, ao ouvi-lo, espantou-se com sua sabedoria e com a interpretação que dava aos textos sagrados. Como era possível tanto conhecimento, se não fizera nenhum curso especializado com os rabinos e os escribas? Que estalo acontecera?

O momento era de grande importância para os nazarenos (e o é para nós hoje). A resposta podia vir de ao menos três direções diferentes. Uma, reconhecendo em Jesus uma presença especial de Deus, uma investidura profética, como a tiveram Isaías, Jeremias, Moisés e os outros grandes homens de Deus. Nesse caso, todos deveriam escutá-lo, mesmo que ele falasse numa linguagem diferente da costumeira (*Mc* 1,27). Outra, vendo nele uma possessão demoníaca (*Mc* 3,22.30). Uma terceira, olhando apenas o lado humano, o lado do sangue familiar, do escandalizar-se, rejeitá-lo como falso profeta e desprezá-lo. Preferiram essa terceira atitude, a menos trabalhosa e de menor consequência para eles. O Evangelista diz que eles se escandalizaram (v. 3).

A palavra escândalo, em sua origem grega, não tinha o significado que tem hoje. Significava apenas uma armadilha, uma arapuca ou um obstáculo que se punha no caminho de alguém para fazê-lo cair. O termo ocorre mais vezes na Escritura. Diz-se, também, pedra de tropeço (*Is* 8,14), armadilha (*Êx* 34,12), rede de caçador (*Am* 3,5). No Novo Testamento, o vocábulo assume vários sentidos entrelaçados: ocasião de pecado, tentação à apostasia ou à incredulidade (*Mt* 13,41; *Mt* 18,7; *Ap* 2,14; *Rm* 14,13). O verbo *escandalizar* pode significar seduzir alguém ao pecado (*Mt* 5,29; *1Cor* 8,13). Precisamos prestar atenção, porque "ser motivo de escândalo", na Bíblia, não significa de per si uma ação pecaminosa. Jesus foi motivo de escândalo, como vemos no Evangelho de hoje, e sobretudo o foi sua morte na cruz (*1Cor* 1,23). São Paulo chega a fazer de 'pedra de escândalo' sinônimo de Jesus. Assim, na Carta aos romanos: "Eis que ponho em Sião uma pedra de tropeço, uma pedra de escândalo; quem tiver fé não será confundido" (*Rm* 9,33). Sempre que encontramos esse vocábulo na Bíblia, precisamos ver qual é seu sentido. No Evangelho de hoje significa que os nazarenos não acreditaram na mensagem de Jesus; as palavras de Jesus, em vez de lhes abrir o coração e a mente, fixaram-nos na incredulidade.

A questão dos irmãos de Jesus

Novamente vem o problema dos parentes de Jesus. A Igreja sempre ensinou que Jesus é filho único de Maria. Os que gostam de reduzir Maria a uma mulher corriqueira se agarram a esta e a outras passagens (*Mc* 3,31-35; *Lc* 8,19; *Mt* 12,46). Já Santo Agostinho (354-430) teve de responder a essa questão e escreveu: "A Escritura não costuma chamar 'irmãos' apenas aos nascidos dos mesmos pais, ou da mesma mãe, ou do mesmo pai embora de mães diferentes, ou os que têm o mesmo grau de parentesco, como os primos-irmãos por parte de pai ou de mãe ... Só quem não conhece o linguajar da Escritura pode escandalizar-se e dizer: Como pode o Senhor ter irmãos? ... Eram os parentes de Maria, em todos os graus. Como provar isso? Sempre com a Escritura. Lot é chamado irmão de Abraão, embora fosse filho de um irmão dele (*Gn* 13,8; 14,14). Ledes que Abraão era tio paterno de Lot, e no entanto a Escritura chama os dois de irmãos. Por quê? Porque eram parentes. Da mesma maneira Jacó tinha um tio chamado Labão, que era irmão de Rebeca, mãe de Jacó, esposa de Isaac (*Gn* 28,2). Lede a Escritura e vereis que o tio e o sobrinho são chamados irmãos (*Gn* 29,15). Todos os parentes de Maria, portanto, eram irmãos do Senhor!"

15º DOMINGO DO TEMPO COMUM

1ª leitura: Am 7,12-15
Salmo: Sl 84
2ª leitura: Ef 1,3-14 ou Ef 1,3-10
Evangelho: Mc 6,7-13

Apóstolos das igrejas, glória de Jesus Cristo (2Cor 8,23)

ENTRE A REJEIÇÃO E O MARTÍRIO ESTÁ A LIBERDADE DE PREGAÇÃO

O evangelho deste domingo segue imediatamente o de domingo passado, quando Jesus foi rejeitado pelos nazarenos. Marcos situa o envio dos Apóstolos entre o episódio da rejeição da parte de seus conterrâneos e o assassinato de João Batista. Certamente não é uma moldura muito simpática, mas muito sugestiva, porque o verdadeiro apóstolo não deve preocupar-se em ser ou não ser aceito e aplaudido. Nem se preocupar com o que acontecerá com ele. Mas preocupar-se somente com a fidelidade à sua missão de pregar a grande novidade do Evangelho: o Filho de Deus feito homem para dar início à nova aliança entre o céu e a terra.

Jesus está treinando seus colaboradores e sucessores. Logo mais eles deverão enfrentar sozinhos a missão de pregar; sofrerão a indiferença, a perseguição e a morte violenta. A evangelização é diferente de outras empresas humanas. Essas podem ser abandonadas quando não satisfazem. Mas a evangelização deve ser levada adiante mesmo entre lágrimas e mesmo quando, aparentemente, não surta efeitos. As empresas humanas costumam procurar os melhores meios e as mais eficientes técnicas. A evangelização tem sua força em si mesma, porque ela, se é verdadeira, identifica-se com o Senhor Jesus.

Jesus é claro hoje em pedir dos evangelizadores o desapego dos bens terrenos. Quanto mais vazio de si e de coisas for o apóstolo, tanto mais disponível estará para as coisas de Deus. Por bens terrenos não se entendem só o dinheiro e as posses, mas também os projetos e interesses pessoais. O ser humano costuma ser sensibilíssimo à liberdade, considerando-a, depois da vida, o maior tesouro que se possa ter ou oferecer. Ora, o apego aos bens terrenos tolhe a liberdade. Em empresas humanas, talvez se possa raciocinar assim: "Se tenho dinheiro, faço o que quero". E a preocupação será administrar o dinheiro. Na empresa da evangelização esse raciocínio não funciona, porque Deus se dá aos pobres de espírito, isto é, aos vazios de interesses e preocupações terrenas.

Evangelização e egoísmo se excluem

Jesus reparte com os Apóstolos a missão de pregar. Gesto fraterno e de confiança, mas lhes impõe uma condição, até hoje essencial para os que querem pregar em nome dele: o desapego. Desapego dos interesses familiares (pão), da segurança pessoal (sacola), da posse de bens (dinheiro) e da ostentação vaidosa (duas túnicas). Mateus e Lucas (*Mt* 10,10 e *Lc* 9,3) lhe tiram também o bastão, ora símbolo de comando, ora símbolo de defesa, porque o Apóstolo deve ir como quem serve e propõe (*2Cor* 4,5), não como quem manda e determina. Porque o Apóstolo deve preocupar-se somente com a defesa da verdade, chamada Jesus Cristo, e essa jamais se defende pela força.

As coisas da família são boas em si; mas o apóstolo deve ter uma mentalidade mais ampla: olhar para além da cerca de um quintal e ver os contornos infinitos da grande família de Deus. Os bens materiais são presentes do Senhor; mas o apóstolo deve ultrapassar as coisas visíveis, para alcançar os bens invisíveis da fé. A preocupação com o sustento faz parte da condição humana; mas o apóstolo deve levar em conta que não é só de pão que vive o homem, mas há outro alimento: a Palavra de Deus (*Mt* 4,4). O discípulo deve esquecer-se de si mesmo e preocupar-se com as coisas de Deus. Isso exige um despojamento contínuo da ostentação, da vaidade, das aparências falsas.

Evangelizar é ser testemunha do Senhor

Por que Jesus envia os Apóstolos dois a dois? Era costume entre os judeus mandar sempre os mensageiros aos pares. Para que o segundo pudesse testemunhar a entrega do recado, ou para que, caso o 'ofício' fosse rejeitado, houvesse duas testemunhas (uma só não teria validez, conforme a lei de Moisés, *Dt* 19,15) para a instauração de um processo judicial. Jesus adaptou-se a um costume. Sua mensagem era importante. Precisava chegar aos destinatários. Sua rejeição teria consequências de julgamento da parte de Deus (*Mt* 10,15). Ser testemunha é uma das grandes qualidades dos futuros cristãos. Testemunhas do Cristo crucificado e ressuscitado. Testemunhas de uma vida pautada nos valores do Evangelho. Poderíamos ver no ir dois a dois também o espírito fraterno, tão acentuado no Novo Testamento, ou o espírito de solidariedade no fazerem-se companhia e se ajudarem.

Jesus manda sacudir a poeira das sandálias, caso fossem rejeitados. Era costume israelita toda vez que, tendo estado em território pagão, regressavam para casa. Pagãos agora não seriam mais os não judeus, mas aqueles que não quisessem receber a Boa-nova de Jesus. Pelo que nos conta o Evangelho de hoje, os Apóstolos tiveram êxito na sua primeira missão.

Marcos não especifica o assunto da pregação dos Apóstolos. Para ele era evidente que o assunto era a chegada do Messias e suas exigências. A novidade em Marcos é a unção dos enfermos com óleo (v. 13), a que Marcos atribui o milagre da cura. Somente três vezes no Novo Testamento fala-se da unção de doentes com óleo: aqui em *Lc* 10,34 de forma vaga e, especificamente, em *Tg* 5,14. A unção era conhecida no Antigo Testamento, mas em outras circunstâncias, como, por exemplo, para consagrar um rei (*1Sm* 10,1; 16,13), para consagrar um sumo sacerdote (*Lv* 6,15). Tanto a palavra *Cristo* (termo grego) quanto a palavra *Messias* (aramaico) querem dizer ungido. S. Pedro dirá: "Deus ungiu Jesus de Nazaré com o Espírito Santo" (*At* 10,38). A Igreja usa a unção em vários de seus sacramentos: Batismo, Ordem, Crisma e num que leva o nome de Unção, Unção dos Enfermos. Diz o *Catecismo*: "A unção sagrada dos enfermos foi instituída por Cristo Nosso

Senhor como um sacramento do Novo Testamento, verdadeira e propriamente dito, insinuado por Marcos (6,13), mas recomendado aos fiéis e promulgado por Tiago, Apóstolo e irmão do Senhor" (n. 1511).

Evangelizar é nossa vocação

Os Apóstolos devem ter pregado o que Jesus pregava. Jesus definiu assim sua missão: "Fui enviado para anunciar a Boa-Nova do Reino de Deus" (*Lc* 4,43). Ele percorreu estradas, vilas e cidades para cumprir essa missão. Entre todos, dirigiu-se, sobretudo, aos pobres e marginalizados pela lei. Seus milagres, seus sermões, todos os seus passos estiveram em função dessa atividade. O Papa Paulo VI, no já clássico documento sobre a evangelização do mundo de hoje, chama Jesus de "primeiro e maior dos evangelizadores" (*Evangelii Nuntiandi*, 7).

Podemos dizer que os Apóstolos foram os segundos evangelizadores e, embora menores do que Jesus, receberam dele a mesma missão e poder. Podemos dizer que os doze com Jesus constituíram uma comunidade evangelizadora. Este título 'comunidade evangelizadora' se aplica perfeitamente à Igreja de todos os tempos, porque a missão essencial da Igreja é evangelizar. Escreve Paulo VI: "Evangelizar constitui a graça e a vocação própria da Igreja, a sua mais profunda identidade: ela existe para evangelizar" (*Evangelii Nuntiandi*, 14).

A Igreja somos nós, cada um com seu grau de responsabilidade. De cada um de nós – se nos declaramos discípulos do Senhor – há de se dizer que evangelizar constitui nossa vocação. Quase diria: com mais razão que a vocação dos Apóstolos do Evangelho de hoje, porque eles pregaram ao lado do Mestre visível e com ele. Nós assumimos também a parte de Jesus: somos seus pés e seus braços, sua voz, sua ternura e seu vigor. Sempre com ele, é verdade, mas ele de maneira invisível; uma presença bem diferente da que conheceram os Apóstolos nos anos de vida pública de Jesus.

16º DOMINGO DO TEMPO COMUM

1ª leitura: Jr 23,1-6
Salmo: Sl 22
2ª leitura: Ef 2,13-18
Evangelho: Mc 6,30-34

O apóstolo não é maior do que quem o enviou (Jo 13,16)

O ENVIO APOSTÓLICO IMPLICA O RETORNO A QUEM O ENVIOU

O Evangelho que lemos hoje é o tipo de um trecho que serve de passagem. No nosso caso: de passagem do discurso do envio para o discurso do pão, ou seja, a passagem das páginas que tratam da missão dos Apóstolos para o milagre da multiplicação dos pães. Embora sendo passagem de um para outro tema, o trecho é muito rico de lições e tem a ver tanto com o envio para pregar quanto com o dar de comer.

Os quatro Evangelistas contam, cada um a sua maneira, o episódio do envio dos Apóstolos, seu retorno e o modo como Jesus os recebeu de volta. Parece-me de grande importância a primeira frase: "Os Apóstolos voltaram para junto de Jesus e contaram-lhe tudo o que tinham feito e ensinado" (v. 30). Marcos não se detém em fazer a crônica da primeira missão dos Apóstolos, mas acentua que eles voltaram para perto de Jesus. Na visão de Marcos, voltar para perto de Jesus era mais importante daquilo que havia acontecido na missão. Jesus era o mandante e o conteúdo da missão. Era preciso voltar a ele. Há sempre o perigo de o apóstolo esquecer quem o mandou e em nome de quem exerceu sua missão, e acabar preso aos aplausos ou aos próprios interesses, nulificando com isso o mandato recebido.

Os Apóstolos tinham tido êxito na missão (*Mc* 6,13). Paradoxalmente mais que Jesus, que não tivera sorte com os nazarenos (*Mc* 6,6). Era preciso tomarem consciência de que o êxito não era obra de sua inteligência, retórica e ideias. Mais tarde Jesus lhes dirá com clareza: "Permanecei comigo e em mim como o ramo na videira. Sem mim nada podeis" (*Jo* 15,5). Quem é enviado pelo Senhor tem obrigação de partir, mas não é menor sua obrigação de retornar aos pés do Mestre, que o enviou em seu nome.

Deus não impõe a sua verdade

Marcos emprega a palavra 'apóstolo'. É a única vez que o termo ocorre no seu Evangelho. Nas outras páginas fala sempre em 'discípulos'. *Apóstolo* é uma palavra grega que significa 'enviado para uma missão'. Na linguagem profana era pouco usada. O termo popularizou-se por meio de Lucas e, sobretudo, de São Paulo, que faz belíssima descrição do conceito e da missão do Apóstolo: é chamado por Deus (*Rm* 1,1), para pregar o Evangelho (*2Cor* 5,20), como testemunha da vida, morte e ressurreição de Jesus (*1Cor* 15,3-5) e como servo de todos (*2Cor* 1,24). Ninguém é apóstolo por sua conta e preferência. Deus chama-o para uma finalidade específica, dá-lhe o conteúdo da pregação, que ele deve propor a todos com paciência, 'oportuna e inoportunamente' (*2Tm* 4,2), deixando-lhes a liberdade da decisão, porque Deus não impõe suas verdades, mas as propõem.

A proposta de ir para um lugar deserto depois da pregação não é nova. O próprio Jesus a pusera em prática depois da pregação em Cafarnaum (*Mc* 1,35). Tem o sentido de descanso, mas tem também o sentido de uma oração pessoal, de devolver a Deus o bem feito, porque todo o bem que fazemos a Deus pertence; de 'escutar' a vontade do Pai e predispor-se a novas missões. Nos Evangelhos é bastante comum ver Jesus antes e depois de um grande ensinamento ou de uma importante decisão, retirar-se em oração (*Lc* 5,16; 6,12; *Mt* 14,23; 26,36).

Nem toda crença é fé

O retirar-se para um lugar deserto pode ter ao menos três explicações. A primeira, a mais comum, é a necessidade, como vimos, de oração, de contemplação em meio da atividade evangelizadora. Não é por acaso que a palavra 'ação' está presa na palavra 'contemplação'. A segunda seria uma medida de prudência de Jesus: foge de Herodes, que acabara de assassinar João Batista. Evidentemente não interessava a Herodes e aos herodianos a pregação convicta e carismática de 12 homens maduros que haviam deixado família e haveres para seguir a liderança de Jesus. A terceira apontaria para a decepção de Jesus com os galileus, que o procuravam por causa dos milagres e da liderança popular e não por razões de fé.

Comecemos pela terceira. Várias vezes Jesus criticou a incredulidade do povo (citemos apenas um dos Evangelistas: *Jo* 3,12; 4,48; 5,46-47; 6,36; 10,25-26). Até parece estranho isso, porque se diz que o povo em geral é muito crédulo. Ele o é, quando pode ver com os olhos e tocar com as mãos. Daí a facilidade com que o povo corre atrás de milagres, de curas, de aparições. Isso ainda não é fé. Olhando para a multidão que fora atrás dele e o cercava, Jesus diz que são "como ovelhas sem pastor" (v. 34), isto é, sem dono, sem rumo, sem compromisso, sem fé.

A fé não desprezam os sentidos. Mas vai além deles. É a grande lição de Tomé, que afirmou crer em Jesus ressuscitado só depois de ver e tocar com as mãos as suas chagas. Jesus lhe disse: "Felizes os que não veem e, apesar disso, creem" (*Jo* 20,29). Tomé encarna o povo. Crê com os sentidos. Jesus exige que se vá além dos sentidos.

**Toda atividade
pede oração**

Entre o envio dos Apóstolos e seu retorno – contado no Evangelho de hoje –, Marcos narra o martírio de João Batista. Não significa que tenha acontecido naquela semana. Mas pode significar que Marcos queira pôr João Batista como exemplo do missionário perfeito, cujo ideal não é só a pregação, mas também a morte por causa da verdade que prega. Os Apóstolos deveriam tomar consciência disso. Posto o assassinato de João Batista ali, entende-se também a possibilidade de Jesus, assim que recebeu os Apóstolos de volta, tê-los levado 'a um lugar deserto'. Eles estavam entusiasmados com a pregação (*Lc* 10,17). E o povo vinha em quantidade crescente.

Para Herodes, tanto Jesus quanto os Apóstolos eram subversivos e, portanto, estavam sendo vigiados. Compreender-se-ia a prudência de Jesus em retirar-se um pouco com os doze. Mateus parece fazer uma ligação direta com a morte de João Batista, ao contar esse mesmo episódio (*Mt* 14,13).

Podemos ver nesse tópico o retrato do comportamento de uma comunidade cristã, sempre à procura de Jesus, em crescimento e purificação de fé. Sempre em plena atividade, sem descurar da oração. Nunca segura de todo. Se não são as forças políticas e sociais que a contradizem e a perseguem, são as forças do mal que rodeiam a comunidade "como leão que ruge à procura de presa" (*1Pd* 5,8). Cristo, pacientemente, sempre de novo, retoma a palavra para ensinar e animar.

Voltemos à primeira explicação: devemos dosar a atividade e o recolhimento orante. É um dos segredos da vida santa: o equilíbrio entre ação e contemplação. As duas costumam fecundar-se mutuamente. É forte em todos os missionários a tendência para a ação. A ação é boa e necessária, envolta-se em clima de oração. Esse equilíbrio é essencial na vida cristã. Não se pode supervalorizar a oração em detrimento da ação. Nem priorizar a ação, deixando em plano secundário a oração. Pior, quando se separam as duas e se pensa que alguns cristãos são destinados à oração e outros à ação. Na verdade, oração e ação deveriam acompanhar a criatura humana na mesma intensidade. Não se é mais religioso, porque se reza mais. É mais santo quem melhor equilibra oração e ação. Falando da Igreja no mundo de hoje, o Concílio Vaticano II afirmou que "o divórcio entre a fé professada e a vida cotidiana de muitos deve ser enumerado entre os erros mais graves de nosso tempo" (*Gaudium et Spes*, 43). Há carismas e atividades diferentes. Nenhuma delas dispensa a oração.

17º DOMINGO DO TEMPO COMUM

1ª leitura: 2Rs 4,42-44
Salmo: Sl 144
2ª leitura: Ef 4,1-6
Evangelho: Jo 6,1-15

Este é o pão que o Senhor vos dá para comer (Êx 16,16)

OS SÍMBOLOS DA MULTIPLICAÇÃO DOS PÃES QUE PREPARAM O MISTÉRIO EUCARÍSTICO

Se continuássemos a sequência do Evangelho de Marcos, leríamos hoje a multiplicação dos pães, na versão de Marcos (Mc 6,35-44). Mas a Liturgia interrompe a leitura dominical de Marcos para nos propor, em domingos seguidos, o 6º capítulo de João, ponto alto da autorrevelação de Jesus e momento decisivo de fé dos discípulos. O 6º capítulo de João começa exatamente com a multiplicação dos pães, dando assim certa continuidade às leituras dos últimos domingos.

A multiplicação dos pães hoje lembra duas narrações de fatos milagrosos que falam de comida num momento de fome e descontentamento do povo, mas com perspectiva de reconstrução da vida: o maná do deserto (Nm 11) e o banquete messiânico para os pobres (Is 55,1-3; 65,13), símbolos dos bens trazidos pela salvação libertadora. O novo maná, que Jesus chama de "pão da vida" (Jo 6,35), faz mais que matar a fome física: garante a imortalidade (Jo 6,27-50). Pela boca de Isaías, Deus perguntava ao povo: "Por que gastais dinheiro com pão que não alimenta?" E garantia: "Vinde a mim, escutai-me e vivereis". Jesus, com outras palavras, ainda mais claras e incisivas, diz a mesma coisa ao longo do capítulo 6 de João.

Os quatro Evangelistas contam a multiplicação dos pães. João a faz ponto de partida do discurso eucarístico e como seu *sinal*. A parte principal, portanto, não está no trecho que lemos hoje, mas no dos próximos domingos.

A linguagem simbólica de fatos evangélicos

No domingo passado, vimos ao menos três razões para a partida de Jesus de Cafarnaum, onde vivia e era muito conhecido, para regiões menos habitadas e mais desérticas no outro lado do lago. A multidão crescente atrás de Jesus se explica: primeiro, por causa da própria fama e dos milagres que fazia (v. 2); depois, porque os doze Apóstolos acabavam de chegar das cidades da Galileia, onde haviam pregado com sucesso (Lc 10,17) ao povo cansado de opressão e faminto de liberdade e bem-estar; por último, porque, em vista da proximidade da festa da Páscoa (v. 4), muitas pessoas, procedentes de longe, estavam indo a caminho de Jerusalém. Não seria estranho pensar que a multidão tenha feito uma parada em Cafarnaum (centro maior da região e passagem obrigatória para a cidade santa), para ver um líder nascente, ouvi-lo e ter certeza de poder contar ou não com ele. É a única vez que, no Evangelho de João, se fala numa multidão atrás de Jesus.

O Evangelho prepara um ambiente propício e simbólico. Pode não ter sido assim, mas devemos lê-lo à luz desses símbolos. O primeiro deles é a proximidade da Páscoa (v. 4). Pode ser um dado histórico, porque mais à frente João fala em 'muita relva', só possível na primavera. Mas pode também significar que a redenção de toda aquela multidão anônima estava próxima e viria na Páscoa, por meio de Jesus, morto e glorificado, que agora se declara pão da vida eterna (vv. 35 e 51).

O segundo símbolo é essa grande multidão (v. 2) de gente simples que segue Jesus. Outros Evangelistas dizem que Jesus teve compaixão daquele povo numeroso (Mt 14,14; Mc 6,34). Jesus viera para todos e a todos ofereceria seu corpo e seu sangue em alimento e bebida (Mt 26,26-27). Para dar-lhes o pão multiplicado não perguntou pela raça, pelas tradições, pela observância ou não das leis. Viera como luz, isto é, como salvação de todos os povos (Lc 2,32).

Criatura quase onipotente, mas incapaz de autossalvar-se

O terceiro símbolo é a impotência do povo em se procurar comida e saciar a fome. O ser humano é uma criatura grandiosa de Deus. Mas sempre criatura, o que significa ser dependente do Criador. Dotado de inteligência, vontade e sentimentos, o homem é senhor responsável de sua própria história, mas incapaz de se autossalvar.

O quarto símbolo é o monte. João não tem interesse em indicar um lugar geográfico, mas em usar um símbolo conhecido. Tanto entre os judeus, sobretudo os simples do povo, quanto entre os pagãos vizinhos, o fundo do mar era a habitação dos demônios e os cumes dos montes, a habitação de Deus ou dos deuses. Os escribas se esforçavam por tirar essa concepção, pois temiam que o povo passasse a idolatrar deuses estranhos ao único Deus, que morava no mais alto dos céus (*Jó* 22,12; *Is* 33,5) e, por isso mesmo, era chamado de "o Altíssimo" (*Sl* 18,14; 83,19; *Mc* 5,7; *Lc* 1,32 e inúmeras outras vezes). Ao falar do alto de um monte, Jesus como que fala com autoridade divina. E, ao descer do monte, para fazer o discurso eucarístico na planície de Cafarnaum, vem revestido da força de Deus. Não me parece tão difícil que as primeiras comunidades lessem e compreendessem esses sinais simbólicos. Havia a lembrança viva e respeitada de Moisés no Monte Sinai, Moisés, o maior legislador, libertador e condutor do povo de Israel. Cristo é o novo mestre e guia. Moisés conseguira alimentar o povo faminto com o maná no deserto (*Éx* 16,15; *Nm* 11,7-9). Jesus oferece seu corpo como alimento vindo do céu (vv. 48-51).

O quinto símbolo é a fartura. De cinco pães comem cinco mil pessoas e sobram doze cestos. A fartura indicava a bênção divina, a era messiânica (*Is* 41,18-19; 60,16-17; 66,11-12), a intervenção direta de Deus. Os Apóstolos já haviam visto outra expressão da abundância, na transformação da água em vinho, nas bodas de Caná (*Jo* 2,1-11). E assistirão à outra, depois da Ressurreição, no episódio da pesca superabundante (*Jo* 21,11). A Eucaristia será a maior de todas as bênçãos, porque será o próprio Filho de Deus, que não só intervém com força divina, mas se deixa comer como fonte inesgotável de graças salvadoras. Quem lhe come o corpo e lhe bebe o sangue não terá mais fome nem sede (v. 35), o que significa 'bem-estar total', que se completa na posse da divindade (vv. 56-57), da comunhão com Deus.

Jesus assumiu em si todos os símbolos do pão

O sexto símbolo é o próprio pão, elemento encontradiço em quase todos os livros da Bíblia. Era o principal alimento dos israelitas. Os pobres comiam, sobretudo, o pão de cevada (v. 9), os ricos comiam o pão de trigo. Dos quatro Evangelistas, João é o único a dizer que o pão era de cevada, isto é, pão de pobre. Talvez sugerindo uma comparação com a multiplicação dos pães de cevada feita por Eliseu, como encontramos na primeira leitura de hoje (*2Rs* 4,42-44). O profeta com 20 pães alimentara cem pessoas. Jesus, com cinco, alimenta cinco mil. Logo mais, promete com um só, seu corpo, alimentar a todos, em todos os tempos e lugares.

Misturava-se muita coisa no pão, conforme o gosto e a técnica de cada família. Desde muito cedo a farinha ou o pão eram elementos para o sacrifício. Muitas vezes, no Antigo Testamento, o pão tinha forte carga simbólica, a começar com os pães da proposição: sobre uma mesa preciosa, revestida de ouro, no santuário, permaneciam doze pães (*Êx* 25,30), considerados sagrados, mudados aos sábados, feitos da flor da farinha e que só os sacerdotes podiam comer (*Lv* 24,5-9). Sabe-se, pela história, que nos banquetes oferecidos aos visitantes, nos tempos mais antigos do judaísmo, a refeição começava com a bênção do pão, pronunciada pelo dono da casa: "Louvado sejas, Javé, nosso Deus, Rei do mundo, que fazes crescer o pão da terra". E todos respondiam: 'Amém'. Então, o dono da casa partia o pão e o distribuía a todos. Era o pão da amizade. Jesus veio repetir esse gesto como dono da casa da nova família. Ele, nosso Deus, Senhor e Rei, vai dar-se como pão. Pão da fraternidade. Pão da salvação. Pão da nova e eterna aliança. Pão da vida sem-fim.

18º DOMINGO DO TEMPO COMUM

1ª leitura: Êx 16,2-4.12-15
Salmo: Sl 77
2ª leitura: Ef 4,17.20-24
Evangelho: Jo 6,24-35

Sabereis que eu sou o Senhor (Ez 13,23)

DO PÃO DE MOISÉS AO PÃO, QUE É CRISTO

Entre o evangelho do domingo passado (multiplicação dos pães) e o de hoje, o Evangelista conta o episódio de Jesus andando sobre as águas. A Liturgia lê esse trecho em outra ocasião. Hoje e nos próximos três domingos lemos o chamado 'Discurso Messiânico', também chamado 'Discurso Eucarístico' ou 'Discurso do Pão'. Chama-se 'messiânico', porque nele Jesus se autorrevela como enviado do Pai (vv. 29.57), para salvar a humanidade (v. 39) e introduzi-la na comunhão com Deus (v. 40). Chama-se 'eucarístico', porque Jesus se apresenta como bebida e comida de salvação (v. 35). João não conta a instituição da Eucaristia na Última Ceia, mas escreve um dos mais longos capítulos sobre o "pão que desce do céu para dar vida ao mundo" (v. 33), identificando-o claramente com o corpo e o sangue de Jesus (vv. 50-51; 54), dando-lhe ainda o sentido de 'palavra divina', capaz de 'dar vida', e fazendo da figura do pão a imagem da pessoa de Jesus (v. 35).

O 6º capítulo de João é de leitura bastante difícil. Sempre que faltam palavras, a linguagem teológica recorre a símbolos. Esse capítulo está cheio de símbolos. O símbolo vai além do que podemos perceber pelos sentidos. Se vejo desenhada uma pomba, meus olhos vão dizer que é uma pomba. Se vou além do que meus olhos veem, posso 'ver' nessa pomba a manifestação do Espírito Santo ou a expressão da paz.

Quando Jesus multiplicou o pão, o povo viu pão, cheirou pão, comeu pão (v. 26). Mas Jesus queria que eles fossem além do olfato e do gosto (v. 27) e vissem naquele pão multiplicado e comido um *sinal* (v. 26) "do alimento que permanece até a vida eterna" (v. 27).

Deus deixa-se encontrar

O Sermão Messiânico está repleto de decisões de fé. Logo no início (vv. 24-25) há dois verbos bastante ligados ao tema da fé: *procurar* e *encontrar*. Ocorrem em muitas passagens do Antigo Testamento (por exemplo: *Is* 55,6; *Jr* 29,13). Devemos sair à procura de Deus até encontrá-lo. O encontrar Deus é graça, por isso lembra que não é o homem que encontra Deus, mas é Deus que se deixa encontrar pelo homem (*Jr* 29,14; *Is* 65,1).

O procurar e o encontrar são momentos insubstituíveis da fé. O povo procurou Jesus. Um passo de fé, se tivesse ao menos uma admiração pelo milagre realizado. Sobre essa admiração poder-se-ia caminhar até a aceitação da divindade de Jesus. O povo encontrou Jesus, mas o capítulo todo vai mostrar que, de fato, não o encontrou, porque não reconheceu nele o Enviado do Pai (v. 29), o Filho do Homem, o Salvador (v. 27), o pão da vida (v. 35), e retira-se dele (v. 66). Se não o encontrou, foi porque as razões da procura não eram razões de fé.

Não estranha, então, que Jesus exigisse dos ouvintes, como condição de compreensão do que iria dizer, que "cressem naquele que Deus enviara" (v. 29). Essa crença é obra de Deus, é graça do Pai (*Jo* 14,6). Estamos num aparente círculo vicioso, que só se rompe quando nós, com toda a confiança, atiramo-nos para dentro do abismo de Deus, onde a razão deixa de responder às questões fundamentais do ser humano e ele, ultrapassando-se, encontra em Deus a resposta a todas as angústias existenciais.

A fé não dispensa a procura

Jesus pedia que cressem nele (v. 29). Ora, isso para os judeus era reconhecê-lo como Messias. Eles esperavam, segundo as tradições rabínicas, um Messias com o porte de Moisés, que repetisse os prodígios de libertação que realizara no deserto, sobretudo o milagre do maná, isto é, de um pão diário, vindo do céu, gratuito, adaptado ao gosto de cada um, que dispensasse o homem de trabalhar (*Sb* 16,20-22). Percebe-se que a multiplicação dos pães não fora suficiente. Era ainda um pão terreno, que acabara.

Jesus entra no raciocínio deles. Diz que o maná não era de Moisés, mas de Deus. E era alimento perecível, que sustentava apenas temporariamente (vv. 49 e 58). Deus está repetindo agora o gesto. Está mandando outro pão do céu. Dessa vez, verdadeiramente do céu (v. 32), isto é, divino e, portanto, que não acaba nunca e dá vida às criaturas (v. 33). Mas, se Jesus entrara no raciocínio deles, eles não foram capazes de penetrar no raciocínio de Jesus. E deram uma resposta muito parecida à da samaritana (*Jo* 4,15): "Dá-nos sempre deste pão" (v. 34). O povo quer é pão e pão de estômago, pão que lhe permita o lazer no lugar do trabalho. Jesus saciara a fome do povo (*Jo* 6,11-12). Ele não quer estômagos vazios. Mas não era disso que se tratava. Da fome de pão de forno Jesus quer chegar ao alimento vindo do céu: ele, o Filho de Deus salvador. E essa é uma questão de fé e não de percepção sensorial, como a fome e a sede, o calor e o frio. Repitamos mais uma vez: a fé pode servir-se dos sentidos, mas os ultrapassa necessariamente, chegando a dispensá-los.

A fé não dispensa a procura. Jesus mesmo pede para ir a ele (v. 35). Esse 'ir' implica crer nele, agir como ele, caminhar sobre seus passos, identificar-se sempre mais com ele e sua missão, crescer com ele. E não está excluído o caminhar ao Calvário com ele (*Lc* 9,23). Apesar de Jesus ser o Emanuel, isto é, o Deus-Conosco, ele não dispensou de procurá-lo. A criatura humana pode ser definida como um ser-à-procura. O objeto dessa procura, ainda que não pareça, é Deus, origem de todo o ser.

Jesus identifica-se com o Deus de Moisés

Três vezes, no 6º capítulo de João, Jesus diz "eu sou" (vv. 35; 48 e 51). Reflitamos um pouco sobre essa expressão. Ela tem muita importância no Evangelho de João. Quando Moisés perguntou a Deus qual era seu nome, Deus respondeu "Eu sou aquele que sou" (*Êx* 3,14), ou seja, Javé. Javé era o nome próprio de Deus e o povo tinha por esse nome tanta reverência que evitava pronunciá-lo, substituindo-o por Adonai (Senhor).

Os profetas foram acrescentando predicados ao "Eu sou": "Eu sou o Senhor que faço tudo, que sozinho estendo o céu e, com meu poder, firmo a terra" (*Is* 44,24); "Eu sou o primeiro, eu sou o último, fora de mim não há outro Deus" (*Is* 44,6); "Eu sou tua salvação" (*Sl* 35,3); "Eu sou o Senhor, teu Deus... não há salvador que não seja eu" (*Os* 13,4). Ao pôr na boca de Jesus a expressão "eu sou", João o faz de caso pensado, apontando sempre para a sua divindade, para a sua igualdade com o Deus único e altíssimo do Antigo Testamento. É, portanto, uma forma de 'revelação' de Jesus.

Jesus define-se como é em relação aos homens. "Eu sou o pão" (vv. 35; 41; 48; 51): é o pão, porque alimenta os homens e lhes dá a vida eterna (v. 47). "Eu sou a luz do mundo" (*Jo* 8,12; 9,5): é a luz, porque ilumina e faz conhecer os caminhos de Deus e dos homens, possibilitando a salvação. "Eu sou a porta" (*Jo* 10,7.9): é a porta, porque, só passando por ele, a criatura encontra a salvação. "Eu sou o pastor" (*Jo* 10,11): é o pastor, porque cuida dos seres humanos, guia-os, alimenta-os e por eles dá a vida. "Eu sou a videira" (*Jo* 15,1): é a videira, porque entre ele e a criatura há um ligamento vital. Poderíamos ainda lembrar: "Eu sou o caminho", "Eu sou a verdade", "Eu sou a vida" (*Jo* 14,6). Todos esses predicados definem a pessoa e a missão de Jesus. Pessoa e missão divinas.

19º DOMINGO DO TEMPO COMUM

1ª leitura: 1Rs 19,4-8
Salmo: Sl 33
2ª leitura: Ef 4,30-5,2
Evangelho: Jo 6,41-51

Anuncio-vos a vida eterna, que estava com o Pai, e nos foi manifestada (1Jo 1,2)

PÃO DA VIDA: DOUTRINA INIMAGINÁVEL

Por vários domingos seguidos, lemos o 6º capítulo do Evangelho de João, em que Jesus fala de sua origem divina, de sua missão salvadora, de sua mediação entre o céu e a terra; em que Jesus desenvolve e explica como nos dará a vida eterna, como podemos viver unidos a ele, feitos ramo em tronco; em que Jesus diz claramente que a fé deve ir além dos conhecimentos sensoriais e dos raciocínios da razão.

Em debate frontal, como gosta de fazer o quarto Evangelho, Jesus expõe a doutrina eucarística, doutrina inteiramente nova, inédita, inimaginável e até afrontosa aos sentimentos do povo que o escutava, porque a lei era rigorosa e detalhada no uso das carnes, vetava consumir sangue e proibia derramar sangue humano.

Se para nós hoje o raciocínio de Jesus parece claro, não o era para seus ouvintes. Podemos, porém, perguntar-nos: se é claro para nós, por que há tanta indiferença diante do corpo e do sangue do Senhor? Penso que a resposta é esta: porque é uma questão de fé e não apenas de religião; é uma questão de fé e não apenas de dedução lógica.

Aproximação
de Jesus e Moisés

O discurso aconteceu em Cafarnaum, na Galileia. Até esse momento, os ouvintes eram 'povo' (vv. 9.14), 'multidão' (vv. 2.5.22.24), 'eles' (vv. 28.34). Agora (v. 41) os interlocutores são chamados 'judeus'. Certamente a expressão não significa, aqui como em outras passagens, 'habitantes da Judeia', como seria de esperar. No quarto Evangelho, os que se opõem publicamente a Jesus são chamados indistintamente de 'judeus' (*Jo* 2,18; 5,10-18; 7,11.13; 10,31).

Os judeus murmuravam contra Jesus, por causa de suas afirmações. No deserto, exatamente no contexto da doação do maná, os judeus murmuravam contra Moisés (*Êx* 16,2.7). E Moisés dissera ao povo: "As murmurações de vocês não são contra mim, mas contra o Senhor" (*Êx* 16,8). O verbo 'murmurar' ocorre mais vezes no Antigo Testamento e traz sempre consigo a ideia de revolta contra Deus e de inconformidade com os fatos (por exemplo: *Êx* 17,1-7; *Nm* 14,1-4). Às vezes a murmuração aproximava-se da blasfêmia e da falta de fé (*Nm* 14,11). Os textos sagrados mostram que, apesar das murmurações, sempre prevaleceram a vontade e as determinações divinas. Ao empregar o verbo 'murmurar' nesse contexto, João, ao mesmo tempo que acentua a falta de fé, insinua que, de qualquer maneira, triunfará a verdade de Deus. Assim como as murmurações no deserto, na verdade, não eram contra Moisés, mas contra Deus, assim também agora a murmuração não alcança apenas a pessoa de Jesus, que eles acreditavam apenas homem, mas alcançava o próprio Deus, que o escolhera e o enviara.

A aproximação de Jesus e Moisés, dos feitos de Moisés e dos projetos de Jesus é comum nos Evangelhos, sobretudo em Mateus e João. Isso se prende não só ao fato de Moisés ter sido a maior personagem do Antigo Testamento, mais lembrada que os patriarcas Abraão, Isaac e Jacó, mas também pelo interesse das primeiras comunidades em dizer que a grandeza de Moisés fora superada, e superada a sua legislação. Quem tinha palavra decisiva agora era Jesus de Nazaré.

O que veem os olhos e o que vê a fé

Olhando friamente, os judeus tinham razão de estranhar a linguagem de Jesus. E João põe agora a razão principal (v. 42). Eles conheciam José e Maria e, portanto, sabiam quem eram concretamente seus pais. Como podia Jesus dizer que descera do céu? Outras vezes os adversários atiraram-lhe em rosto suas origens (*Mc* 6,3; *Mt* 13,55). Apesar da misteriosa encarnação, Jesus era conhecido como filho de José (*Jo* 1,45).

Estamos de novo diante do tema da fé. Os olhos do corpo veem apenas o parentesco físico; o bom senso (grande tesouro que Deus deu à criatura humana) vai pouco além dos sentidos e da vivência. Nesse capítulo 6, João põe-nos diante de uma decisão essencial: ou ficamos com Jesus meramente homem (e então todos os predicados atribuídos a ele, por maiores que sejam, não passarão de humanos e, portanto, até mesmo falíveis) ou reconhecemos com todo o nosso ser e além de nossa compreensão que ele é o Filho de Deus, descido do céu. A essa conclusão chegou Pedro (vv. 68-69), apesar de todas as suas limitações como pessoa.

A essa mesma conclusão queria Jesus que chegassem seus ouvintes. Aceitando-o como enviado de Deus, aceitaremos sua palavra, seu ensinamento, sua verdade, porque o que diz "são palavras de vida eterna" (v. 68) e sua verdade é "espírito e vida" (v. 63). Muitas vezes o Evangelho de João põe-nos diante de uma decisão radical, pessoal, sem meio--termo. A aceitação de Jesus, embora nos exija a humildade e o reconhecimento de que nada podemos sozinhos (*Jo* 15,4-5), implica um sincero esforço de nossa parte, uma caminhada. É nesse esforço pessoal, na abertura e iluminação desse caminho que entra o Espírito Santo e faz-nos compreender a origem e a missão de Jesus, seus ensinamentos e sua paixão, sua páscoa e glorificação. Na Última Ceia dirá Jesus: "O Espírito Santo, que o Pai enviará em meu nome, ensinar-vos-á tudo" (*Jo* 15,26). Só o Espírito Santo de Deus é capaz de fazer-nos aceitar que da morte de Cristo nasça a nossa vida. Só o Espírito Santo é capaz de fazer-nos distinguir "o pão que perece" (vv. 27.48) do "pão que permanece e dá a vida eterna" (vv. 27.51). Voltamos a acentuar: ainda que a fé exija o empenho humano, ela é "obra de Deus" (v. 29). A religião costuma ser obra humana, ainda que seja a forma externa de adoração ao Deus único. Por isso ela varia de cultura em cultura. A fé é e sempre será graça divina.

O próprio Senhor será o mestre do povo

Os judeus aceitavam a autoridade dos profetas mortos, ao menos formalmente. Jesus apela para o argumento da autoridade e cita (v. 45) um texto adaptado de Isaías ou de Jeremias. Na nova Jerusalém (quando viesse o Salvador), "todos serão discípulos do Senhor" (*Is* 54,13). "Quando eu fizer a aliança nova ... ninguém ensinará, porque todos me reconhecerão, dos maiores aos menores, ... já que escreverei a minha lei em seu coração" (*Jr* 31,33-34). Os tempos chegaram. Os que ali escutavam Jesus ouviam o próprio Deus e dele eram discípulos. E porque só ele "está junto de Deus" (v. 46), só ele é a voz do Pai. E está dizendo, com toda a autoridade, que veio do céu como enviado do Pai para dar a vida eterna aos homens, e essa vida é dada pela comida de sua carne (v. 51). Mas não é o comer eucarístico que dá a vida, mas a fé no Senhor Jesus (v. 47).

Ainda uma observação. Neste capítulo, fala-se muito em 'vida eterna'. Eterno, aqui, não quer dizer só a vida depois da morte. Tanto indica a vida depois da morte quanto a vida presente, porque 'eterno', aqui, é sinônimo de 'divino'. Quem crê participa, já na vida presente, da vida divina. No capítulo anterior, Jesus dissera: "Quem escuta a minha palavra tem a vida eterna" (*Jo* 5,24). O verbo no presente refere-se à vida de agora, que se torna vida divina pela vivência crística. A palavra 'vivência' traduz bem o 'escutar' do Evangelho de João.

20º DOMINGO DO TEMPO COMUM

1ª leitura: Pr 9,1-6
Salmo: Sl 33
2ª leitura: Ef 5,15-20
Evangelho: Jo 6,51-58

Tu me restabelecerás e me farás viver (Is 38,16)

A COMUNHÃO DA VIDA DIVINA COM A VIDA HUMANA

Continuamos a leitura do 6º capítulo do Evangelho de João. Alcançamos o auge do discurso sobre o *pão da vida*. A primeira leitura (*Pr* 9,1-6) vem-nos recordar o quase costume da Bíblia de comparar a felicidade de estar com Deus a um banquete, fazendo expressa referência ao pão e ao vinho (v. 5) e pondo o banquete dentro do contexto da 'sabedoria', isto é, do gosto pela presença de Deus e pela convivência com ele.

O pão, tanto nos Profetas quanto nos livros Sapienciais, relaciona-se quase sempre à vida humana, ganha, desde o paraíso terrestre, com "o suor do rosto" (*Gn* 3,19). Enquanto o vinho, por sua qualidade inebriante, muitas vezes vem relacionado com o divino. No capítulo 6 de João não ocorre o vinho, como na Última Ceia (*Lc* 22,18). Mas é ainda João que, na Última Ceia, traz a belíssima alegoria da videira. A comunhão com Deus é comparada à comunhão do ramo com o tronco (*Jo* 15, 4). O que quero dizer é que, no trecho de hoje, o divino e o humano tocam-se, entrelaçam-se, como se entrelaçam na Eucaristia, como se unem inseparavelmente na própria pessoa de Jesus.

Ao usar a figura do pão, portanto, Jesus põe-se dentro da simbologia conhecida pelo povo, mas ultrapassa o linguajar simbólico dos Profetas e dos Livros Sapienciais: dá um novo significado ao pão, como dará, na Última Ceia, um novo significado ao vinho. Não será a figura do pão que vai escandalizar os ouvintes de Jesus, mas o novo sentido que lhe dá, exatamente no trecho que lemos hoje.

Vida: um tesouro, embora precário

Além da palavra 'pão', há outras duas palavras essenciais para entender-se o ensinamento de Jesus: *vida/viver* e *carne*. Bem, nove vezes aparece no trecho de hoje a palavra vida/viver. Todos nós concordaremos que a vida é o maior tesouro que temos. Que significado poderia ter todo o ouro do mundo para um morto? Ou que adiantaria para um morto a sabedoria de todas as enciclopédias? No entanto, esse tesouro, com toda a sua grandeza e dignidade, é precário. O Eclesiástico compara-o a uma gota caída no mar, a um grãozinho de areia no deserto (*Eclo* 18,10); Jó e o Salmista comparam a vida das criaturas a um sopro (*Jó* 7,7; *Sl* 39,6); em outro salmo encontramos uma figura um pouco mais positiva: a vida assemelha-se a uma flor do campo, frágil diante do vento mais brando (*Sl* 103,15).

A fragilidade é acentuada para que apareça com mais força a qualidade eterna da vida de Deus, chamado "O Vivente" (*Jr* 10,10). O homem – de vida curta e atribulada – sonha com uma vida eterna e feliz. Deus – fonte inexaurível de toda a vida e vivo desde sempre para sempre – quer repartir com as criaturas sua vida, quer fazer com elas uma comunhão. O sonho da criatura encontra-se com o desejo/vontade de Deus na pessoa de Jesus de Nazaré. Jesus afirma que tem a mesma vida do Pai (v. 57) e é essa vida divina, eterna, que ele oferece a todos os que nele crerem (vv. 29.47). O Apocalipse põe na boca de Jesus estas palavras: "Eu sou o vivente. Estive morto, mas vivo pelos séculos dos séculos. Eu tenho as chaves da morte" (*Ap* 1,18).

Quando a vida nasce da carne

João é chamado o Evangelista da Vida, por fazer dessa palavra um dos fundamentos do seu Evangelho, chamando o próprio Cristo simplesmente de "Vida" (*Jo* 11,25) e afirmando que a razão principal da encarnação do Filho de Deus foi dar à criatura humana a vida eterna (*Jo* 3,16; 6,40; 10,10; 17,2). Essa verdade é claríssima no 6º capítulo, que estamos lendo. Não discutimos aqui o que seja a vida, mesmo porque a palavra *vida/viver* no trecho de hoje pode ter vários significados e, provavelmente, todos eles. Quando Jesus afirma: "vivo pelo Pai" (v. 57), refere-se à vida divina no seio da Santíssima Trindade, "consubstancial ao Pai", como ensina o Credo. Quando diz que foi "enviado pelo Pai" (v. 57) e é o "pão descido do céu" (v. 51), refere-se à sua encarnação, à sua vida humana biológica, começada no seio de Maria, sem despir sua vida divina. Quando Jesus se declara "pão vivo" (v. 51), pensamos na Eucaristia, sacramento da vida, em que, de forma misteriosa, mas real, está presente e vivo o Cristo Deus/Homem, o Cristo encarnado da Anunciação, o Cristo transfigurado e glorioso da Páscoa.

A outra palavra-chave é carne. Os Sinóticos (Mateus, Marcos e Lucas), ao falar da Eucaristia, empregam o termo 'corpo' (*Mt* 26,26; *Mc* 14,22; *Lc* 22,19). João emprega a palavra 'carne', que, em nossa língua, soa um tanto dura e crua. Já ao contar a Encarnação, João dissera: "O Verbo fez-se carne" (*Jo* 1,14). Como em hebraico e aramaico não existe uma palavra para dizer 'corpo', João estará mais perto da verdadeira palavra empregada por Jesus.

Quando lemos a palavra 'carne', na Sagrada Escritura, precisamos prestar atenção ao seu significado dentro do contexto. Pode significar pessoa humana (*Jo* 1,14), natureza humana (*Jo* 3,6; *Rm* 1,3) todo o mundo (*1Pd* 1,24), condições humanas (*Fl* 3,3ss), a aparência exterior (*Jo* 7,24), a fraqueza moral (*Rm* 8,8), um costume aceito por todos (*Ef* 6,5), o oposto a espírito e espiritual (*Gl* 3,3) e pode ter vários outros sentidos. Aqui, no 6º capítulo de João, Jesus refere-se verdadeiramente a seu corpo que, na encarnação, assumiu toda a condição humana, exceto o pecado (*Hb* 4,15).

Para que vivêssemos por ele (1Jo 4,9)

Ligados a *vida/viver* e *carne*, estão outras duas palavras: *alimentar*-se (comer) e *permanecer*. O alimentar-se (v. 51) aqui deve ser lido em sentido concreto de 'comer'. É impressionante como Jesus serve-se de uma das ações mais corriqueiras do ser humano, o comer, para dele fazer um trampolim para a vida eterna. Assim como o corpo que não se alimenta morre, também a criatura que não comunga Cristo não terá a vida eterna (v. 53). A linguagem de Jesus é espantosamente concreta.

Mas esse comer tem uma consequência excepcional. Quando comemos, destruímos a comida. Quando comungamos o corpo do Senhor, faz-se uma comum/união, uma comunhão conosco. É esse o sentido do permanecer. Longe de ser um verbo de tranquila passividade, o verbo permanecer se traduziria bem por vivenciar. Nós e Cristo formamos uma comunhão e, nele, entramos em comunhão com o Pai, com a vida divina, a vida eterna (vv. 51.58). Isso significa que devemos fazer uma unidade com ele também no nosso modo de pensar e agir, julgar e ser. São Paulo compreendeu essa verdade muito bem, quando dizia que vivia no Cristo e Cristo vivia nele (*Gl* 2,20). Comendo o corpo do Senhor, encontramos nele a fonte da vida, o sustento para a nossa caminhada, a garantia da imortalidade. Comendo o corpo do Senhor, devemos fazer do modo de ele viver o nosso modo de viver, do caminho dele, ainda que passe pelo Calvário, o nosso caminho. Por isso, tanto a carne de Jesus é nossa eucaristia, quanto o nosso dia a dia torna-se uma eucaristia que, em Cristo, será de pleno agrado do Pai. E faz-se plena realidade o desejo de Jesus na Última Ceia: que todos sejam um com ele como ele é um com o Pai (*Jo* 17,21).

21º DOMINGO DO TEMPO COMUM

1ª leitura: Js 24,1-2a.15-17.18b
Salmo: Sl 33
2ª leitura: Ef 5,21-32
Evangelho: Jo 6,60-69

Conserva minhas palavras em teu coração e viverás (Pr 4,4)

CRISTO: ÚNICO PONTO DE REFERÊNCIA DA CRIATURA HUMANA

Lemos a parte final do longo e fundamental capítulo 6 de João, o discurso durante o qual Jesus se declara Deus igual ao Pai (v. 46) e por ele enviado ao mundo (vv. 29.44) para dar às criaturas um alimento divino, capaz de garantir-lhes a imortalidade (vv. 50.51.58). O alimento seria a carne e o sangue de seu corpo (vv. 54.55), oferecidos a todos que cressem nele. É clara a condição posta por Jesus: crer que ele (vv. 29.40.47), Jesus de Nazaré, conhecido como o filho de Maria e do carpinteiro José (v. 42), é o Filho de Deus (v. 46), descido do céu (v. 42), o Messias Salvador (v. 44), a quem nada é impossível (*Lc* 1,37).

Jesus reconhece que esse ensinamento é novo e difícil de compreender (v. 27), sobretudo quando se tem grande apego às coisas temporais, ao pão-nosso de cada dia (v. 26). Para preparar o ânimo e o coração, Jesus multiplicara o pão e os peixes (vv. 11.12), mas o milagre não abrira as mentes daquele povo, fortemente agarrado aos sentidos e à áspera concretude da vida diária. Jesus procurou dizer-lhe que não é a inteligência que conta, mas a fé (v. 29), que pode começar pela admiração dos sinais (milagres), mas se concretiza e cresce na escuta e prática de seus ensinamentos (vv.28.29; *Lc* 8,21), e completa-se na comunhão de pensamento, ação e destinos.

Jesus reconhece que o ser humano, com seu raciocínio e sua experiência, não consegue alcançar uma doutrina vinda diretamente do céu (vv. 32.33) e que ultrapassa todas as possíveis expectativas humanas. Por isso, a aceitação da doutrina é graça de Deus ao alcance de todos (vv. 37.45.65).

Palavras duras, mas divinas

O Evangelho de João distingue-se pelas contínuas dicotomias, isto é, pela colocação de dois termos antagônicos, duas opções contrárias, deixando ao leitor a escolha, depois dos argumentos pró e contra apresentados: luz x trevas, dia x noite, pecado x graça, Deus x diabo, espírito x carne, sim x não. Também hoje o ouvinte de Jesus é posto diante de uma alternativa, depois da doutrina proposta por Jesus. Ou aceitamos ou não aceitamos. Não há terceira opção.

As palavras de Jesus eram duras, inéditas, contrárias aos costumes, mas apresentadas como vindas do céu (v. 50), com autoridade divina, por alguém que se dizia enviado do Pai (v. 57), que apresentava todas as qualidades e fazia os milagres previstos pelos profetas (v. 14).

A dureza das palavras de Jesus referiam-se a quatro assuntos sobretudo. Primeiro, a afirmação de que vinha do céu, enviado do Pai (vv. 38.42). Aceitar isso seria reconhecê-lo divino e com autoridade divina e, portanto, capaz de ensinamentos novos e verdadeiros. Segundo, o poder que ele dizia ter de ressuscitar os mortos (v. 54). Os judeus estavam divididos quanto à ressurreição. Os fariseus ensinavam que os mortos ressuscitariam. Os saduceus não aceitavam a ressurreição. Parte do povo seguia os fariseus e parte os saduceus. Terceiro, o problema de comer carne. Havia leis muito rígidas para o consumo da carne dos animais. Que dizer de carne humana? Quarto, a impossibilidade de se beber sangue, já que a lei mosaica era de extremo rigor para quem consumisse sangue (*Lv* 17,10.14).

Palavras de espírito e vida

Há uma escolha a fazer. Há uma decisão a tomar. Estamos no terreno da fé, que não se mede pelos sentidos nem se abrange pela inteligência. Uma decisão que não se justifica pelo saber-ciência, mas pelo saber-gosto das coisas de Deus. Os discípulos e os apóstolos estão diante de um escândalo (v. 61), palavra que, em seu sentido primitivo, significa obstáculo, 'pedra de tropeço', diante da qual precisamos prestar atenção para não cair e perder a meta. Também a cruz de Jesus será um escândalo (*1Cor* 1,23). Não se trata só de aceitar o chamado 'mistério eucarístico', mas todo o mistério de Cristo, Filho de Deus, igual ao Pai, tornado Messias pelo envio do Pai e encarnado no seio de Maria por obra e graça do Espírito Santo, para ser o salvador único de todas as criaturas.

Jesus mostra-se compreensivo com os discípulos duvidosos. E dá-lhes outra garantia: ele, que descera do céu, subirá novamente ao céu (v. 62), lugar onde sempre estivera.

Novamente João joga com duas palavras opostas: espírito e carne (v. 63). Carne, aqui, significa o modo de raciocinar humano, dentro do que alcançam os sentidos, a inteligência e a vontade. Essas qualidades, ainda que ótimas e ainda que todas juntas, são insuficientes para abranger as verdades de Deus. "Não servem para nada" (v. 63), quando se trata do mistério divino. Jesus sugere que se vá além da lógica humana, pequena pelo fato de estar numa criatura, deteriorada pelo pecado e enquadrada pela morte. E propõe seguir a lógica divina, que ele chama de 'espírito' e tem como horizonte infinito a vida, exatamente a vida que ele oferecia aos ouvintes, e que ele chamou de "vida eterna" (v. 54), uma vida imperecível como Deus. Jesus é explícito: não falava em linguagem humana, mas divina (v. 63).

És o Senhor, o Santo de Deus

É necessária uma escolha. O Cristo, que trouxe a salvação sem perguntar a ninguém, só a dá a quem a procura e a escolhe. Como gostava de repetir o Papa João Paulo II, quando falava do relacionamento entre ciência e fé, a verdade, por sua natureza, nunca é imposta, mas proposta. As grandes verdades divinas não se apreendem pelo intelecto, repetimos, mas pela adesão dinâmica da fé. A fé implica uma decisão. A palavra 'decisão' traz consigo a ideia de corte, de cisão. Ao escolhermos o *sim*, cortamos com o *não*; ao escolhermos o *não*, perdemos o *sim*.

Isso aconteceu no final do discurso messiânico, do "pão descido do céu para a vida do mundo" (vv. 50.51). Impressiona como Jesus mantém firme sua doutrina, nada retirando dela, ainda quando "muitos de seus discípulos se retiraram" (v. 66). Do pequeno grupo sobrante, que João chama 'os Doze', ainda é lembrado que um deles o entregará (v. 64), igualando-se a um diabo (v. 70). O grupo dos Doze estará reduzidíssimo ao pé da Cruz. Vêm bem aqui as palavras de São Paulo aos Romanos: "Considera a bondade e a severidade de Deus. Para com os caídos, a severidade; para contigo, a bondade, se permaneceres na bondade. De outro modo também tu serás cortado. E eles, se saírem da incredulidade, serão enxertados, pois poderoso é Deus para os enxertar de novo" (*Rm* 11,22-23).

As palavras de Pedro (v. 69) são uma completa profissão de fé. Jesus podia tê-la esperado de todos os catequizados. Seria a resposta normal de quem sonhava com a imortalidade, de quem rezava continuamente com o salmista: "Não morrerei, mas viverei para proclamar as obras do Senhor" (*Sl* 118,17). Pedro chama Jesus de *Senhor* (v. 68), um título reservado a Deus, professando assim sua divindade. Chama-o o *Santo de Deus* (v. 69), reconhecendo-o como o Messias, "que deveria vir ao mundo" (v. 14), o "enviado do Pai", como Jesus se definira (v. 38). Pedro declara ser Jesus o único ponto de referência da criatura humana: "A quem outro iríamos?" (v. 68). E dá a razão da segurança desse ponto: "Tens palavras de vida eterna" (v. 68), em que o verbo *ter* significa a onipotência de Jesus, por ser Deus, e *vida eterna* significa a razão pela qual o Filho de Deus veio ao mundo.

22º DOMINGO DO TEMPO COMUM

1ª leitura: Dt 4,1-2.6-8
Salmo: Sl 14
2ª leitura: Tg 1,17-18.21b-22.27
Evangelho: Mc 7,1-8.14-15.21-23

Vivencia no teu coração os meus preceitos (Pr 3,1)

NENHUMA TRADIÇÃO ESTÁ ACIMA DO AMOR FRATERNO

A lição de Jesus dá-se em três momentos diferentes, poderíamos dizer, em três quadros. No primeiro, dirige-se a fariseus e escribas vindos de Jerusalém. É sabido que a classe dos fariseus era apegadíssima às leis e às tradições e esforçava-se por cumpri-las ao pé da letra. Os escribas, a princípio simples copistas, haviam conseguido impor-se como intérpretes das leis e dos costumes. Observe-se que Marcos diz expressamente que tinham vindo de Jerusalém: vir de Jerusalém reforça a autoridade da pergunta que fazem a Jesus e a supremacia de Jesus sobre todas as leis e tradições, ainda que consideradas intocáveis e sacras. No mesmo quadro aparecem os Apóstolos, futuros condutores do povo, substitutos, portanto, dos fariseus e dos escribas. Substitutos, mas com uma nova mentalidade, nova doutrina, novo modo de interpretar as leis e as tradições.

No segundo quadro encontramos o povo anônimo, manipulado e explorado pela classe religiosa dominante (Mt 23,4). Mais vezes os Evangelhos dizem que Jesus tinha compaixão da multidão (Mt 9,36), que mais parecia "um rebanho sem pastor" (Mc 6,34), apesar de tantos que, em nome de Moisés, impunham-lhe pesados fardos legais às costas, humilhando-o ao extremo (Mt 23,23). Fora para esse povo sofrido que Jesus viera em primeiro lugar (Mt 11,28) e viera para libertá-lo e propor-lhe um fardo suave (Mt 11,30).

O terceiro quadro passa-se na intimidade da casa: Jesus e os discípulos, que comentam o mesmo assunto das leis e tradições. Também os discípulos tinham o coração duro e fechado para as novidades ensinadas por Jesus. Também eles carregavam o peso das tradições e a humilhação de serem considerados pecadores, por não terem condição de cumprir os 248 mandamentos e as 365 proibições estabelecidas pelos doutores da lei. Pedro e André, Tiago e João pertenciam aos 'pecadores', porque, sendo pescadores e devendo trabalhar a desoras, era-lhes impossível a observância de todas as leis. Mateus era um 'pecador público', por ser publicano, isto é, cobrador de impostos. Podemos imaginar com quanto interesse e conhecimento de causa os Apóstolos ouviram a lição de Jesus.

**A oração passa
pelo coração**

Marcos não escreve o Sermão da Montanha, como o fizeram Lucas (6, 17-49) e, sobretudo, Mateus (5, 6 e 7). Mas, no Evangelho de hoje, transmite uma regra básica de moral, que bem pode substituir os ensinamentos do Sermão da Montanha: Jesus, grande conhecedor do coração humano, diz-nos que a consciência (o coração) é a raiz, a fonte e o fator decisivo das boas ou más ações da criatura humana. A oração mecânica, apenas dita com os lábios, é insuficiente. É preciso que se reze com o coração, isto é, com a participação de todo o nosso ser.

Os que cumprem as leis e os preceitos apenas em sua parte externa, formal, não louvam a Deus. Também não louva a Deus quem cumpre todas as leis no que elas têm de externo, mas não tira a maldade de seu coração. O pior de todos, porém, é aquele que não sabe, ou finge não saber, distinguir o bem e o mal. O Novo Testamento não estará sob o guarda-chuva da lei, mas sob o guarda-sol do amor.

**Um povo com história
é um povo com tradições**

Os povos antigos tinham muito mais tradições do que nós, hoje. A tradição era a transmissão oral de fatos ou ensinamentos ligados às raízes do povo e à crença religiosa. A maioria dos povos antigos não conhecia a escrita. Todos os ensinamentos eram passados de forma oral e com grande fidelidade. Havia muito respeito pela tradição. Ela possuía, até, um valor normativo paralelo às leis.

Os hebreus sempre foram ricos em tradições. Muitas delas foram postas por escrito. Outras muitas continuaram de forma oral. A ceia pascal, por exemplo, era um momento privilegiado em que o pai de família recontava aos filhos e familiares a saída do povo do Egito, os feitos maravilhosos acontecidos na travessia do deserto e o grande momento do Monte Sinai, quando Deus sancionara os dez mandamentos, que se tornaram a base da reconstrução do povo repatriado.

Alguns grupos se apegavam com exagero às tradições – coisas mínimas, às vezes, como a lavação dos copos e o número de vezes que se devia lavar as mãos por dia. Muitas dessas leis haviam sido criadas e impostas pelos fariseus ou por grupos de mentalidade farisaica extremada, que pretendiam levar todo o povo a observar em casa as normas prescritas por Moisés só aos sacerdotes a serviço no templo. E o faziam com a intenção boa de 'preparar' para Deus um povo que fosse todo ele sacerdotal e santo, onde quer que estivesse.

A letra da lei e as razões do coração

Jesus sempre respeitou as tradições do povo. Mas repreendeu o exagero, isto é, a tradição tornada um peso, um empecilho para a boa convivência e para a verdadeira oração. Jesus condenou também a obediência às leis apenas na sua parte formal e não no seu sentido. Esse vício se chama 'legalismo'. Era bastante comum no tempo de Jesus. A criatura humana religiosa, quando insegura e imatura, tem tendência ao legalismo. Os doutores da lei ensinavam que bastava o cumprimento da lei e dos preceitos ao pé da letra, isto é, na sua parte externa, não importando a intenção ou os sentimentos do coração. Ainda hoje existe um aforismo jurídico: o juiz não julga as razões do coração. Ora, Jesus queria fundamentar o Novo Testamento nas atitudes do coração, "no espírito e na verdade", como dissera à Samaritana (*Jo* 4,24). Daí ter combatido de muitas maneiras o legalismo.

Havia ainda outro problema moral a superar. Os fariseus observantes desprezavam os que não cumpriam todos os preceitos, sem perguntar pelas razões. No Novo Testamento, na nova doutrina de Jesus, desprezar o irmão, por qualquer razão que seja, é mais grave do que não cumprir uma lei humana, porque fere uma lei divina: o amor ao próximo. Entre os 'pecadores' estavam os pagãos. É comovente a passagem dos Atos, quando Pedro, hebreu, entra numa casa 'pagã': "Bem sabeis que é proibido a um judeu aproximar-se de um estrangeiro ou ir à sua casa. Todavia, Deus me mostrou que nenhum homem deve ser considerado profano ou impuro. Por isso vim, sem hesitar" (*At* 10,28).

Para os fariseus havia uma quantidade quase inumerável de impurezas, de coisas, cujo toque tornava impura a pessoa. Jesus aproveita a oportunidade para dar uma lição sobre o que é verdadeiramente impuro e o que torna impura a criatura. Não são os preceitos. Nem as tradições. Nem o tipo de comida. Nem as espécies de animais. Mas é a maldade que sai do coração. 'Coração' é aqui tomado como pessoa: mente, vontade, sentimentos. Todos nós temos a experiência da maldade. Já o livro do Gênesis afirmava que o coração do homem tem inclinação para a maldade desde a infância (*Gn* 8,21). Jesus conhece bem esse coração. E é esse interior do ser humano que lhe interessa curar, converter, isto é, fazer com que ao invés de se inclinar para o mal, se incline para o bem. Na lista dos pecados elencada por Jesus (vv. 21 e 22) está a insensatez, ou seja, a falta de juízo crítico: não saber distinguir entre o bem e o mal e, por isso, ser incapaz de escolher o que é melhor.

23º DOMINGO DO TEMPO COMUM

1ª leitura: Is 35,4-7a
Salmo: Sl 145
2ª leitura: Tg 2,1-5
Evangelho: Mc 7,31-37

Deixa-me escutar a tua voz! (Ct 8,13)

ADMIRAÇÃO E ENTUSIASMO: PRÉ-ETAPAS DA FÉ

A iniciação à fé, na Sagrada Escritura, é muitas vezes comparada à cura de surdos e mudos, porque só quem tem fé é capaz de ouvir Deus e de conversar com ele em oração. A cura do surdo acontece em terras pagãs. Com isso Marcos quer dizer que também os pagãos são chamados à fé e à comunhão com Deus. A cura de surdos e mudos era um milagre previsto como prova da messianidade (Is 35,5). O povo, que não sabemos se eram hebreus na diáspora ou pagãos, elogia a bondade de Jesus e sua força divina.

A admiração e o elogio fazem parte dos caminhos da fé. Mas é preciso ir mais adiante e, tirando as lições do milagre, abrir os ouvidos para escutar "as palavras de espírito e vida" (Jo 6,63) do divino Mestre e proclamá-las por toda a parte e publicamente (Mt 10,27). Ouvir e proclamar significa primeiro encarná-las em nosso comportamento diário, em particular e na sociedade, a tal ponto de nossas iniciativas estarem impregnadas de seus valores.

O surdo era (talvez ainda o seja) o cidadão mais infeliz, pela dificuldade de comunicação. Mais infeliz, porém, é quem se faz de surdo diante da voz de Deus e de mudo diante da comunidade, porque todo ser humano nasce para a comunhão, que pressupõe a comunicação. Os que se fazem surdos e mudos na sociedade, talvez, sejam bem mais numerosos do que os que nascem assim deficientes. É possível que lhes falte quem, como no Evangelho de hoje, conduza-os a Jesus, desperte-lhes a admiração que, por sua vez, gera o entusiasmo, uma das possíveis raízes humanas da fé.

Tiro e Sidônia: terras pagãs

Vejamos as cidades e regiões que vêm mencionadas. Tiro era uma ilha-porto ao norte da Palestina, fora das três províncias (Judeia, Samaria, Galileia) em que se concentravam os judeus. Ficava na Siro-Fenícia, um território considerado pagão pelos judeus. No Evangelho de hoje, portanto, Jesus encontra-se entre os pagãos. Talvez levado pelo interesse dos tírios em ouvi-lo, já que em *Mc* 3,8 se diz que entre a multidão que acorrera para escutar as palavras de Jesus encontravam-se habitantes de Tiro e Sidônia. Esta ficava ainda mais ao norte. Rivalizava com Tiro pela antiguidade e pelo comércio, sobretudo de pesca. Não é estranho encontrar Jesus na estrada e longe. Ele era um mestre itinerante.

Atravessar a região da Decápolis significa que Jesus não desceu pelo caminho costumeiro que atravessava a Galileia, mas pelo lado oriental do Jordão. Decápolis é uma palavra grega e quer dizer: 'conjunto de dez cidades'. A população, quase toda 'pagã', embora de origem semítica, falava o grego. A região pertenceu um tempo ao reino israelita. No ano 63 a.C., quando o general romano Pompeu invadiu a Palestina, separou-as de Israel e deu a cada uma um governo próprio, autônomo. Elas, as dez, interligavam-se por um pacto de aliança. Não se sabe exatamente quais eram as dez cidades. A mais conhecida certamente era Damasco. Tudo indica que, por altura do ano 44 d.C., elas foram anexadas à província romana da Síria. Várias vezes Jesus visitou, ou ao menos atravessou, essa região. Há bons autores que localizam na Decápolis a segunda multiplicação dos pães (*Mt* 15,32-39; *Mc* 8,1-10).

Curas que provam ser Jesus o Messias

Quase sempre quem é surdo de nascença também é mudo. A palavra hebraica e grega para indicar o curado de hoje tanto significa 'surdo' como 'mudo'. O profeta Isaías, 750 anos antes de Cristo, ao descrever o momento em que Israel seria salvo pelo poder divino, dissera (é a primeira leitura de hoje) que os ouvidos dos surdos se abririam e os olhos cegos passariam a ver (*Is* 35,5). Por isso mesmo, a cura do surdo no Evangelho de hoje e a do cego de Betsaida (*Mc* 8,22-26) foram consideradas como prova da missão messiânica de Jesus. O próprio Jesus dá esses milagres como sinal a João Batista de que ele era o Messias (*Mt* 11,2-6; *Lc* 7,18-23). Marcos é o único Evangelista a contar a cura do surdo.

Evidentemente, Jesus não precisava de tanta cerimônia para curar o surdo. Mas ele, o surdo, provavelmente era pagão. Além disso, não podendo ouvir a palavra de Jesus, precisava de gestos visíveis para compreender que estava sendo curado por uma força divina. Aliás, Jesus não usou de gestos desconhecidos. A saliva, em todos os povos, tem algum sentido terapêutico. As mães sabem disso. Em muitas culturas supunha-se que a saliva era a concreção do hálito que, por sua vez, era símbolo do espírito que dá a vida (*Gn* 2,7). Todos sabem também que o tocar com a mão ou com o dedo significa vontade de transmitir ou receber alguma força. A Igreja conservou no ritual do Batismo os gestos de Jesus na cura do surdo. (Na Liturgia reformada pelo Concílio Vaticano II, esse passo é facultativo.) Isso para dizer que o Batismo abre ao catecúmeno os ouvidos, para escutar a palavra de Deus, e solta a língua, para que possa proclamar a bondade paterna de Deus.

Há um pormenor digno de nota. Para fazer o milagre, Jesus afasta-se da multidão com o doente. Nas regiões onde o helenismo (influência da cultura grega) era forte, havia muitos magos e curandeiros. Eles agiam sempre no meio da multidão, com grande sensacionalismo e propaganda. Jesus não podia passar por simples curandeiro. As curas que fazia, além de aliviar e tirar o sofrimento, tinham a finalidade de reforçar a fé em sua missão divina. A fé, antes de tudo, é uma questão pessoal.

Escuta e diálogo

Jesus tinha poderes divinos e, portanto, podia curar o surdo. No entanto, "eleva os olhos para o céu" (v. 34), como fizera antes do milagre da multiplicação dos pães (Mc 6,41), para significar que toda a força vem do alto, do Pai, origem de todos os bens. Saliva, língua, mão, doença, são coisas e fatos reais. Coisas físicas, diríamos. Jesus une maravilhosamente a realidade ao espiritual, a criatura necessitada e fragilizada ao Criador sempre desejoso de repartir seus dons. Todos nós, ainda que batizados, trazemos um pouco do surdo de hoje, quando não sabemos ligar as realidades terrenas a Deus, Sumo Bem e fonte de toda a vida.

Observe-se ainda que primeiro se lhe abrem os ouvidos, depois o mudo começa a falar. Isso não é por acaso. Na prática, uma criança primeiro escuta, depois aprende a falar. Acontece na caminhada da fé a mesma coisa. Primeiro devemos escutar (lembremos mais uma vez que 'escutar', na Bíblia, tem mais o sentido de 'pôr em prática', 'encarnar', 'vivenciar', do que ouvir fisicamente com os ouvidos). Só pode proclamar a alegria da fé quem a vive. Se falo de Deus, sem havê-lo escutado primeiro, certamente estarei falando de mim mesmo. Aliás, quem não sabe escutar não sabe dialogar.

A frase dita pelo povo: "Fez bem todas as coisas" (v. 37) evoca o texto do Gênesis, ao criar Deus o homem: "Deus viu tudo quanto havia feito e achou que estava muito bom" (Gn 1,31). O homem curado por Jesus, que escuta a palavra de Deus e a proclama, fazendo comunhão com Deus e com a comunidade, é a criatura elevada novamente àquela dignidade primitiva, antes do pecado. A missão de Jesus pode ser definida como uma recriação do mundo.

24º DOMINGO
DO TEMPO COMUM

1ª leitura: Is 50,5-9a
Salmo: Sl 114
2ª leitura: Tg 2,14-18
Evangelho: Mc 8,27-35

Todos os que desejam viver santamente
no Cristo Jesus deverão sofrer (2Tm 3,12)

A PROCURA DE COMPANHEIROS
PARA A MORTE E A RESSURREIÇÃO

O texto de hoje divide a primeira e a segunda parte do Evangelho de Marcos. Na primeira parte, ele procurou de muitas maneiras responder à pergunta: "Quem é este Jesus?" A pergunta é feita por fariseus, miraculados, demônios, discípulos e, hoje, provocada pelo próprio Jesus. A resposta é dada por Pedro: "Tu és o Cristo" (v. 29), ou seja, o Messias esperado, o Enviado do Pai.

Na segunda parte, a grande preocupação vai ser a subida a Jerusalém e o mistério da Cruz. O mistério da Cruz de Cristo e o mistério da cruz de cada um que quer ser seu discípulo. O fecho da segunda parte pode ser considerado a frase do Centurião romano no Calvário: "Verdadeiramente este era o Filho de Deus" (*Mc* 15,39). A afirmação de Pedro, hebreu, membro do povo eleito, e a declaração do soldado romano, pagão, executor da morte de Jesus, completam-se. É o mundo do monoteísmo e o mundo politeísta que reconhecem Jesus Nazareno como Messias, Filho de Deus. E será a esse mundo universo, amigo, hostil, pecador, que Jesus enviará seus Apóstolos na hora da Ascensão: "Pregai o Evangelho a toda criatura" (*Mc* 16,15).

Na segunda parte do Evangelho, Marcos vai apontando as qualidades do discípulo que quer morrer com ele. Os

Apóstolos terão muita dificuldade em compreender os ensinamentos. Mesmo depois da Ressurreição. Tanto que Marcos observa: "Repreendeu-lhes a incredulidade e a esclerose de coração" (*Mc* 16,14).

**Pela cruz,
à luz**

Na segunda parte do seu Evangelho, Marcos usa muito de antíteses, isto é, coloca coisas, fatos e frases contrárias entre si, para realçar a missão gloriosa de Jesus, ainda que ela percorra os caminhos da humilhação. São Bernardo (†1153) resume esses contrários com uma frase que se tornou célebre e proverbial: "Pela cruz, à luz". Nenhuma outra frase descreveria melhor a segunda parte do Evangelho de Marcos, como nenhum outro santo é um ícone mais perfeito dessa segunda parte do que São Francisco de Assis, recebendo as chagas no Monte Alverne.

No trecho de hoje, por exemplo, temos uma série dessas antíteses: Jesus pergunta o que o povo pensa dele, os discípulos falam, Jesus proíbe-lhes severamente espalhar sua identidade; Pedro reconhece nele o Messias; Jesus declara que vai sofrer e morrer; Pedro faz linda profissão de fé, pouco depois Jesus chama-o de Satanás; Jesus afirma que vai morrer, e confirma a Ressurreição; Jesus ensina que, para ganhar a vida, é preciso perdê-la; ensina que, para receber, é necessário renunciar.

Ao mesmo tempo em que essas contradições são usadas como um estilo, um modo de escrever que possibilita realçar o papel de Jesus, elas recordam a grande antítese que há no Evangelho: a oposição entre a sabedoria de Deus e a sabedoria do homem, a escala de valores segundo Deus e a escala de valores segundo os critérios humanos. As criaturas vivem a vida toda em meio a contradições. E foi a essas criaturas que o Cristo veio trazer um destino divino. Compreender essas oposições, discerni-las e escolher o modo de pensar e agir de Deus e por ele pautar o comportamento chama-se *conversão*.

Sabedoria divina, sabedoria humana

Não dá de seguir Jesus, tendo como critério de orientação a sabedoria humana (que manda satisfazer os instintos, usar de tudo, armazenar, ambicionar, ser autossuficiente, silenciar a oposição, eliminar os contrários, receber o máximo com o mínimo de esforço). Ao mesmo tempo que Jesus começa a viagem decisiva a Jerusalém, começa a revelar aos Apóstolos as qualidades do verdadeiro discípulo, qualidades diferentes das que exigiam de seus seguidores os mestres da lei e da espiritualidade judaica. Inclusive o discípulo deverá morrer com o mestre. Pode não ser uma morte física, mas certamente será uma morte aos próprios interesses, em benefício dos interesses de Deus.

Na primeira parte do Evangelho, Marcos anotou as diferentes reações dos ouvintes de Jesus: admiravam-se (5,20), ficavam estupefatos (1,27), maravilhavam-se (1,22; 6,2; 7,37), impressionavam-se extraordinariamente (2,12; 5,42). Muitos o tinham em conta de profeta, isto é, de alguém que proclamava a presença de Deus e exigia das criaturas um comportamento correspondente a essa presença divina. Imaginavam-no santo. Isso fica claro no trecho que lemos hoje, quando o povo o compara a Elias, considerado o mais santo dos profetas, ou a João Batista, recém-assassinado e de quem todos guardavam santa memória.

Ao longo da viagem a Jerusalém, Jesus procurará mostrar aos Apóstolos que ele é mais que Elias e Moisés. O episódio da Transfiguração ocorre imediatamente após o trecho de hoje, e mostra, sem deixar dúvidas, a superioridade de Jesus sobre Elias e Moisés. Ao mesmo tempo, Jesus ensinará aos discípulos que não é suficiente impressionar-se com ele e admirar seus milagres. É preciso assumir sua maneira de pensar, de comportar-se, de fazer a vontade do Pai até a morte e morte de Cruz (Fl 2,8).

O segredo messiânico

Durante a viagem, ao menos três vezes, Jesus refere-se diretamente à sua morte e ao comportamento que os Apóstolos deveriam ter na hora que isso acontecesse. Deu-lhes, quase na intimidade, todas as provas e sinais de que estava falando a verdade, de que o que iria suceder não era o destino cego e tolo de um fracasso, mas a vontade misteriosa do Pai. E que a obediência a essa vontade era garantia de vitória. Deixou entrever que gostaria de ter os Apóstolos perto na hora da condenação e da morte, para tê-los perto na hora da glorificação. Eles, porém, não tiveram coragem suficiente. Judas o traiu. Pedro negou-o. Os outros fugiram. São contraposições da história. São contraposições da nossa vida ainda hoje. Enquanto os discípulos fogem, Jesus retorna para congregá-los numa comunidade fraterna, onde a lealdade e o amor são os princípios básicos.

No Evangelho de Marcos, durante toda a vida pública, Jesus sempre proíbe que os beneficiados por milagres e outros, inclusive os Apóstolos, proclamem quem ele de fato é. Talvez a contradição revelação-ocultação faça parte do estilo pedagógico de Marcos. Talvez Jesus evitasse propositadamente ser considerado um populista, um demagogo. Isso não interessava nem à sua missão nem à sua segurança física. O silêncio foi imposto aos espíritos imundos que o reconheceram (*Mc* 1,24-25.34; 3,11), aos miraculados (1,44), aos pais da menina ressuscitada (5,45), ao surdo de Tiro-Sidônia (7,36), ao cego de Betsaida (8,26), aos Apóstolos (8,30), aos três privilegiados que o viram transfigurado no Monte Tabor (9,9). Os exegetas chamam isso de 'O segredo messiânico'. Na Transfiguração temos a chave para compreender por que Jesus impunha silêncio "até que o Filho do homem tenha ressuscitado dos mortos" (9,9). Só à luz da manhã da Páscoa pode-se compreender o caminho da humilhação percorrido pelo Messias, Filho de Deus. E é para essa luz que todo o Evangelho de Marcos aponta e é só nessa luz que Jesus manda os Apóstolos irem "por todo o mundo e pregar o Evangelho a toda criatura" (*Mc* 16,15).

25º DOMINGO DO TEMPO COMUM

1ª leitura: Sb 2,12.17-20
Salmo: Sl 53
2ª leitura: Tg 3,16-4,3
Evangelho: Lecionário Mc 9,30-37

Cresceremos em tudo, achegando-nos àquele que é nossa cabeça, o Cristo (Ef 4,15)

CRESCEMOS COMO AS CRIANÇAS ATÉ ALCANÇAR A MATURIDADE DE CRISTO

Estamos na parte central do Evangelho de Marcos. Dela faz parte o trecho que lemos no domingo passado, o de hoje e os que leremos nos próximos três domingos. Há sempre um anúncio ou uma referência à Paixão. Segue uma prova de incompreensão dos discípulos. Vem uma instrução do Mestre sobre o verdadeiro seguimento, isto é, sobre as qualidades que deve ter o discípulo para acompanhá-lo ao Calvário e com ele ressuscitar na manhã de Páscoa.

Jesus começa o retorno da Galileia para a Judeia. Na Galileia passara a maior parte de sua vida pública. Correm paralelas duas estradas: uma geográfica e histórica, que levará Jesus a Jerusalém. Outra, espiritual, em que Jesus explica aos discípulos as novas virtudes de quem quer segui-lo e procura fazê-los compreender a necessidade da paixão e morte como parte da vontade do Pai, como integrante de sua missão, e levá-los a entrar numa nova, espetacular e inédita verdade: sua ressurreição dos mortos. Marcos, embora fornecendo pormenores geográficos, não dá tanta importância à caminhada física. Fica muito claro que Jesus, diferentemente dos outros mestres, era um mestre itinerante. Mas o acento de Marcos será posto no ensinamento. A viagem da Galileia à Cidade Santa pode bem ser também uma forma de estilo. E usada para sugerir que o crescimento na fé e na compreensão do mistério de Jesus faz-se com um passo depois do outro, sempre em forma progressiva para quem, de fato, segue com decisão atrás de Jesus.

Nessa segunda parte do Evangelho, Jesus continua a pregar ao povo, mas se sublinha o fato de Jesus deter-se a instruir os Apóstolos em particular: em Cafarnaum, "em casa" (v. 33), ou seja, na casa de Pedro e André (Mc 1,29), onde costumavam fazer pouso. Marcos deixa transparecer certa decepção de Jesus, quanto ao aproveitamento dos milagres e pregações ao povo (Mc 9,19).

Os discípulos de Jesus

Talvez fosse bom explicar a palavra 'discípulo', tão usada nos Evangelhos. Mateus a usa 68 vezes; Marcos apenas 24; Lucas também 24 vezes, e João 58. A palavra designa alguém que recebe a instrução de um mestre; ou que adere a uma doutrina, pautando seu comportamento em conformidade com ela. Os fariseus tiveram discípulos (Mc 2,18). João Batista teve discípulos (Mt 9,14).

No livro dos Atos, discípulo é todo aquele que abraça a fé cristã (At 6,1; 9,19). Às vezes faz-se diferença entre discípulo e apóstolo. Lucas fala em 72 discípulos (Lc 10,1-17). Os 12 Apóstolos eram discípulos que seguiam Jesus dia e noite. Tornaram-se como que a família de Jesus, tanto que foi com eles que quis comer a Ceia Pascal, que era um ritual familiar (Lc 22,8.15).

Nos Evangelhos, 'discípulo' chega a tomar um novo sentido: aquele que testemunha a pessoa e a verdade do Mestre, já que é chamado a também levar a cruz (Mc 8,34), a beber seu cálice (Mc 10,38). Aprendiz, seguidor, testemunha, aquele que vive como o Mestre Jesus: eis o retrato do cristão, que pode com ele subir a Jerusalém, padecer e ressuscitar; aquele em cujas mãos Jesus poderá entregar a continuidade de sua missão na terra.

Ser o último e servir a todos

Se dizemos que era bastante comum entre os judeus discutir precedências e grandezas pessoais, não estamos dizendo coisas estranhas, porque a mentalidade moderna é igual. Procuram-se sempre a vantagem, o aparecer, o impor-se; escolhem-se os primeiros lugares e o estar com gente importante. Essa mania está no sangue humano. Há psicólogos que afirmam que o ser humano parece viver com fortes saudades de um paraíso, de um senhorio perdido, e sente-se infeliz enquanto não tiver um comando, um subalterno, nem que seja um cachorro fiel ou um gato obediente. O homem é um ser em busca de poder e de aplauso.

Ao menos em cinco ocasiões e modos diferentes, Jesus procurou inverter essa tendência, exigindo espírito de serviço, espírito de renúncia, espírito de simplicidade. Ele mesmo era um exemplo vivo. No domingo passado, ensinava-nos a renúncia aos próprios interesses (*Mc* 8,34). O contrabalanço desse ensinamento o encontramos no Jardim das Oliveiras, quando Jesus reza ao Pai: "Não se faça a minha vontade, e sim a tua" (*Lc* 22,42). Ao ensinamento segue o exemplo. Hoje ele pede uma segunda qualidade do discípulo: ser o último e servir a todos (v. 35). Certamente uma exigência difícil para a criatura humana que sonha com o poder, o dominar, o ser servida e aplaudida. O exemplo vamos encontrá-lo de novo no caminho do Calvário, quando, na Última Ceia, depois de lavar os pés dos Apóstolos, Jesus acrescentou: "Se eu, que sou o Mestre e o Senhor, lavei-vos os pés, também vós deveis lavar-vos os pés uns dos outros. Dei-vos o exemplo" (*Jo* 13,14-15).

Enquanto não fizermos do serviço humilde e alegre um comportamento de nossa vida, parecer-nos-emos aos discípulos hoje: Jesus fala em paixão e morte, em sofrimento e ressurreição, e eles brigam entre si para saber quem é o maior, isto é, quem deles tem ou terá maior poder ou mais súditos. Enquanto o homem tiver a mentalidade de 'ser maior', teremos na prática o quadro descrito por Tiago na segunda leitura de hoje: ciúme, ambição, lutas, conflitos, cobiça, inveja, insatisfação (*Tg* 3,16-4,3).

Acolhimento:
condição para servir

Emblemático é o menino posto hoje no meio dos Apóstolos, para exemplificar as palavras doutrinárias de Jesus. Lembremos que, na cultura hebraica, a criança contava pouco, não era enumerada nos recenseamentos, tida como não responsável. Na cultura helenística, a situação não era melhor, era tida como alguém incompleto. Assim se considere o verdadeiro discípulo de Jesus. A criança ainda representa, em todas as culturas, alguém sem malícia, sem grandes planejamentos, disponível ao que vier. Assim também deverá ser o discípulo de Jesus. A criança é um ser dependente, não tem autossuficiência. Assim também o discípulo de Jesus: não se considere senhor absoluto de seu destino; sinta-se e viva como criatura do Pai do Céu, o Criador, de quem dependem toda a vida e todo o crescimento. A criança é um ser em desenvolvimento. Ainda é imatura, mas tem todas as condições de alcançar a maturidade. Assim o discípulo de Jesus: considere-se em crescimento contínuo, "até atingir o estado de homem feito, de acordo com a idade madura da plenitude de Cristo" (*Ef* 4,13).

Bela a forma como Jesus acolheu a criança, abraçando-a (v. 36). Por quatro vezes, numa só frase, Jesus fala em "acolher" (v. 37). A criança só sobrevive feliz se for bem acolhida. O saber acolher é fundamental para criar-se a comunicação, a comunidade, a comunhão. Ter um coração acolhedor é uma condição fundamental do cristianismo. Jesus deu muitos exemplos de acolhimento e chegou a comparar-se a uma choca, que recolhe os pintainhos sob as asas (*Mt* 23,37). Não será nunca por falta de acolhimento da parte de Jesus, que o discípulo perde o caminho do seguimento. Por outro lado, ele, o discípulo, deverá acolher os menos considerados, os marginalizados, os 'improdutivos', todos, porque em cada um deles estará acolhendo o próprio Pai do Céu (v. 37).

26º DOMINGO
DO TEMPO COMUM

1ª leitura: Nm 11,25-29
Salmo: Sl 18B
2ª leitura: Tg 5,1-6
Evangelho: Mc 9,38-43.45.47-48

Meus olhos se voltam para ti, Senhor, meu Soberano. Em ti encontro abrigo (Sl 141,8)

NINGUÉM SE APROPRIE
DO NOME DO SENHOR JESUS

Marcos agrupou uma série de ensinamentos de Jesus, certamente pronunciados em diferentes circunstâncias, mas agrupados aqui, entre as condições para ser um verdadeiro discípulo. Não há entre eles uma sequência muito lógica, a não ser a intenção de continuar a expor as exigências da nova comunidade, exigências nem sempre dentro dos parâmetros teológicos e sociais do Antigo Testamento.

Já lembramos que, na segunda parte de seu Evangelho, Marcos usa muito o estilo de pôr antíteses, isto é, dois fatos, duas expressões, duas frases, duas ideias que se contradizem. De dentro da contradição nasce reforçada e sublinhada a verdade. Assim, no trecho de hoje temos: fazer o bem e falar mal; ser a favor e ser contra; ser discípulo e não pertencer ao grupo; dar um copo d'água na terra e receber uma recompensa no céu; recompensa e punição; crer e corromper; aleijado e são; céu e inferno; além de expressões que contradizem a normalidade da vida: cortar a mão, cortar o pé, arrancar o olho.

Outra grande contradição: é João quem protesta junto de Jesus contra um Fulano que expulsara demônios em nome de Jesus e não pertencia ao grupo. Como esse João está longe do João depois da Ressurreição! Caminhou da inveja, do exclusivismo para o verdadeiro sentido do amor, tornando-se o Evangelista do 'Novo Mandamento', o Apóstolo que escreveu em sua primeira Carta: "Deus é amor... Se alguém disser: amo a Deus, mas odeio o meu irmão, é mentiroso, pois quem não ama o irmão, a quem vê, não pode amar a Deus, a quem não vê. Temos de Deus o preceito: quem ama a Deus, ame também o irmão" (1Jo 4,16.20-21). Esse João a caminho, que vai aprendendo com Jesus a ser verdadeiro discípulo, somos nós, se seguirmos atentamente suas lições e as pusermos em prática (Lc 8,21).

O bem pertence a Deus

A primeira lição de hoje refere-se à abertura do coração. Jesus já dissera que o discípulo deveria renunciar aos próprios interesses e a si mesmo (Mc 8,34); dissera que deveria ser o último e servir a todos (Mc 9,35). Acontece que ninguém pode servir sem renunciar, e ninguém pode servir com generosidade sem grande abertura de coração. Um coração fechado sobre si mesmo é incapaz de servir ou de compreender o que seja uma renúncia. Os Doze reagiram com ciúme e intransigência a um Fulano que expulsara demônios em nome de Jesus e não pertencia ao grupo dos discípulos. Os Doze haviam-se apropriado de Jesus, uma apropriação indébita, porque Jesus pertence a todos. O bem não é propriedade de ninguém e de nenhuma igreja. O bem pertence a Deus.

A tendência de apropriar-se de Jesus é grande. É verdade que devemos seguir Jesus, único Mestre e Senhor, e devemos segui-lo com radicalidade, isto é, com a totalidade do nosso ser. Mas a radicalidade evangélica pressupõe a abertura do coração. Não podemos impedir o Espírito Santo de Deus de agir. Ele atua onde quer e quando quer (Jo 3,8). Nós não temos capacidade de conhecer todos os caminhos do Senhor (Is 55,8). A atitude de João (v. 38) tenta restringir a ação de Deus. É sectária. O discípulo do Senhor deve parecer-se com o Pai do Céu, que faz nascer o sol sobre bons e maus e chover sobre justos e injustos (Mt 5,45). Deus sempre é maior que qualquer conceito religioso.

Respeitar os que estão a caminho

Outra qualidade do discípulo: não agir à espera de recompensa. Nem recompensa dos homens nem recompensa de Deus. Uma lição difícil para o mundo de hoje, que raramente conhece a gratuidade do fazer. Todos devemos ter um coração agradecido. Se o temos, sabemos retribuir os benefícios que recebemos. Mas quem presta auxílio não deve fazê-lo, esperando recompensa ou pela vaidade de acumular méritos ou de ter crédito. O Antigo Testamento desenvolveu toda uma teologia da recompensa. Jesus não a segue, mas nos diz que somos servos de todos. Servos que Deus, por amor, elevou a filhos seus. E a Deus cabe recompensar (v. 41), não na medida de nosso crédito, mas na medida de sua misericórdia. Um copo d'água pode valer tanto quanto ou mais que uma fortuna.

Outra qualidade: o respeito pelos que estão ainda a caminho da fé. Os judeus eram extremados nesse ponto: evitavam qualquer contato com pagãos e pecadores. Não só evitavam, mas manifestavam desprezo. Aos que ainda não têm fé Jesus chama carinhosamente de "pequeninos" (v. 42). O bom discípulo não deve 'escandalizá-los'. (Há traduções que falam em 'corromper', 'levar ao pecado'.) A palavra 'escândalo', na Bíblia, não tem o sentido sensacionalista que tem hoje. Está ligada a 'tombo', 'queda provocada por um tropeço'. O discípulo de Jesus respeita os fracos na fé, serve-lhes de apoio, faz-se 'luz', isto é, salvação para eles.

Cortar a mão e o pé e arrancar o olho

O discípulo de Jesus deve procurar a Deus e amá-lo de todo o coração, com todas as forças, com todo o seu ser (*Mc* 12,30; *Mt* 22,37). Com a mesma força deve afastar tudo o que lhe pode impedir a aproximação de Deus. Jesus emprega três figuras do corpo, num crescendo: mão, pé, olho. Fique claro que nem a mão nem o pé nem o olho, por si, podem pecar. Mas peca a pessoa, fazendo mau uso de seus membros. Daí não se poder levar literalmente às consequências do cortar a mão ou o pé. O 'cortar', o 'arrancar' são simbólicos. Como também as palavras mão, pé, olho. Explico: não significam apenas a mão, o pé e olho de carne, mas uma série de coisas representadas por eles. Quando entramos num hospital, encontramos cartazes com uma cara e um dedo sobre os lábios. O cartaz quer dizer: aqui se deve fazer silêncio. O dedo sobre os lábios, então, não é o dedo físico, mas significa silêncio.

Quais seriam os sentidos que estariam por trás de mão, pé, olho? Vejamos apenas os principais. O pé é símbolo do poder orgulhoso (*Sl* 36,12), por isso o súdito prostra-se *aos pés* de seu senhor (*Sl* 99,5). Jesus lavou os pés dos Apóstolos (*Jo* 13,4-17), para significar a humildade, a igualdade fraterna, o servir com alegria. O discípulo, portanto, precisa cortar o orgulho prepotente, humilhante, a fome de dominar sobre os outros e sobre as coisas. O olho pode significar a cobiça, a inveja, a sedução (*2Pd* 2,14). Até se diz em português 'deitar olho grande' ou 'olho comprido', para significar que alguém está desejando as coisas alheias. O discípulo não pode cultivar a cobiça. Pregava Santo Antônio que "o cântaro, por não se ver o fundo, recorda a cobiça. Por isso a Samaritana (*Jo* 4,28) deixou o cântaro para poder escutar a pregação do Senhor". Deve o discípulo cortar pela raiz a inveja das pessoas, de seus bens, de suas qualidades.

A mão é um dos símbolos mais ricos na Bíblia e na linguagem corrente. Prende-se a roubo, porque se pega, carrega-se com as mãos. Prende-se à posse, porque se seguram as coisas com as mãos. Prende-se à violência, porque agredimos com os punhos e manejamos (esse verbo deriva-se de 'mão') as armas com as mãos. O discípulo verdadeiro de Cristo não será violento, mas manso e compreensivo; será desapegado dos bens materiais, psíquicos e espirituais e saberá respeitar o que é de Deus e o que pertence ao próximo. Quem escolher a vida (v. 43), sinônimo de Reino de Deus e salvação, não pode praticar coisas que o conduzam ao inferno, isto é, à morte, à perdição.

27º DOMINGO DO TEMPO COMUM

1ª leitura: Gn 2,18-24
Salmo: Sl 127
2ª leitura: Hb 2,9-11
Evangelho: Mc 10,2-16 ou Mc 10,2-12

Manterás a palavra saída de teus lábios e a cumprirás (Dt 23,24)

EVANGELHO: DO SENSO DO RETORNO AO COMPROMISSO

São duas as lições do Evangelho de hoje e elas se sobrepõem. Primeira: a fidelidade do ser humano a Deus. Jesus confirma a fidelidade em qualquer circunstância como condição para ser seu discípulo. Fidelidade não apenas à lei, o que seria pouco, porque as leis podem ser humanas e transitórias. Mas fidelidade ao projeto que Deus sempre teve para cada criatura, e que a criatura, enfraquecida pelo pecado, distorce, muda ou abandona. Os cristãos são chamados de 'fiéis', isto é, os que guardam a fidelidade ao Evangelho, à pessoa e aos ensinamentos de Jesus, que se resumem numa expressão 'vontade do Pai'. Nessa perspectiva compreendemos melhor a afirmação de Jesus, quando a mãe e os parentes o procuraram: "Todo aquele que fizer a vontade de Deus é meu irmão, minha irmã e minha mãe" (*Mc* 3,35). Para ser membro da nova família de Jesus, é preciso ser fiel ao projeto, à vontade do Pai.

Segunda lição: a fidelidade matrimonial como uma expressão de fidelidade a Deus. Fidelidade entendida como indissolubilidade. Esse é um assunto gravemente problemático no mundo moderno, que perdeu o senso do compromisso eterno. O fato de Jesus responder em privado às perguntas dos discípulos nos leva a unir a doutrina de hoje aos ensinamentos anteriores. O relacionamento humano, particularmente a relação homem-mulher, é um lugar privilegiado em que se exerce a renúncia a si mesmo e aos próprios interesses (Mc 8,34), a disponibilidade ao serviço (Mc 9,35), a dedicação fiel e sem restrições (Mc 9,43-48). Esses temas/causas estão quase sempre à base da infidelidade, seja conjugal, seja com Deus, e do divórcio, seja entre os esposos, seja entre a criatura e seu Criador.

Fidelidade: fruto do Espírito Santo

Antes de vermos o problema do divórcio, lembremos que Marcos está apresentando as qualidades do verdadeiro discípulo de Jesus. E aqui ressalta a fidelidade ao plano, ao projeto que Deus tem para cada uma das criaturas. Quase podemos dizer que a história do ser humano é a história de sua fidelidade a Deus. Quantas vezes, no Antigo Testamento, Deus se queixou, e, às vezes, com amargura, da pouca fidelidade das criaturas. Cristo é o exemplo máximo de fidelidade: "Meu alimento é fazer a vontade do Pai" (Jo 4,34). Mais vezes, na Escritura, o casamento é posto como símbolo da nossa fidelidade a Deus (Os 2,21-22; Is 62,5; Jr 2,2). Deus faz uma aliança com a criatura humana, isto é, um pacto como no casamento, ao qual se espera fidelidade de ambos os lados.

Ao apresentar esse tema, Marcos quer acentuar que o discípulo de Jesus lhe deve ser fiel à custa de todos os sacrifícios, mesmo naqueles momentos em que as leis humanas lhe facultem caminhos diferentes (v. 5). Desde os Atos dos Apóstolos, os cristãos são chamados de 'fiéis', isto é, pessoas que guardam fidelidade ao Senhor Jesus (At 10,45; Ef 1,1). Para o Apóstolo Paulo, a fidelidade é um fruto do Espírito Santo, ao lado da caridade, da alegria e da paz (Gl 5,22). A alma da fidelidade é o amor e, ao mesmo tempo, a fidelidade torna-se a maior prova de amor (Jo 15,9ss). João, na sua segunda Carta, faz um trocadilho: amar é ser fiel aos mandamentos e o mandamento é viver no amor (2Jo 6).

Comunidade de vida e de amor

Vamos agora à segunda lição sobre o divórcio. Não foi a única vez que os fariseus tentaram envolver Jesus em questões disputadas ou jogá-lo contra as autoridades civis. Lembremos apenas o episódio do pagamento do tributo a César (Mc 12,13-17). Se Jesus atacasse de frente o adultério, estaria despertando a ira de Herodes, que passara a viver adulteramente com a cunhada Herodíades (Mc 6,17). Conforme sua resposta, Jesus entraria na polêmica dos escribas: uns eram rigorosos e só permitiam o divórcio em caso de adultério da mulher; outros eram liberais, laxistas e permitiam o divórcio por qualquer razão, até o ter a esposa deixado queimar a comida.

Sabiamente, Jesus não entra na questão, explica a atitude de Moisés e reafirma a indissolubilidade, sem condenar ninguém: "Desde o começo da criação, Deus os fez homem e mulher" (v. 6). Com essa frase, Jesus quer dizer que se casam pessoas. Não apenas sexos. Pessoas capazes de um compromisso mútuo e de uma comunhão plena, em pé de igualdade, direitos e obrigações. "São uma só carne" é muito mais que a junção de corpos. 'Carne' aqui significa a pessoa inteira, com suas qualidades e suas deficiências, seu sentir e seu fazer, seu passado e seu destino. Duas pessoas unem-se para "uma comunidade de vida e de amor" (Gaudium et Spes, 47).

Sempre houve divórcios. Entre os hebreus, a mulher repudiada pelo marido (que era seu dono e podia dispor dela e dela desfazer-se quando quisesse) tornava-se difamada e desgraçada para sempre. Em defesa da mulher repudiada saiu Moisés e prescreveu que o marido, ao despedi-la, devia-lhe dar um documento, que passava a ser garantia de sua honra e de sua liberdade de ação. Moisés baixou essa lei não para viabilizar o divórcio, mas "por causa da dureza do coração" do homem (v. 5), isto é, pela facilidade com que os maridos tornavam-se insensíveis à mulher, sua esposa, e brutos, injustos para com ela.

Esclerosamento do coração

Jesus reafirma a indissolubilidade do matrimônio. Nesse sentido, a Igreja católica sempre interpretou as palavras de Jesus. Já São Paulo escrevia aos Coríntios: "Aos casados ordeno, não eu, mas o Senhor, que a mulher não se separe do marido e o marido não repudie sua mulher" (1Cor 7,10-11).

Muitos teólogos procuraram possíveis saídas para justificar o divórcio e não as encontraram. O problema existe. Hoje, talvez, seja ainda mais problemática a indissolubilidade, porque o homem moderno, extremamente utilitarista e imediatista, perdeu o senso da durabilidade. Troca-se o carro, trocam-se os móveis, troca-se a cada ano o computador, troca-se a profissão, mudam-se os códigos e as constituições, e a própria Igreja mudou seus ritos. Pouco ficou estável. Compreende-se que tenha entrado em crise a estabilidade do matrimônio.

Jesus fala em "dureza do coração" (v. 5). O termo grego diz "esclerosamento do coração". A expressão ocorre mais vezes na Escritura e indica o fechamento da criatura humana a Deus, a seu plano, a sua palavra. Indica o afastamento progressivo da criatura ao projeto de Deus ao criar a humanidade e o mundo. Por isso Jesus diz "no princípio não era assim": no princípio, Deus, numa generosidade de seu amor, criou todas as coisas e deu-lhes um rumo, necessariamente bom. Ora, a missão de Jesus era recriar o mundo, levá-lo de novo aos rumos previstos por Deus. Por isso, no texto de hoje, repõe a dignidade da mulher, a dignidade do matrimônio, a grandeza do amor recíproco.

A figura da criança que reaparece no texto de hoje (vv. 13-15), e que Cristo abraça com carinho, simboliza o discípulo adulto que se liberta de seus egoísmos, interesses, pretensões, ganâncias, duplicidade de coração e mente. Aos olhos do mundo, renunciar-se significa apequenar-se. Segundo Jesus, é o caminho da entrada no Reino de Deus (v. 15), onde se dá, em absoluta e eterna fidelidade, o matrimônio, a comunhão perfeita entre o Criador e as criaturas.

28º DOMINGO DO TEMPO COMUM

1ª leitura: Sb 7,7-11
Salmo: Sl 89
2ª leitura: Hb 4,12-13
Evangelho: Mc 10,17-30 ou Mc 10,17-27

O Deus de toda a graça nos chamou em Cristo Jesus para a glória eterna (1Pd 5,10)

QUANTO MAIOR A RIQUEZA, MAIS ESTREITOS OS HORIZONTES DA VIDA

Ao longo da estrada, que levava do norte da Galileia para o coração de Judeia, que era Jerusalém, Jesus foi transmitindo aos discípulos as condições para seu seguimento. Já vimos que não interessa a Marcos a geografia da estrada, mas a doutrina. Hoje Jesus enfrenta um dos temas mais difíceis da mentalidade hebraica: as riquezas como garantia da bênção divina (*Dt* 28,2ss). Tão arraigada e tão adaptada às leis era essa mentalidade, que os pobres eram tidos como pecadores, pois, se não o fossem, teriam a abundância dos bens materiais, e, por serem pecadores, passaram a ser desprezados.

Dizer que alguém 'possuía muitos bens' significava que ele se sentia muito abençoado por Deus, digno de sua amizade e merecedor do céu. Se já tinha tudo, por que procurar outras coisas ensinadas pelo Nazareno? Jesus inverte o quadro. É o pobre que tem a bênção divina. Não o pobre de bens materiais, porque diante de Deus pobre e rico têm o mesmo valor e dignidade. Mas o pobre de coração, isto é, o desapegado de bens e de si mesmo. O desapego é um tema inevitável para quem quer compreender a pessoa de Jesus, seu modo de viver e sua doutrina. Sem dúvida, ao lado da gratuidade do serviço, o desapego é um dos temas mais difíceis do Novo Testamento. Segundo o Concílio, "o espírito de pobreza e a caridade são a glória e o testemunho da Igreja de Cristo" (*Gaudium et Spes*, 88).

O cristão não considera más as riquezas, mas vive desprendido delas. Não é a conquista dos bens – nem materiais nem espirituais – a sua meta, mas a aproximação sempre maior de Deus até a comunhão total com ele. Os bens são amarras que impedem o voo, são jaulas, ainda que às vezes de ouro, que estreitam e encurtam os horizontes do destino humano.

Jesus: único passaporte para a vida eterna

Vejamos o sentido da pergunta do homem (Mateus diz que era um jovem: 19,20). Ela indica uma maneira típica de o Antigo Testamento encarar a vida eterna. "Que devo fazer para ganhar a vida eterna?" (v. 17). Como se pudesse comprar a vida eterna com obras. Nenhuma obra humana é suficiente para exigir o dom de Deus. Apenas Cristo, por ser Filho de Deus, foi capaz de merecer a vida eterna. É um dom dele para nós, pago com seu Sangue (*Rm* 5,9; *1Pd* 1,19; *Ap* 5,9). Por isso São Paulo chama o Cristo de "nossa justificação" (*Rm* 10,4), isto é, nossa santificação.

No entanto, é pelas obras que crescemos na fé (cf. *Tg* 2,17). Somos chamados a fazer o bem a todos (*Rm* 2,10; *Gl* 6,10). Fazemos o bem, porque Cristo o fez (*At* 10,38). Mas não somos nós que julgamos o bem que fazemos. Deus dará a recompensa como ele quiser (cf. a parábola dos operários da vinha em *Mt* 20,1-16) e na medida que ele quiser. Não fazemos boas obras para, em troca, ganhar o céu. Mas fazemos boas obras para, com elas, glorificar a Deus (*1Pd* 2,12). Dizia-o tão bem São Paulo aos Coríntios: "Fazei tudo para a glória de Deus" (*1Cor* 10,31). Precisam prestar muita atenção os cristãos que costumam fazer promessas. Elas não podem ser uma espécie de comércio com Deus. E também as pessoas engajadas na ação social em suas comunidades. É necessário o engajamento, mas isso não obriga Deus a lhes dar precedência nos pedidos.

Como entrar no Reino de Deus

O homem pergunta como ganhar a vida eterna (v. 17). Jesus responde-lhe como "entrar no Reino de Deus" (v. 24). O homem pensava em vida depois da morte, na qual o Antigo Testamento acreditava. Havia discussão sobre se todos haveriam de ressuscitar ou se só os justos teriam o privilégio. Discutia-se se o corpo também ressuscitaria ou se só a alma era imortal.

Jesus introduz a expressão 'Reino de Deus' e faz dela a ideia central de toda a sua pregação. Ora o Reino é sua pessoa presente entre nós, ora é o modo de vivermos a presença de Deus. Para Jesus, o Reino tem duas fases: uma atual, neste mundo; outra futura, que é a glória eterna. A segunda depende da primeira. A vida do ser humano sobre a terra foi muito valorizada por Jesus. Essa vida já é parte da eternidade. Já nesta vida vivemos a vida divina.

Esse Reino, que deve ser a primeira preocupação nossa (*Mt* 6,25-34) e pelo qual devemos sacrificar tudo (*Mt* 13,44ss), só é compreendido pelos que têm espírito de pobre (*Lc* 6,20) e desenvolve-se lentamente na vida presente (*Mt* 13), alcançando a sua plenitude (*Lc* 21,31) na ressurreição, quando os corpos são transformados (*1Cor* 15,52-54). Se para entrar no Reino é preciso espírito de pobre, a exigência de Jesus ao homem rico torna-se clara como a luz do dia (v. 21). Poder-se-ia pensar que essa pobreza fosse indicada somente para os que fazem votos religiosos. Para eles, com mais razão, mas a exigência é para todos os cristãos.

Cruz: caminho da vida eterna

O homem tinha todas as qualidades de fiel observante das leis. Mais: reconheceu em Jesus de Nazaré um Mestre (v. 17). Mais: ajoelhou-se diante dele, o que sugere certo reconhecimento divino, mais que um simples rabino. Mas se entristeceu e recuou. Não lhe era fácil superar de uma só vez o instinto de posse e o que aprendera nos livros religiosos. Os Apóstolos, parece, ficaram do lado do homem rico, porque se espantaram muito com a posição de Jesus (v. 26), o que prova o quanto é difícil mudar uma mentalidade social fundamentada em conceito religioso. Embora dando aos discípulos uma lição extremamente difícil de compreender e viver, e sabendo que a lição não passava pela cabeça deles, Jesus trata-os com carinho: chama-os de "meus filhos" (v. 24) e garante-lhes o poder salvífico de Deus, em quem podem confiar, quando as coisas e os fatos parecem ou são impossíveis de acontecer (v. 27).

Observemos a diferença: o homem rico foi embora abatido (v. 22); os discípulos, que pensavam como o homem rico, ainda que não compreendessem por inteiro a lição de Jesus, permanecem junto dele. E isso não porque fossem melhores e mais bravos que o homem rico, mas porque confiavam em Jesus. Como "a Deus tudo é possível" (v. 27), possível foi transformá-los em Pentecostes e fazer deles verdadeiros discípulos de Jesus, que souberam desprender-se de tudo, inclusive de sua própria vida.

Esse episódio vem contado também por Mateus e Lucas. Marcos é o único a dizer que Jesus estava a caminho. Ora, o caminho era para Jerusalém. E Jerusalém em Marcos significa a morte na Cruz e a sucessiva glorificação. Se nos lembrarmos disso, o fato de alguém correr para Jesus (v. 17) pode significar o grande desejo que devemos sentir de acompanhar Jesus na estrada dolorosa do Calvário. Então 'vida eterna' não significaria só o paraíso, mas seria sinônimo de Cruz. A pergunta poderia ser formulada assim: "Que devo fazer para ir morrer contigo e contigo ressuscitar?" Se encararmos o texto desse modo, o fato de Jesus apelar para o caminho indicado por Moisés (*Êx* 20,12-16; *Dt* 16,20) era uma estratégia pedagógica para dizer, como no Sermão da Montanha: "Moisés vos disse que... eu, porém, digo-vos". A lição era de que não se vai à Cruz e à Páscoa abraçado às riquezas. O Cristo despido na Cruz é símbolo do total desapego, posto por Jesus como condição de vida eterna.

29º DOMINGO DO TEMPO COMUM

1ª leitura: Is 53,10-11
Salmo: Sl 32
2ª leitura: Hb 4,14-16
Evangelho: Mc 10,35-45 ou Mc 10,42-45

Fiz-me servo de todos, para ganhar a todos (1Cor 9,19)

QUEM QUISER SER GRANDE SEJA O SERVIDOR DE TODOS

O Evangelho de hoje não é a sequência imediata da leitura do domingo passado, porque entre os dois trechos está o terceiro anúncio da Paixão. Mas continuamos sempre na estrada para Jerusalém. O episódio de hoje se torna mais compreensível, sabendo os versos que o precedem. Jesus e os Apóstolos já estão muito perto da Cidade Santa. A cena dos dois que lhe pedem sentar-se um à direita e outro à esquerda, no momento em que Jesus fosse glorificado (isto é, aclamado rei) em Jerusalém, e a cena sucessiva do protesto ciumento dos outros dez mostram quanto ambíguas eram, na cabeça dos discípulos, as razões por que Jesus quis viajar a Jerusalém, ou seja, ainda não haviam compreendido o messianismo do Mestre. Apesar de três predições muito claras de sua morte, os Apóstolos ainda acreditavam numa grandiosa manifestação do povo e na sua proclamação como Rei de Israel. O 'Filho de Davi', como o aclamará o povo daqui a pouco, na entrada triunfal (*Mc* 11,10), "bendito e vindo em nome do Senhor" (*Mc* 11,9), ocuparia o trono de Davi, cumprindo-se, assim, todas as profecias. Os grandes artistas sempre destacaram na entrada triunfal de Jesus os rostos triunfantes de seus discípulos.

No entanto, a missão redentora de Jesus não tinha esse rumo. Lembremos que estamos lendo a segunda parte do Evangelho de Marcos. Na primeira, ele procurara responder à pergunta: "Quem é Jesus?" Na segunda, procurou mostrar qual era a missão dele e o faz de modo tal que, enquanto conhecemos sua missão, descobrimos a identidade divino-humana de Jesus de Nazaré. Hoje temos uma das mais importantes afirmações de Jesus sobre si mesmo, afirmação que contém uma síntese de toda a cristologia: "O Filho do Homem não veio para ser servido, mas para servir e dar a vida pela redenção de muitos" (v. 45). Uma definição da missão de Jesus. Uma definição que sintetiza a razão de sua vinda ao mundo e de sua existência na terra. Ele é aquele que dá a vida para resgatar as criaturas. Ele é o Servo justo (*Is* 53,11), que justificará, salvará muitos, assumindo sobre si a iniquidade humana (*Is* 53,4.12). Essa será também a missão do verdadeiro discípulo.

Existimos para servir

Também Mateus e Lucas contam o episódio de hoje. Mateus deixa a mãe dos Zebedeus fazer o pedido (*Mt* 20,20-28), talvez para proteger um pouco a santidade posterior de João e Tiago. Lucas insere o episódio na Última Ceia (*Lc* 22,24-30), exatamente no lugar em que João conta o lava-pés (*Jo* 13,1-17). A lição de hoje é idêntica à lição do lava-pés.

A lição do serviço humilde foi-nos dada várias vezes por Jesus (*Mt* 20,28; 23,11; *Lc* 22,27; *Jo* 13,14-17). Toda a vida de Jesus foi um serviço. A Igreja, continuadora do corpo e da missão de Cristo na terra, declarou no Concílio que também ela existe para servir (*Gaudium et Spes*, 3). Em outro lugar, falando de sua obra missionária e de sua presença ativa no campo político-social, a Igreja afirma que toda a sua atividade é um serviço ao povo: "A Igreja não reclama para si nenhuma outra autoridade que não seja a de servir às criaturas humanas caridosa e fielmente" (*Ad Gentes*, 12). Podemos acrescentar: e servir desinteressadamente, gratuitamente.

Humilhação e glória, poder e serviço

Sentar-se à direita e à esquerda significa participar do comando, das decisões, do poder e do destino. Não era pouco o que queriam os dois filhos de Zebedeu. Quando Marcos conta a ascensão de Jesus ao céu, para dizer que Jesus participa da plenitude divina e tem todos os poderes, emprega a expressão: "Está sentado à direita de Deus" (*Mc* 16,19), frase que conservamos também no Credo, com o mesmo sentido. Os dois pescadores, Tiago e João, poderiam participar do destino humano de Jesus e, de certa forma, também do destino divino. Mas não com a mesma plenitude com que Jesus participa do poder e da realeza divina. Jesus é em tudo igual ao Pai, enquanto os dois, como nós, são filhos adotivos do Pai do Céu, por obra e graça de Deus.

A expressão 'na tua glória' pode ter dois significados. O primeiro seria o céu. A resposta de Jesus pode sugerir esse sentido. O segundo, o mais provável, seria o reino terreno, como se pode deduzir de Atos 1,6. Embora, pouco antes, Jesus falasse de morte e ressurreição, eles entendiam ressurreição como conquista gloriosa de todos os poderes neste mundo, como a implantação de uma religião absolutamente pura e piedosa, de uma justiça sem mancha, de um reino universal em cujo centro estivesse o povo eleito, e eles, os Apóstolos, os novos rabinos e ministros do povo.

Jesus procura reforçar a lição anterior sobre a necessidade de passar pela morte, usando a figura do cálice a beber e do batismo, isto é, do mergulho (batizar, em grego, significa mergulhar) no sofrimento profundo e amargo como as águas do mar. E retoma a lição básica do servir, que caracteriza os verdadeiros participantes do Reino de Deus. Se olharmos dentro de nós, veremos que nos parecemos muito com João e Tiago. Com as melhores intenções, procuramos o poder, a glória, a honra. Talvez por isso tenhamos um coração tão fragmentado e somos causa de tanta divisão na comunidade. Hoje, Jesus ensina o modo certo de estar à sua direita e à sua esquerda: servir à direita e à esquerda, ou seja, servir sempre e a todos. E quando tivermos cumprido nosso serviço, dizer: "Somos servos inúteis. Fizemos o nosso dever" (*Lc* 17,10). A glória do discípulo é fazer como o mestre. Nosso Mestre veio para servir e dar a vida. Dar a vida significa servir. Servir e dar a vida é beber o mesmo cálice do Senhor.

Renúncia e serviço:
portas do Reino

A palavra 'cálice' é muito sugestiva. Pode simbolizar alegria ou sofrimento. Tomar do mesmo cálice significava participar do mesmo júbilo ou da mesma dor. Na refeição que se seguia ao enterro, passava-se o "cálice da consolação" (Jr 16,7); no sacrifício de ação de graças, o "cálice da salvação" (Sl 116,13). Cálice, portanto, lembra sempre comunicação, participação, comunhão. Beber o cálice com Jesus significa, por conseguinte, participar de seu destino, acompanhá-lo à cruz. A figura do batismo reforça a do cálice: o discípulo *mergulhará* no sofrimento e na morte de Jesus. Muito expressiva será a figura do cálice na Última Ceia (Mc 14,23).

Marcos costuma contrapor os critérios humanos aos critérios divinos. Pelos critérios humanos, quanto mais poder tivermos, tanto mais valemos; quanto mais alta a posição que conquistamos, tanto mais respeitada é nossa opinião; quanto mais súditos tivermos, mais força de comando possuímos.

É bem diferente a maneira de pensar pelos critérios divinos. Bastaria olhar para a pessoa de Jesus: Senhor do céu e da terra, "aniquilou-se a si mesmo, assumindo a condição de servo por solidariedade com os homens" (Fl 2,7); Senhor da história, "quis passar pelas mesmas provações que nós" (Hb 4,15); Senhor de infinita majestade e grandeza, nasceu num presépio (Lc 2,7) e morreu nu em uma cruz (Mc 15,24). Quem usa apenas critérios humanos é incapaz de compreender a pessoa, os ensinamentos e a missão de Jesus. E é incapaz de compreender a renúncia e o serviço como portas do Reino de Deus e chaves de glória imarcescível.

30º DOMINGO DO TEMPO COMUM

1ª leitura: Jr 31,7-9
Salmo: Sl 125
2ª leitura: Hb 5,1-6
Evangelho: Mc 10,46-52

O Senhor abre os olhos aos cegos (Sl 146,8)

JERICÓ: SÍMBOLO DA HUMANIDADE
BARTIMEU: SÍMBOLO DE CADA SER HUMANO

Jesus aproxima-se de Jerusalém, onde sofrerá a paixão e a morte e ressuscitará glorioso. Desses fatos, nascerá a salvação para a humanidade. A salvação é comparada à luz. A desgraça, à cegueira, que obriga a pessoa a andar nas trevas e não saber que rumo tomar. A cura do cego hoje, mais que fato acontecido, é um grande símbolo e, certamente, posta nesse lugar e momento de propósito por Marcos.

Todo o episódio vem carregado de figuras e símbolos e, por isso mesmo, permite várias leituras, considerando que o símbolo nunca é unívoco. Jericó, a cidade mais velha do mundo, representa a humanidade, que precisa de salvação. Bartimeu, o cego, representa cada ser humano que, sozinho, não pode caminhar e não tem condições de alcançar uma meta. Cristo veio ao mundo para dar a luz aos cegos. Mais que aos cegos fisicamente, aos cegos espirituais, incapazes de acompanhá-lo a Jerusalém para participar do mistério da redenção.

A humanidade se parece ao Bartimeu, isto é, ao filho de Timeu. Todas as gerações necessitam da luz da salvação. Enquanto permanece cega, a humanidade fica sentada à beira da estrada. Recuperada a vista, pode seguir Jesus.

Cura: todos precisam, mas é uma questão pessoal

A cidade de Jericó não aparece no Evangelho de hoje por acaso, apenas porque era uma parada obrigatória, uns 37 quilômetros antes de Jerusalém. Jericó está ligada à memória da entrada do povo eleito na Terra Prometida, conduzido por Josué (*Js* 6,1-21). *Josué* significa 'Deus dá salvação'. Olhemos agora para Jesus, que sai de Jericó rumo a Jerusalém. *Jesus* significa 'Deus é salvação'. Josué e Jesus têm por missão introduzir o povo na Terra Prometida. Josué conseguiu dar-lhes uma pátria terrena. Jesus assume o comando do povo para dar-lhes uma pátria eterna, a Terra Prometida definitiva. Josué foi vitorioso por meio de batalhas e estratégias inteligentes. Jesus será vitorioso por meio da morte na Cruz, considerada escândalo e loucura por muitos (*1Cor* 1,23), mas única porta de entrada na Terra Prometida do céu. A subida a Jerusalém é decisiva para Jesus e para a humanidade.

Jericó é a cidade mais baixa (258m abaixo do nível do mar) e a mais velha da terra (há restos de construção de casas que datam de ao menos oito mil anos antes de Cristo). Bem o símbolo da velha humanidade, que jaz nas funduras da miséria. Não miséria material. E nisso Jericó é de novo um belo símbolo, porque, cercada de deserto, é um oásis fértil, que produz de tudo. A humanidade sempre cresceu na ciência e na técnica, enriqueceu muito a obra da criação. Mas, enquanto criatura, sozinha, é cega e sem condições de autossalvar-se. Por isso Jesus vem ao mundo como "luz verdadeira capaz de iluminar toda criatura" (*Jo* 1,9).

Marcos dá o nome do cego. Pode o cego não ter tido esse nome. Mas ao lhe dar um nome, Marcos insiste em que a salvação, embora para todos, é assunto que toca a cada um e que empenha a vontade e a consciência de cada um. Podem as circunstâncias e os circunstantes querer impedir nossa aproximação de Jesus (v. 48). Cabe a cada um dar o salto e aproximar-se do Senhor para ser salvo.

Cegueira física, cegueira espiritual

Não foi a única vez que Jesus curou um cego (*Mc* 8,22-26; *Lc* 7,21; *Jo* 9). Quando ele apresentou as características do

Reino messiânico (Lc 4,18; 7,22; Mt 11,5), citando Isaías (35,5), falou dos cegos que passariam a ver. A cegueira era frequente na Palestina. Talvez por causa do clima tórrido. Havia muitas doenças de olhos e nenhuma esperança de cura. Os cegos tornavam-se mendigos à beira da estrada, símbolo do desespero e da necessidade.

Muitas vezes a Bíblia fala também da cegueira espiritual, causada pelo pecado (Jo 12,40), pelo ódio (Jo 2,11), pela indiferença (Ap 3,17), pela ignorância (Rm 2,19), pelo orgulho (Mt 15,14).

O profeta Isaías compara o povo pecador e injusto a um bando de cegos: "Aguardamos ansiosamente a luz, e só temos trevas; ansiamos pelo romper do dia, e só andamos na escuridão; como cegos apalpamos a parede, andamos tateando como se não tivéssemos olhos; tropeçamos em pleno meio-dia e vivemos como mortos em cemitérios" (Is 59,9-10). A esse povo cego, Jesus veio abrir os olhos e manifestar-se como "luz do mundo" (Jo 8,12): "Eu vim como luz do mundo, para que todo aquele que crê em mim não fique nas trevas" (Jo 12,46). Para isso Jesus pôs algumas condições.

Três condições para acompanhar Jesus

Encontramos ao menos três condições impostas por Jesus resolvidas na figura de Bartimeu. A primeira delas é a humildade, tão bem expressa no grito: "Tem piedade de mim". Deus nada faz num coração orgulhoso. Seria semear sobre pedra. Toda obra boa, inclusive a salvação, toma seu princípio na humildade. Depois da encarnação de Jesus na pobreza do presépio e de sua morte na nudeza da cruz, a humildade tornou-se a primeira condição para se receber as bênçãos do céu. A parábola do fariseu e do publicano ilustra bem essa condição (Lc 18,10-14). Há ainda outra expressão do cego, rica de sentido: chama a Jesus de *Rabbuni*, que quer dizer "meu mestre" (v. 51). Se chamo a alguém de 'meu mestre' é porque sou ou quero ser seu discípulo. E se quero ser discípulo de alguém, é porque esse alguém é superior a mim e tem coisas a me ensinar e eu as quero assimilar. Essa atitude é uma atitude de humildade, quando é sincera e expressa necessidade.

A segunda condição é a fé em Jesus como salvador. O cego grita por ajuda a 'Jesus, filho de Davi'. Filho de Davi era o nome que o povo dava ao messias esperado. 14 vezes Jesus é chamado com esse nome nos Evangelhos. No episódio de hoje o nome ocorre pela primeira vez no Evangelho de Marcos (ocorrerá mais duas vezes). Bartimeu crê que Jesus de Nazaré é o Messias. "Quem crê em mim terá a vida eterna" (*Jo* 6,47). Bartimeu o chama pelo nome: *Jesus*, que, como vimos, significa 'Deus salva'. A Jesus foi dado todo o poder no céu e na terra (*Mt* 28,18) e esse poder é exercido em benefício da humanidade. Paulo dirá: "Todo aquele que invocar o nome do Senhor Jesus será salvo" (*Rm* 10,13).

Marcos não poderia ser mais concreto em expressar a terceira condição: "Jogando fora o manto, deu um pulo e foi ter com Jesus" (v. 50). O manto significava tudo para um pobre cego: era seu vestido, sua coberta, seu colchão, sua casa (*Êx* 22,25-26). Era sua única segurança. Bartimeu joga fora toda a sua segurança humana. Liberta-se daquilo que parecia ser toda a sua posse. Um comportamento cem por cento diferente do jovem rico, aparecido no cenário um pouco antes (*Mc* 10,17-22). Muitas vezes Jesus falou do apego aos bens temporais e às próprias opiniões. Esse abandonar a própria segurança e as coisas em que pomos nossa segurança e dar um salto para o desapego é a condição talvez mais difícil para nos achegarmos a Jesus e sermos curados por ele. Todo caminho de fé verdadeira, depois da encarnação de Jesus, exige uma decisão pessoal de renúncia a si mesmo (*Mc* 8,34-35). Preenchidas as condições mínimas, o Senhor abre-nos os olhos, dá-nos a salvação. Nosso comportamento consequente será o mesmo de Bartimeu: seguir Jesus, caminhar com ele por onde e para onde ele for.

31º DOMINGO DO TEMPO COMUM

1ª leitura: Dt 6,2-6
Salmo: Sl 17
2ª leitura: Hb 7,23-28
Evangelho: Mc 12,28b-34

O amor é o cumprimento da lei (Rm 13,19)

O PRECEITO QUE ILUMINA E ORIENTA O COMPORTAMENTO HUMANO

Segundo o Evangelho de Marcos, estamos em Jerusalém, na última semana antes da paixão de Jesus. Ele frequenta diariamente o templo e desenvolve intensa atividade didática, inclusive sustenta algumas fortíssimas discussões com os fariseus, os saduceus e os escribas, seus adversários principais em toda a vida pública. Marcos recolhe no capítulo 12 os ensinamentos da última semana e encerra com o episódio do óbolo da viúva, que será lido no próximo domingo, que conclui assim: "Ela deu de sua indigência tudo o que tinha, todo o seu sustento". Uma frase que resume todas as condições impostas por Jesus a quem o quiser seguir, desapegar-se, dar sem nada reter, deixar-se ficar na mão generosa de Deus.

É pena que o trecho lido hoje omita a primeira parte do versículo 28, que se diz que o escriba ouvira a discussão de Jesus com os saduceus sobre a ressurreição e gostara da resposta explicativa dada por Jesus. Por isso lhe trazia a pergunta de qual seria o primeiro e maior mandamento. Também Mateus e Lucas contam o episódio. Mas em Mateus e Lucas a pergunta é feita para 'pô-lo à prova'. É maliciosa. Marcos, diferentemente, faz aproximar-se de Jesus um escriba de boa vontade e sincero de coração. Mais: em Marcos o escriba confirma sabiamente as palavras de Jesus e acaba recebendo grande elogio.

Não se pode condenar uma classe em bloco

Lembremos novamente que Marcos é excelente catequista. No meio de fariseus, herodianos, saduceus e escribas, adversários de Jesus e de seus ensinamentos, mostra que não se pode condenar uma classe em bloco e que ninguém é tão mau que não tenha momentos de bondade. Era costume os discípulos dos grandes mestres, recebida a lição, repeti-la em voz alta diante de quem a ensinara. O fato de o escriba repetir hoje o ensinamento de Jesus e confirmá-lo mostra primeiro que Jesus era de fato considerado um mestre; depois, que, também entre os escribas, havia quem tivesse simpatia e admiração por ele; e, não por último, pela boca do escriba vêm recordados os ensinamentos dos profetas em apoio aos ensinamentos de Jesus. Em outras palavras, Jesus é um mestre dentro da linha dos grandes profetas, ou seja, ensina com um poder, uma sabedoria e uma autoridade que lhe vêm de Deus.

De fato, quando o escriba conclui que amar a Deus e ao próximo é muito melhor do que todos os holocaustos e sacrifícios (v. 33), faz eco aos ensinamentos dos profetas. Oseias, por exemplo, falando da conversão ao Senhor, põe na boca de Deus estas palavras: "Eu quero a misericórdia e não os sacrifícios" (*Os* 6,6). O profeta Samuel dizia a Saul que a obediência e a docilidade a Deus era melhor que a gordura dos bodes sacrificados (*1Sm* 15,22). Nessa mesma linha estão os Salmos 40 e 51. Não é que Deus não quisesse os sacrifícios oferecidos em abundância no templo, muitos deles prescritos por Moisés. Mas queria que aos sacrifícios correspondesse um coração contrito e misericordioso. Os profetas, e particularmente Jesus, insurgiram-se contra o formalismo da religião, ritos apenas externos, sem a participação sincera de um coração convertido e voltado para o Senhor.

Laço indissolúvel: amor a Deus e ao próximo

A pergunta do escriba não era descabida. O judaísmo no tempo de Jesus havia-se perdido num emaranhado de preceitos e proibições, todas importantes, que ninguém mais sabia por onde começar. Em palavras de roça, podemos dizer que havia um cipoal de leis e ninguém mais sabia qual era o tronco central, de onde nasciam todos os ramos. Os preceitos eram 248, número que correspondia, pensavam eles, ao número de ossos do corpo humano. As proibições chegavam a 365, número igual aos dias do ano. O escriba procurava um critério, ou um ponto de partida ou um princípio unificador.

O escriba pede um, Jesus lhe dá dois. Buscou o primeiro no Deuteronômio (*Dt* 6,4), princípio que todo hebreu sabia de cor desde criança, porque o recitava diariamente. Na verdade é uma profissão de fé no único e verdadeiro Deus e a expressão da vontade de adorá-lo e servi-lo. Buscou o segundo no Levítico (*Lv* 19,18). Com sua resposta, Jesus criou um laço indissolúvel entre o amor de Deus e o amor ao próximo. A dimensão vertical (a Deus) e a dimensão horizontal (ao próximo) se cruzam necessariamente e juntas fazem um todo. A precedência absoluta do amor a Deus, válida no Antigo e no Novo Testamento, vem no Novo cimentada ao amor ao próximo, sem exclusão de ninguém nem mesmo dos inimigos.

São João na sua primeira Carta faz eco ao ensinamento de Jesus: "Se alguém disser: *Amo a Deus*, mas não amar seu irmão, é mentiroso, pois quem não ama seu irmão não pode amar a Deus. Temos de Deus o preceito: quem ama a Deus, ame também seu irmão" (*1Jo* 4,20-21). Talvez podemos dizer que a prova de que amamos a Deus é a medida do nosso amor ao próximo. Podemos deduzir essa regra também da frase de Jesus: "Digo-vos com toda a verdade: o que fizestes ao menor dos meus irmãos foi a mim que o fizestes e o que deixastes de fazer foi a mim que não fizestes" (*Mt* 25,40.45). O filósofo e teólogo dinamarquês Kierkegaard († 1855), um dos homens que mais se preocupou com o relacionamento Deus-criatura humana, escreveu no seu *Diário*: "O amor a Deus e o amor ao próximo são como duas portas que se abrem simultaneamente: impossível abrir uma sem abrir a outra e impossível fechar uma sem ao mesmo tempo fechar a outra".

**Reconhecer o bem
onde ele se encontrar**

Jesus não ensinou apenas com palavras, mas com seu comportamento. Hoje, por sinal, Jesus nos dá belo exemplo de amor. O interlocutor é um escriba. Mais vezes Jesus havia censurado os escribas, dizendo ao povo que não lhes seguisse os exemplos (Mc 12,38). Hoje Jesus reconhece no escriba, que o procura com sinceridade, um homem não longe da verdadeira sabedoria: "Não estás longe do Reino de Deus" (v. 34). Jesus mostra não ter preconceitos ou atitude de prevenção. Os escribas haviam sempre tido atitude agressiva para com Jesus e seus ensinamentos. Eles estarão com os sumos sacerdotes, levando Jesus amarrado a Pilatos (Mc 15,1). Estarão ao pé da cruz, ainda com os sumos sacerdotes, zombando dele (Mc 15,31).

Jesus sabe reconhecer o bem onde estiver: também no coração de um escriba, que pertence a uma classe hostil a ele. Também o escriba é seu próximo, é seu irmão. E trata-o bem. E elogia sua sabedoria, quando diz coisas sábias. Mesmo porque Jesus viera à procura dos pecadores (Mc 2,17), viera para que todos tivessem vida em abundância (Jo 10,10). É bom olhar o comportamento de Jesus com o escriba do Evangelho de hoje. Uma atitude de respeito. O cristão que esnoba a posse da verdade e do bem terá sempre uma ponta de desprezo para os que não pensam ou não rezam como ele. Esse tipo de cristão, bastante encontradiço nas igrejas, talvez nunca olhou Jesus nos olhos, talvez nunca tenha escutado a doçura amorosa de sua doutrina sobre o amor a Deus e ao próximo. O mandamento ditado por Jesus hoje deve embeber todos os mandamentos e iluminar todo o comportamento do cristão.

32º DOMINGO DO TEMPO COMUM

1ª leitura: 1Rs 17,10-16
Salmo: Sl 145
2ª leitura: Hb 9,24-28
Evangelho: Mc 12,38-44 ou Mc 12,41-44

Em nossa ternura vos comunicamos o Evangelho de Deus e a nossa própria vida (Ts 2,8)

CRER E AMAR IMPLICA NADA RETER, NADA PEDIR

Estamos em Jerusalém. Estamos no coração de Jerusalém e de toda a cultura e religiosidade judaica: no templo. O Evangelho de hoje traz os últimos ensinamentos de Jesus. O capítulo 13 é constituído pelo chamado 'discurso escatológico', isto é, que fala do fim de todas as coisas. Depois vem a paixão. A lição de hoje vem por meio do contraste, bastante comum no estilo de Marcos. Temos dois comportamentos: o dos escribas e o da viúva anônima. Os escribas são atacados por sua preocupação com o exteriorismo social e religioso e também por sua cobiça disfarçada em serviços aos necessitados. Viviam uma religião exibicionista e exploravam os pobres que precisavam de ajuda legal.

Às exterioridades e à cobiça dos escribas, Jesus contrapõe a generosidade e o desapego de uma viúva pobre, humilde, anônima. Se nos lembrarmos de que no Evangelho do domingo passado se nos pedia crer num só Deus e amá-lo de todo o coração e amar o próximo como a nós mesmos (*Mc* 12,30-31), aprendemos hoje que crer em Deus é uma atitude interna do coração e não a multiplicação de gestos exteriores que mais satisfazem a vaidade que a humildade e a adoração. E amar implica respeito ao que o próximo tem e é.

A lição se acentua e se completa com o exemplo da viúva, que dá tudo o que tem; o que significa dar a própria vida, sem nada reter para si e sem nada pedir. Crer e amar implica esse desapego e doação. Crer e amar significa nada reter, nada exigir. A viúva é posta diante de nós hoje como se fosse um espelho de Jesus, que deu generosamente tudo ao Pai, nada reteve para si, não se apegando nem à sua divindade nem à sua humanidade.

Dois pecados graves: casuísmo e hipocrisia

O episódio acontece no templo, já na última semana da vida pública de Jesus. Naqueles dias, Jesus teve várias discussões com os que representavam o poder religioso, político e social: os fariseus, os saduceus, os escribas. Hoje enfrenta os escribas, que eram os entendidos na lei. Chamavam-se também *doutores, legisperitos*, mas gostavam de ser chamados pelo título honroso de *rabi*, que quer dizer *mestre*. Tinham grande influência sobre o povo, porque eram eles que interpretavam as leis e faziam as vezes dos advogados.

Como a lei era sagrada, julgavam-se também eles sagrados e, por isso, exigiam lugares de honra em todas as reuniões, festas e nas sinagogas. Para concorrer com os bons fariseus, "simulavam longas orações" (v. 40). Jesus os acusou, sobretudo, de dois pecados: de *casuísmo*, isto é, de torcer e adaptar a lei conforme os interesses do momento, não excluindo interesses financeiros; e de *hipocrisia*, que os levava a mostrar publicamente o que não eram e a exigir aplausos e honras a que não tinham direito.

Jesus chama-os de ladrões, ao afirmar que "devoram as casas das viúvas" (v. 40). Aliás, ainda hoje temos a experiência de advogados que assumem causas (de inventário, por exemplo) e enrolam e rolam as coisas para poder extorquir dinheiro. Compreende-se que o povo, explorado pelos escribas, gostasse de ver e ouvir os ataques que Jesus, com coragem, lhes fazia (*Mc* 12,37; *Lc* 19,48; 21,38).

Deu o que era a sua vida

Não é simples acaso que Jesus aproxima o comportamento de um doutor da lei e o comportamento de uma viúva. As viúvas, como os órfãos, formavam uma categoria de pessoas desprotegidas, quase sempre desprezadas, porque a viuvez e a orfandade eram consideradas castigos de Deus por algum pecado cometido. Faziam seguramente parte dos pobres e 'pecadores'. E é com a imagem de uma mulher viúva, anônima, que Jesus encerra os ensinamentos. Observe-se que Marcos diz que Jesus assentou-se no corredor dos cofres (v. 41). Os mestres costumavam dar suas lições sentados. Jesus assume atitude de mestre, para dar uma última lição fundamental. Fundamental não apenas no sentido de importante, mas no sentido de que, sem ela, desmoronam as outras.

Nesse corredor, por onde necessariamente todos passavam e ao qual também as mulheres tinham acesso, havia 13 cofres em forma de 'tromba' para recolher as ofertas em dinheiro. Mas o doador não depunha pessoalmente a esmola no cofre. Entregava-a a um sacerdote, dizia-lhe quanto era e para que finalidade devia servir. Por isso Jesus pôde ver as duas moedinhas e a disposição com que a viúva as entregava. E tinha visto a soma que outros davam e o alarde que faziam para que todos vissem a generosidade.

Marcos diz que eram duas moedinhas. Suponhamos que a viúva fosse muito piedosa. Seria de esperar que ela desse uma das moedas e ficasse com a outra, porque "era tudo o que ela tinha" (v. 44). Metade para o Senhor e metade para sua sobrevivência. Mas não foi isso o que aconteceu. Ela deu as duas, que eram necessárias para seu sustento (v. 44), ou, em outra tradução, ela deu o que era a sua vida. E nisso está a grande lição. Volta o tema de desapego, uma das grandes novidades do Novo Testamento. Volta o tema da atitude interior, do coração, contra o formalismo. Volta o tema da entrega total a Deus, sem nada pedir em troca.

Lição, que vai além da esmola

A lição, repito, é fundamental para compreender o Reino dos Céus. Marcos, além de fazer Jesus dar a lição sentado, isto é, como mestre, faz Jesus chamar para perto de si os discípulos (v. 43), isto é, quer que eles escutem a lição. E para dizer que a lição é importantíssima, põe na boca de Jesus a forma solene: "Em verdade vos digo" (v. 43).

A lição de hoje vai além, e muito além, da boa obra que é a esmola. A boa obra vem muito explicitada no livro de Tobias: "Dá esmola segundo as tuas posses. Se tiveres em abundância, dá esmola em proporção a teus bens. Se tiveres pouco, não tenhas receio de tirar desse pouco. Assim acumulas em teu favor um precioso tesouro. A esmola preserva da morte e não deixa entrar nas trevas. Para todos os que a praticam diante do Altíssimo, a esmola é oferenda de grande valor" (*Tb* 4,8-11). Por isso, seria de esperar que a viúva desse uma das moedas e ficasse com a outra. Mas a lição de Jesus é radical. Vai muito além da esmola. O verdadeiro discípulo de Jesus não dá alguma coisa do que tem a Deus ou ao próximo. Mas renuncia a tudo, em benefício de Deus e do próximo. Exatamente como fez Jesus, que não se apegou nem à sua humanidade nem à sua divindade (*Fl* 2,6) e, morrendo nu na cruz em benefício de muitos, pôde dizer ao Pai: "Em tuas mãos entrego o meu espírito" (*Lc* 23,46), isto é, a minha existência, o meu destino, tudo o que sou. É o extremo da generosidade. É o extremo do amor.

As civilizações e as culturas costumam considerar a grandeza de alguém por seus bens materiais ou intelectuais. Aos olhos do mundo, a criatura humana é valorizada pelo que tem. Poderíamos até dizer que o homem, quando escreve a história, fala dos reis, papas, chefes de Estado, vitoriosos guerreiros, escritores famosos, cientistas geniais. Aos olhos de Deus, eles terão feito história, se tiveram um coração semelhante ao da viúva de hoje, que muito se assemelha ao coração de Jesus.

33º DOMINGO DO TEMPO COMUM

1ª leitura: Dn 12,1-3
Salmo: Sl 15
2ª leitura: Hb 10,11-14.18
Evangelho: Mc 13,24-32

O Senhor virá e será a glória de seus santos e a admiração de todos (2Ts 1,10)

HISTÓRIA DA SALVAÇÃO: UMA HISTÓRIA DE PRESENTE E FUTURO

Toda vez que participamos da Santa Missa, depois da oração oficial da Comunidade cristã, o Pai-Nosso, dizemos: "Vivendo de esperança, aguardamos a vinda gloriosa do Cristo Salvador". Para essa vinda gloriosa orienta-se toda a fé cristã. Esse é o tema fundamental do Evangelho que lemos neste final do ano litúrgico, que se encerra domingo próximo, com a festa de Cristo Rei. A vinda de Jesus no fim dos tempos é a coroação de todas as esperanças. Bem ao estilo hebraico, a certeza do encontro com Cristo é expressa por comparação: "passará o céu e a terra, mas as minhas palavras não passarão" (v. 31). Não significa que acabarão o céu e a terra, mas significa que podemos ter certeza absoluta da palavra salvadora de Jesus.

O fim do mundo acontece para cada um na hora da morte. Para quem morre, o sol escurece, apagam-se as luzes românticas da lua e das estrelas, e tudo o que significava poder neste mundo, tanto na realidade quanto na fantasia, perde seu valor. A criatura, no fim de seu tempo, na morte, encontra-se diante do nada. Mas a criatura, que creu no Senhor Jesus, ao mesmo tempo em que deixa o nada, vê o Cristo abrir a porta da eternidade, vir-lhe ao encontro na plenitude da divindade e da misericórdia

O cristão não espera a prolongação do tempo ou o surgimento de um novo lugar. O cristão vai ao encontro de uma pessoa. A morte é um acontecimento pessoal, entre duas pessoas: nós e o Cristo, que nos vem ao encontro para fazer conosco uma comunhão. O fim do homem não é a morte e o nada, mas Jesus Cristo, em direção de quem crescemos ao longo da vida. No momento do encontro, unem-se nossos destinos, identifica-se nossa história. Nele, "o Vivente" (*Ap* 1,18), viveremos para sempre.

Presente e futuro se confundem

Jesus está em Jerusalém. Aproxima-se o final dos tempos previstos para a Paixão. Já no capítulo 11, Marcos conta a entrada triunfal na Cidade Santa e a aclamação de Jesus como "aquele que veio em nome do Senhor" (*Mc* 11,9). Todo o capítulo 12 são admoestações de Jesus sobre a justiça, o amor, a humildade, a generosidade, sua origem divina, sua missão de salvador e a ressurreição para todos.

Se passássemos diretamente ao capítulo 14 (traição de Judas e de Pedro, Última Ceia, Paixão), haveria uma sequência natural. Mas o Evangelista intercala um capítulo inteiro, que costumamos chamar de 'Discurso sobre os últimos tempos'. E o escreve num estilo chamado apocalíptico.

Não devemos ler o capítulo 13 como se fossem profecias sobre a destruição do mundo, mas ver quais as lições que estão por trás das figuras empregadas. No estilo apocalíptico sempre se fala em catástrofes que acontecerão com a natureza. Na verdade, usando o estilo apocalíptico, Jesus retoma suas grandes lições para a vida da comunidade no presente e seu caminhar para o futuro. Aliás, nos ensinamentos de Jesus, muitas vezes, presente e futuro se confundem. A história da salvação é um projeto que se vai realizando. Por isso é sempre alguma coisa a vir e, ao mesmo tempo, alguma coisa que está acontecendo e nos envolve.

Certeza de uma segunda vinda

A segunda vinda de Jesus, na hora de nossa morte, é chamada com a palavra grega *parusia*, que significa 'chegada'. Era empregada para expressar a chegada triunfal de um rei. Quando Jesus vier no fim dos nossos tempos, ele virá na plenitude de sua divindade, bem mais que real, e virá revestido de misericórdia e justiça, porque será nosso juiz. A palavra *parusia* é muito empregada por São Paulo para significar a vinda do Cristo glorioso e tudo o que essa chegada evoca (*1Cor* 15,23; *1Ts* 2,19; 3,13; 4,15; 5,23; *2Ts* 2,1.8). Também Pedro, Tiago e João usam a palavra (*2Pd* 1,16; 3,4.12; *Tg* 5,7ss; *1Jo* 2,28). Às vezes, infelizmente, o termo desaparece nas traduções.

É da segunda vinda de Jesus que fala o texto de hoje. A certeza dessa segunda vinda deve ser consolo e apoio para superar as dificuldades presentes (*2Ts* 2,1-12). Deve ser razão de esperança (*1Cor* 1,7-9) e de vigilância (*1Ts* 5,1-24). Deve levar-nos ao desapego dos bens temporais (*1Cor* 7,29-31) e à perseverança na prática das boas obras (*Tm* 6,12-16). Esses temas percorrem todas as páginas do Novo Testamento e às vezes se sobrepõem: vigilância e esperança, porque uma dá razões à outra; desapego e prática de boas obras, que podem ser feitas com bens materiais, intelectuais e espirituais. Quase todos os textos escatológicos do Novo Testamento insistem na vigilância, uma virtude muito dinâmica.

Bastante central no capítulo 13 de Marcos está a profecia da destruição do templo. De fato, o templo de Jerusalém foi destruído no ano 70. Mas podemos ver no templo a ser destruído um simbolismo, ligado ao tema fundamental do desapego: para o feliz encontro com Jesus glorioso na hora de nossa morte é preciso destruir, ao longo da vida, o templo em que adoramos os nossos ídolos, que impedem de todo ver ou impedem de ver com limpidez e candura a face de Deus. Cultivamos nossos ídolos como se fossem sagrados, por isso mesmo levam o nome de ídolos (coisas a que atribuímos poderes divinos). Não penso em amuletos. Penso mesmo no dinheiro, no poder, no domínio, no aplauso mundano, no bem-estar que possuímos e cultivamos como tesouros sacratíssimos no templo do nosso coração. Desse templo "não sobrará pedra sobre pedra" (*Mc 13,2*).

Jesus, porteiro da eternidade

Jesus, portanto, é o porteiro da eternidade. Ele virá ao nosso encontro não mais na humildade de seu corpo humano, como os Apóstolos o conheceram, mas em sua majestade divina. Vir sobre as nuvens do céu (v. 26) é uma expressão que significa ter poder divino. Esse poder é reforçado pelo mando sobre os anjos e os homens (v. 27). Jesus várias vezes se chamou de "Filho do Homem" (*Mt* 9,6; 10,23; 12,8; 12,40; *Mc* 10,45). A expressão vem do profeta Daniel (*Dn* 7,13), que fala de uma figura misteriosa conduzida sobre as nuvens do céu à presença de Deus para dele receber a realeza. Mas em outros contextos da Bíblia a expressão significa homem frágil.

As duas figuras ficam bem em Jesus. Ele é frágil como pessoa humana, será preso, condenado e morto. Mas essa fraqueza é um lado seu. Porque, ao mesmo tempo, é rei e senhor, tem força divina e, como juiz glorioso, decidirá a sorte dos bons e dos maus. Em outras palavras: quem veio à terra e assumiu, na humildade, a condição humana e abriu e indicou com clareza os caminhos da salvação, voltará, na majestade divina de rei, senhor e juiz, para instaurar o novo céu e a nova terra (*2Pd* 3,13).

Também nós somos um misto de fraqueza e grandeza. Temos a experiência de nossa fragilidade física e moral. Nossa fé é pequena e instável. Dificuldades nos cercam, mais difíceis de transpor que o Mar Vermelho, nos tempos de Moisés (*Êx* 14,15-31). Mas somos ao mesmo tempo tão grandes que o salmo diz que fomos feitos "um pouco inferiores a um ser divino" (*Sl* 8,6). Somos tão importantes que gozamos da condição de comensais do próprio Deus (*Lc* 22,30). É o drama humano, do qual ninguém escapa de ser ator. Nesse palco, entrou Jesus para nos garantir a possibilidade de um final feliz.

SOLENIDADE DE JESUS CRISTO, REI DO UNIVERSO

1ª leitura: Dn 7,13-14
Salmo: Sl 92
2ª leitura: Ap 1,5-8
Evangelho: Jo 18,33b-37

Deus nos chama ao reino e à glória (1Ts 2,12)

ELE VIVE E REINA
E NÓS VIVEMOS E REINAMOS COM ELE

A festa de Cristo Rei encerra o Ano Litúrgico. Na verdade, tudo quanto foi feito ao longo do ano deverá ter sido feito "em nome do Senhor Jesus, para a glória de Deus Pai" (Cl 3,17). Todas as coisas e todos os acontecimentos convergem para ele. É essa verdade que a festa de hoje quer celebrar, dando a Jesus o título de Rei do Universo. Ele é o "chefe da nova humanidade" (Ad Gentes, 3), tendo santificado em si mesmo todas as criaturas, chamadas agora a participar de seu reinado, que é um reinado eterno e universal, de verdade, de amor, de justiça e de paz.

Quando falamos em nova humanidade, lembramos que Jesus instaurou novo relacionamento entre o Criador e as criaturas. Sendo a primeira das criaturas (Cl 1,15) e sendo Deus ao mesmo tempo, nele Deus "nos abençoou com toda a bênção" (Ef 1,3) e fez-nos inseparáveis de sua glória, quando "ressuscitou Jesus dos mortos e o fez sentar-se à sua direita nos céus, acima de todo principado, potestade, virtude e dominação e de tudo que tem nome na terra. E sujeitou a seus pés todas as coisas e o constituiu cabeça suprema de toda a Igreja, que é o seu corpo" (Ef 1,20-23).

Ora, onde está a cabeça está também o corpo. Quando uma cabeça é coroada, é o corpo inteiro que assume o peso e a glória da coroa. Por isso mesmo, a festa de hoje, ao mesmo tempo que celebra a soberania universal de Jesus Cristo, celebra também a nossa corresponsabilidade na construção do Reino dos Céus, núcleo central da missão de Jesus na terra. Festa do Rei, festa dos súditos, porque todos "somos o corpo de Cristo e cada um como parte é membro" (*1Cor* 12,27).

Um rei previsto pelos Profetas

A resposta à pergunta de Pilatos: "Tu és o Rei dos Judeus?" (v. 33) podia ser dupla e contraditória. Podia ser um *sim* e podia ser um *não*. Por isso Jesus, a princípio, não responde, mas faz outra pergunta: se Pilatos queria saber se ele tinha pretensão de ser um rei terreno, político, com corte, ministros e exército. Caso a pergunta de Pilatos tivesse esse sentido, e Jesus respondesse *sim*, estava configurado o crime de subversão. E Pilatos teria por onde condená-lo. Mas se a pergunta de Pilatos tivesse o sentido bíblico-religioso (o que era possível), o *sim* de Jesus tinha um significado que escapava à compreensão de Pilatos, romano pouco afeito às questões bíblicas dos judeus. Por isso, Jesus não respondeu com um *sim* ou com um *não*, mas com uma explicação.

E a explicação de Jesus prende-se ao conceito de rei previsto pelos profetas, como em Daniel, na primeira leitura de hoje (*Dn* 7,13-14): alguém animado pelo Espírito de Deus, capaz de trazer à terra a justiça, a verdadeira piedade, a paz duradoura, a alegria do serviço, a solidez terna do bem, criando uma nova humanidade, fiel ao plano amoroso do Criador. Alguém que fosse o "conselheiro admirável, o Deus forte, o Pai para sempre, o príncipe da paz" (*Is* 9,5) no meio das criaturas. O Apocalipse, na segunda leitura (1,5-8), confirma a figura do rei bíblico-religioso: alguém testemunha fiel, que ama ao Pai e a nós pecadores com o máximo amor, que para fazer a vontade do Pai e salvar-nos derrama seu sangue, redimindo-nos, consagrando-nos e fazendo-nos reinar com ele.

Ensina-me a tua verdade

Jesus afirma que veio "para dar testemunho da verdade" (v. 37). Na nossa linguagem de hoje, a palavra *verdade* significa conformidade com o real, exatidão, franqueza, coisa certa. Mas o significado bíblico de *verdade* é diferente. Ela significa a experiência do encontro com Deus (envolvendo, portanto, todo o ser humano em sua inteligência, vontade, ação e sentimentos). Ela significa a fidelidade a esse encontro, que a Bíblia chama de Aliança. Ela significa sabedoria, isto é, o gosto da presença e vivência de Deus no dia a dia da criatura humana.

Assim, quando nos Salmos se pede: "Ensina-me a tua verdade" (*Sl* 25,5), é o mesmo que pedir: "Ensina-me a sabedoria; ensina-me a ser fiel; ensina-me a copiar os teus passos". A palavra *verdade*, então, envolve todo o comportamento vivencial do homem e todo o mistério de Deus nos seu relacionamento com as criaturas. Envolve também as razões da criação e do destino humano. Ora, Jesus veio ao mundo exatamente para tornar visível para sempre o amor indefectível de Deus para com a humanidade e recriar as coisas, estabelecendo um novo e inquebrável relacionamento entre as criaturas e o Criador. Essa missão Jesus a confirma diante de Pilatos, ou seja, diante das autoridades do mundo, ao dizer que viera ao mundo para ser rei e dar testemunho da verdade (v. 37).

Quando o Apocalipse, na segunda leitura, chama a Jesus de "testemunha fiel" (*Ap* 1,5), expressa o mesmo sentido que aqui damos a 'testemunha da verdade'. Quando o Evangelho de João anuncia o nascimento de Jesus, diz que ele nasceu "cheio de graça e verdade" (*Jo* 1,14), isto é, nasceu com toda a santidade divina e, sem nenhuma quebra (pecado) de fidelidade, estando inteiramente tomado pela presença de Deus. Em sua pessoa divino-humana, a frágil fidelidade das criaturas toma a robustez da fidelidade divina.

Cooperadores da verdade

Ao longo de sua vida pública, Jesus pôs as condições para alguém ser seu discípulo. Algumas condições, como o desapego, a simplicidade, a sinceridade, ele as repetiu várias vezes. Hoje nos diz qual é a soma de todas as qualidades exigidas para reinar com ele: ser da verdade (v. 37), ser fiel à plenitude da revelação divina, centrada agora na pessoa de Jesus. João dirá numa de suas cartas: "Se somos da verdade, nosso coração descansará tranquilo" (*1Jo* 3,19).

Noutra carta, João nos chama de "cooperadores da verdade" (*3Jo*, 8), o que vale dizer cooperadores, participantes do Reino de Jesus Cristo. Não de um reino terreno, passageiro. Mas de um reino que, começado no aqui e agora, tem desde logo o gosto do eterno, do divino. Um reino que passa pelo mistério da Paixão e da Cruz, como lembra o Evangelho de hoje, e passa pela Páscoa. Pela Páscoa de Jesus e pela nossa páscoa, quando, vencedores, sentar-nos-emos com ele no trono (*Ap* 3,21).

Para o cristão, trono e cruz não se separam. Na Sexta-feira Santa cantamos: "Ele reinou do alto do lenho da cruz". Para o Evangelho de João, toda a vida pública de Jesus é uma marcha consciente e real para a tomada de posse do trono, que é a Cruz. A Cruz não é um momento de fracasso ou fraqueza de Cristo, mas um dom livre e consciente de si mesmo à vontade do Pai de redimensionar a obra da criação. O próprio Jesus já havia afirmado na parábola do Bom Pastor: "O Pai me ama, porque dou a minha vida para de novo retomá-la. Ninguém a tira de mim. Sou eu mesmo que a dou. Tenho o poder de dá-la e retomá-la. Recebi essa ordem de meu Pai" (*Jo* 10,17-18). A dignidade, a majestade, a realeza de Jesus, aludidas na parábola do Bom Pastor, foram proclamadas abertamente hoje no julgamento que precede a Paixão, ficando sempre destacada a plena liberdade de Jesus em doar-se para que todos tivessem "a vida em plenitude" (*Jo* 10,10). Viver agora e por toda a eternidade esta vida, doada por Cristo, é reinar com ele.

SOLENIDADES DO SENHOR QUE OCORREM NO TEMPO COMUM

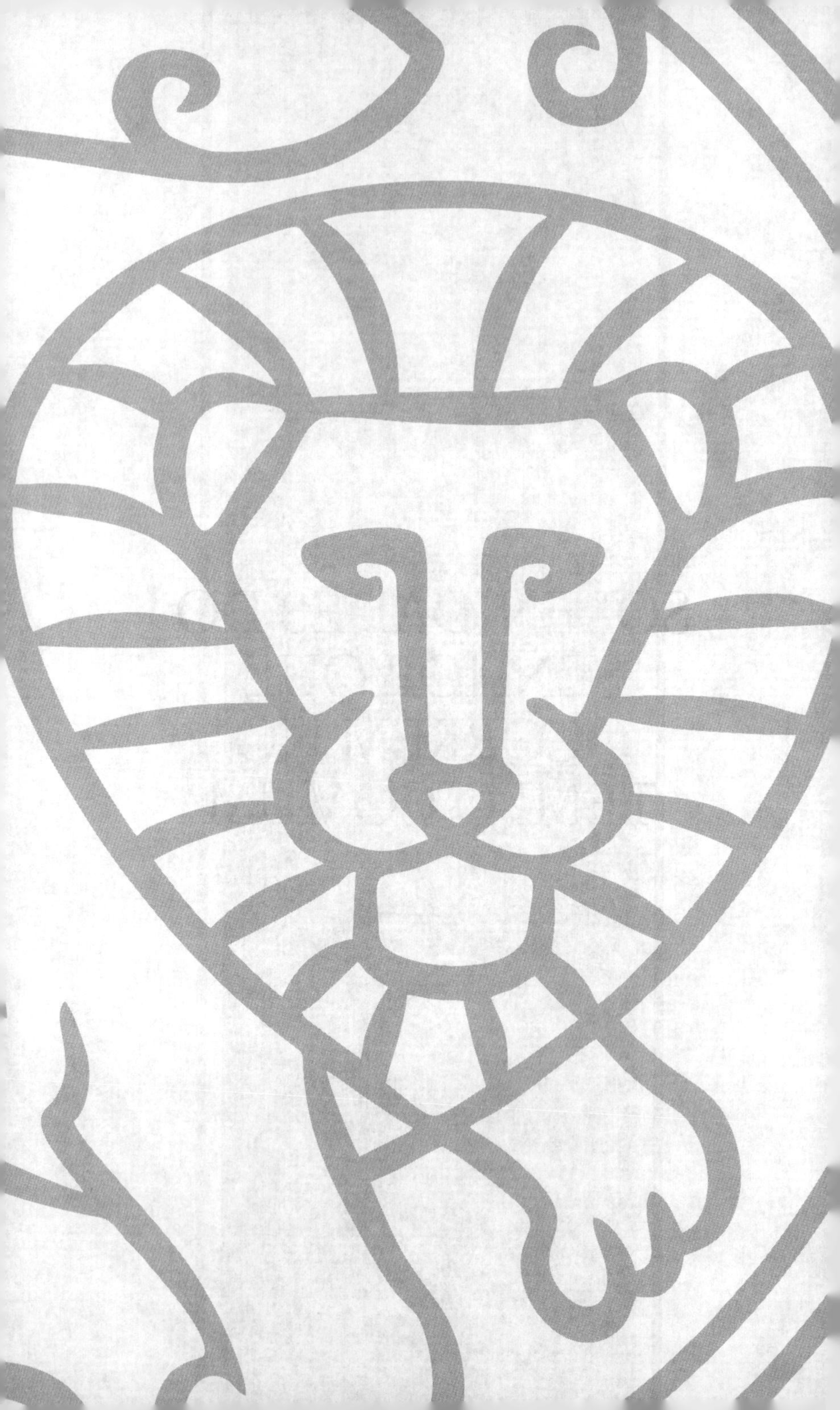

SOLENIDADE DA SANTÍSSIMA TRINDADE

1ª leitura: Dt 4,32-34.39-40
Salmo: Sl 32
2ª leitura: Rm 8,14-17
Evangelho: Mt 28,16-20

O Espírito Santo lhe dê forças para guardar o depósito da fé (2Tm 1,14)

BATIZADOS EM NOME DO PAI E DO FILHO E DO ESPÍRITO SANTO

A escolha do Evangelho de hoje, para a festa da Santíssima Trindade, não só se deve ao fato de o Evangelista mencionar explicitamente as três pessoas divinas, pondo-as nos lábios de Jesus no momento em que retorna para o Pai, mas também porque vem expressa a estreita colaboração de Deus-Trindade com a obra redentora no mundo, entre o Cristo glorioso com a Igreja, continuadora de sua missão. Continuadora, mas o agente principal continua sendo o Cristo, presente e ativo na comunidade dos cristãos (v. 20).

Os profetas do Antigo Testamento não conheceram o mistério da Santíssima Trindade. Ciosos de conservar o monoteísmo, isto é, a fé num Deus só e único, aos profetas e aos grandes sábios do Antigo Testamento escapava a possibilidade de um Deus trino e único. O mistério, revelado por Jesus Cristo, tornou-se o centro da fé cristã, seu dogma maior, que envolve toda a oração e ação da Igreja. Diz o *Catecismo da Igreja*: "O mistério da Santíssima Trindade é o mistério central da fé e da vida cristã. É o mistério de Deus em si mesmo. É, portanto, a fonte de todos os outros mistérios da fé, é a luz que os ilumina" (n. 234). O sinal distintivo do cristão, que é o sinal da cruz, contém o grande mistério da Santíssima Trindade, em cujo nome somos batizados.

O fato de Jesus nos haver revelado o mistério não significa que o compreendamos. Santo Agostinho (†430) escreveu nas suas *Confissões* (XIII,11) que é muito rara a pessoa que, falando da Santíssima Trindade, saiba do que está falando. Falar da Santíssima Trindade é tão difícil quanto esvaziar um mar com uma colher. Deus não é o ponto de chegada da nossa razão e da nossa pesquisa. Ele ultrapassa o alcance dos nossos mais profundos raciocínios filosóficos ou teológicos. A escada que mais perto nos leva de Deus não é a da inteligência, é a escada do amor, pela qual sobem com mais facilidade os simples de coração que os argutos de inteligência, porque sabemos que Deus é amor (*1Jo* 4,16). O mistério da Santíssima Trindade é um mistério de amor.

A maior novidade do Novo Testamento

A fé cristã é fé num Deus único em três pessoas. O monoteísmo trinitário é a mais profunda das novidades religiosas do Cristianismo e aquela que o distingue tanto da fé hebraica (Deus único) quanto da fé dos pagãos (muitos deuses). Ainda hoje é a sua principal característica diante das outras religiões, e o sinal mais persuasivo da transcendência do Cristianismo. Sozinha, a criatura humana jamais alcançaria o mistério trinitário. Os primeiros cristãos, quanto mais fiéis eram à fé abraâmica e à Lei divina, tanto mais dificuldade tiveram de aceitar a revelação feita por Jesus. Daí se entende também porque os Apóstolos em suas cartas e pregações falaram com tanta segurança e humildade da grande novidade.

Isso transparece também em suas orações, sempre feitas a Deus-Pai, por meio do Cristo, no Espírito Santo. No Ocidente esse costume se esmaeceu. Tantas vezes vemos orações dirigidas diretamente a Cristo ou ao Espírito Santo. Não que seja errado. Mas não era o costume das primeiras gerações cristãs. O *Credo* tem uma forte estrutura trinitária. A celebração eucarística é trinitária em seu conjunto (o *Cânon*, por exemplo) e em suas partes (como o Glória, o Prefácio, o Sinal da Cruz).

Senhor, quem sois vós e quem sou eu?

Observe-se como o Evangelho de hoje se passa numa montanha. Insinuação ao novo Moisés (no Monte Sinai) que era Jesus, novo legislador, novo guia do povo, novo profeta que dialoga com Deus em benefício do povo e transmite as ordens divinas (*Êx* 19,3-8). Mas Jesus é mais que profeta, alguém que fala em nome de Deus. Ele tem poderes divinos: "Todo o poder me foi dado no céu e na terra" (v. 18). Jesus não diz, como teria dito Moisés: "Fazei discípulos de Deus", mas "discípulos meus", o que vem a ser exatamente 'discípulos de Deus'.

Diz-nos o texto de hoje que os Apóstolos, ao se aproximarem de Jesus, prostraram-se (v. 17). Gesto de adoração e de humildade diante da grandeza divina. Os Magos fizeram o mesmo gesto ao encontrarem o Menino Deus (*Mt* 2,11). Essa deveria ser a atitude normal da criatura humana diante do mistério divino. Pode haver outros gestos corporais que indiquem adoração, porque o importante é atitude interior: o gesto que se faça é secundário. Tanto para o Antigo quanto para o novo Testamento a adoração é dada somente a Deus. A Igreja sempre velou para que não houvesse desvios. Aos santos, inclusive à Mãe de Deus, ela presta veneração. Também os gestos aqui são muitos, mas sempre secundários e mudam conforme as culturas e o tempo.

O sentimento de adoração reconhece o senhorio absoluto de Deus, que pode fazer com as criaturas em adoração o que lhe aprouver. Quando, no Pai-Nosso, rezamos "seja feita a vossa vontade", se dizemos isso na verdade de nossa consciência, estamos adorando Deus. Quando Francisco de Assis gritava dentro da noite no alto da montanha: "Senhor, quem sois vós e quem sou eu? Vós, o Altíssimo Senhor do céu e da terra, e eu, um miserável vermezinho vosso ínfimo servo", ele estava, ainda que em gritos, adorando a Deus.

O sentimento de adoração pode pedir que alguém permaneça horas prostrado em oração e contemplação. Quando alguém assim se comporta, mesmo escondido no quarto ou no silêncio de uma capela, está fazendo um gesto comunitário, porque no cristianismo toda a piedade individual repercute na comunidade: formamos um só corpo, cuja cabeça é Cristo (*1Cor* 12,27; *Ef* 4,15-16).

Meros cooperadores de Deus

Jesus envia os Apóstolos (v. 19). A experiência nos ensina que quem adora verdadeiramente a Deus tem necessidade de repartir o dom da fé. Ao enviar por todo o mundo os Apóstolos, que estavam prostrados em adoração, Jesus não os desvia da oração, mas os ajuda a completar o gesto de adoração. O verdadeiro cristão está sempre no jogo de ajoelhar-se diante de Deus e de levantar-se e partir para levar aos outros o bem e a paz que a bondade de Deus lhe dará para distribuir. Todo cristão é um apóstolo em saída.

A última frase do texto de hoje (v. 20) está essencialmente ligada à reflexão que vínhamos fazendo. Não estamos sozinhos na adoração e no apostolado. Cristo está conosco. Inseparavelmente conosco porque é a cabeça do corpo que é a comunidade cristã (*Cl* 1,18). O Apóstolo Paulo podia dizer com toda a verdade: "Cristo vive em mim" (*Gl* 2,20). E admoestava aos romanos: "Se Cristo está vivo em nós, vosso corpo está morto para o pecado" (*Rm* 8,10).

Ele não está conosco como o dinheiro no bolso. Ele está conosco como está a nossa cabeça. Por isso nossa oração pode chegar a Deus. É em Cristo, por Cristo e com Cristo que nós rezamos a Deus. Por isso nossa adoração pode ser verdadeira, total e agradável a Deus, apesar de nossa pequenez e estado de pecadores. Se saio a construir o Reino dos Céus, assumo a responsabilidade do meu trabalho, mas é o Cristo que lhe dá a fecundidade (*1Cor* 3,6-7). Não ajo sozinho nem ajo por minha força e planejamento. Lembrava-o bem São Paulo: "Somos meros cooperadores de Deus" (*1Cor* 3,9). É por isso que a nova aliança entre Deus e a criatura humana é perfeita e tem sentido. De nosso lado está o Cristo homem-Deus, que diviniza nossas ações.

SOLENIDADE DO SANTÍSSIMO CORPO E SANGUE DE CRISTO

1ª leitura: Êx 24,3-8
Salmo: Sl 115
2ª leitura: Hb 9,11-15
Evangelho: Mc 14,12-16.22-26

Este é o Sangue da Aliança que o Senhor fez conosco (Êx 24,8)

EUCARISTIA: O SACRAMENTO DA NOVA E ETERNA ALIANÇA

A festa do Corpo e Sangue de Cristo é a maior catequese sobre Deus-conosco, Deus-em-nós, Deus, que caminha conosco. Não é por acaso que o povo chama a Eucaristia de Comunhão: comunhão com Deus, que nos leva forçosamente à comunhão com as criaturas e, sobretudo, com as criaturas humanas. Muitas paróquias levam hoje festivamente o Santíssimo Sacramento às ruas da cidade. É uma profissão pública de fé, mas é também uma forma de expressar essa comum/união, essa comunhão de Deus com a sociedade e com tudo o que envolve a sociedade. Cristo passa por ruas de mais de mil anos; Cristo passa por ruas recém-abertas; Cristo passa pelo centro de vilas rurais; Cristo passa pelas avenidas das grandes cidades. Cristo ontem, hoje e sempre (*Hb* 13,8) no meio da geografia e da história: "Estarei convosco até o fim dos tempos" (*Mt* 28,20).

Envelhecem as pessoas, envelhecem as cidades. Cristo, não. "Há dois mil anos – escrevia o Papa João Paulo II na Bula de abertura do Ano Santo de 2000 – a Igreja é berço no qual Maria depõe Jesus e o confia à adoração e à contemplação de todos os povos" (n. 11). A palavra 'berço' indica a permanente atualidade do Cristo e o rejuvenescimento de sua missão. Mudam os tempos, sucedem-se as gerações, criam-se novos ritos e o Cristo permanece o mesmo, vivo e verdadeiro Deus no meio das criaturas, porque ele, embora nascido em carne humana no tempo, está acima e além dos tempos. Escreveu belamente o Papa na Bula de abertura do Grande Jubileu: "Para os que creem a passagem ao terceiro milênio não tem o gosto do cansaço que o peso de dois mil anos de história poderia trazer consigo. Ao contrário, os cristãos se sentem renovados, porque sabem que levam ao mundo a luz verdadeira: Cristo Senhor. A Igreja, anunciando Jesus de Nazaré, verdadeiro Deus e verdadeiro homem, abre diante dos seres humanos a perspectiva de serem 'divinizados' e assim se tornarem mais humanos" (n. 2).

Todas as criaturas em comunhão com o Criador

São Paulo chamou o Cristo de 'primogênito de muitos irmãos' (Rm 8,29) e 'primogênito de todas as criaturas' (Cl 1,15). A Eucaristia torna isso visível. É um sacramento para as criaturas humanas e um sacramento em que todos se encontram iguais entre iguais, formando uma verdadeira comunidade. Porém, é um sacramento feito de pão e de vinho, duas criaturas irracionais, e quase sempre realizado sobre uma mesa de pedra, o altar. Parece verdadeiro encontro da natureza em todos os seus elementos. Santo Ireneu recorda que não foi por acaso que Jesus quis fazer-se presente no pão e no vinho, dois produtos da terra, amaldiçoada no pecado de Adão (Gn 3,17), e isso porque ele quis refazer em si não só a criatura humana, mas a própria natureza e o cosmos, a terra em seu sentido mais concreto.

São, portanto, todas as criaturas, recriadas na Ressurreição de Cristo, que se unem hoje para, no Corpo sacramentado de Jesus, tornarem-se a Eucaristia, isto é, a verdadeira, bela e amorosa ação de graças a Deus criador de todas as coisas visíveis e invisíveis (Cl 1,16). O que não aconteceu no paraíso terrestre, acontece hoje na Hóstia consagrada que comungamos e levamos solenemente, entre cânticos e festa, às ruas atapetadas da cidade.

Uma aliança selada com sangue

Esse pensamento de uma comunhão universal na Comunhão eucarística vem bem neste ano B, em que as leituras acentuam a palavra 'aliança'; mais que palavra: o fato da aliança de Deus com as criaturas, sobretudo com as criaturas humanas. A primeira leitura fala da aliança no Monte Sinai, um dos momentos mais importantes, se não o mais importante, do Antigo Testamento, quando, fundamentado nos Dez Mandamentos, constitui-se o povo eleito de Israel. Todo o povo envolveu-se na promessa de fidelidade à aliança com Deus. Moisés foi o mediador entre Deus e o povo. E todos ofereceram 'um sacrifício de comunhão com Deus', sobre um altar ornado de 12 estrelas, simbolizando as 12 tribos de Israel, ou seja, todo o povo. Moisés aspergiu o povo com o sangue das vítimas do sacrifício da aliança (*Êx* 24,3-8).

O sangue tem uma simbologia importantíssima na Bíblia. Ele simboliza a vida (*Gn* 9,4; *Lv* 17,14). Simboliza a expiação dos pecados (*Lv* 4,5-34; 16,14-19). E, na passagem de hoje, sem dúvida, significa a solidariedade vital entre Deus e seu povo. Mas Moisés, apesar de toda a sua grandeza humana e sua missão recebida diretamente de Deus, era apenas profeta, isto é, falava no lugar de Deus e falava a Deus em nome da comunidade. Pouco tempo depois, vemos o povo, esquecido da aliança, adorando um bezerro de ouro (*Êx* 32,6). A criatura humana sozinha é incapaz de fidelidade a Deus, ferida que está pelo chamado 'pecado original'.

A segunda leitura fala de nova aliança. Em vez de documento escrito, a cruz. Em vez de sangue de animais, o sangue de Jesus. Em vez de um profeta-mediador, o próprio Filho de Deus, que, sem deixar a divindade, assume a carne e a condição humana. Já não é mais a criatura sozinha que assina a aliança com Deus, mas o próprio Deus revestido da humanidade e 'primogênito das criaturas' (*Cl* 1,15). Ainda que criaturas, enfraquecidas pelo pecado, quebrem a fidelidade, Cristo, em tudo igual ao homem, menos no pecado (*Hb* 4,15), será sempre e absolutamente fiel à aliança com Deus. Cristo, Deus-Homem é e será em pessoa 'o mediador dessa nova aliança' (*Hb* 9,15).

Vida, expiação, solidariedade

O Evangelho, então, conta-nos o momento em que Jesus institui o Sacramento da Eucaristia, como sinal da nova e perene aliança (v. 24), selada com seu sangue derramado na cruz. A Eucaristia torna-se o memorial e a perpetuação da nova aliança. Partir o pão e sobre ele pronunciar uma oração de bênção nada tinha de diferente. Era um gesto que todo pai de família fazia na ceia pascal. Uma ceia, por sinal, que celebrava a libertação. A novidade está nas palavras pronunciadas por Jesus: "Isto é o meu corpo, isto é o meu sangue" (vv. 22 e 24). Essas palavras dão novo sentido ao gesto do partir e repartir o pão e o vinho. Justamente o sentido da aliança, da comunhão com ele, da comunhão fraterna com o próximo.

Uma comunhão que conta com a presença de Jesus. Não mais sua presença física, mas sua presença de ressuscitado, uma presença misteriosa, mas verdadeira. Uma presença que, enquanto permanece na comunidade, cristifica toda a comunidade. Uma presença que nos recorda sempre de novo sua encarnação, sua morte e sua ressurreição. Uma presença que se faz alimento. Uma presença/alimento que nos garante a participação na vida divina. Quando comemos, os alimentos se transformam em carne e sangue. Quando comungamos, o Cristo/alimento é que nos assimila e nos diviniza, elevando-nos de criaturas insuficientes à gloriosa condição de filhos de Deus (Gl 3,26).

Voltemos aos três significados, entre outros, do sangue no Antigo Testamento: vida, expiação e solidariedade, três qualidades excelentes da Eucaristia. O próprio Jesus afirmou: "Quem come a minha carne e bebe o meu sangue tem a vida eterna" (Jo 6,54). E o Apocalipse: "Cristo salvou-nos de nossos pecados, por virtude de seu sangue" (Ap 1,5). E São Paulo: "Cristo assumiu a condição de servo por solidariedade com o ser humano" (Fl 2,7). Eucaristia: memorial de vida, santidade e comunhão!

SOLENIDADE DO SAGRADO CORAÇÃO DE JESUS

1ª leitura: Os 11,1.3-4.8c-9
Salmo: Ct. Is 12,2-6
2ª leitura: Ef 3,8-12.14-19
Evangelho: Jo 19,31-37

A paz de Cristo reine em vossos corações! (Cl 3,15)

A CIVILIZAÇÃO DO AMOR BROTA DO CORAÇÃO DE JESUS

A Igreja sempre evitou celebrar partes do corpo de Jesus. E continua a pôr reservas a devoções particulares que contemplam apenas partes do corpo, como a face, o ombro chagado ou a cabeça coroada de espinhos. Ao oficializar a devoção ao Coração de Jesus, a Igreja não quis venerar apenas o órgão físico, o coração, mas a pessoa inteira de Jesus, levando em conta que 'coração', na Bíblia, significa a pessoa inteira, com todos os seus sentimentos e qualidades. Por isso, a Igreja tem evitado a representação do Coração de Jesus destacado de seu corpo. Sob a palavra 'coração', a Igreja vê aquilo que o coração representa na linguagem humana: o amor e a misericórdia de Deus, encarnados em Jesus de Nazaré; o perdão oferecido por Deus a quantos fazem penitência por seus pecados.

O amor, a misericórdia e o perdão de Deus sempre foram objeto de admiração e de adoração por parte da Igreja. Desde o início ela celebrou a pessoa de Jesus sob a forma do Bom Pastor, como nos é apresentado no Evangelho: alguém que, com carinho, reúne as ovelhas dispersas, cuida delas, defende-as e as conduz a um redil seguro. Essas ovelhas são o povo, somos nós, enfraquecidos e desorientados, à procura de um guia amoroso, um médico para nossas feridas e fraquezas.

Da imagem do Bom Pastor, cada vez mais longe da vivência urbana, passou-se à imagem do Coração de Jesus. A partir dos anos 60, começou-se a sobrepor à imagem do Sagrado Coração a imagem da Divina Misericórdia, segundo as visões e escritos de Santa Faustina, canonizada pelo Papa João Paulo II em 2000. Aos poucos, está-se difundindo a festa da Misericórdia Divina, no segundo domingo da Páscoa. Por decreto de João Paulo II, esse domingo passou a chamar-se 'Segundo Domingo de Páscoa ou da Misericórdia Divina'. Na verdade, nas três imagens, a Igreja celebra o mesmo amor, a mesma ternura, a mesma misericórdia, o mesmo acolhimento de Deus, encarnados na pessoa de Jesus Cristo, nosso Redentor.

O amor de Deus nos sustenta

A festa celebra o Coração divino e humano de Jesus. Ao adorarmos seu Coração, cultuamos a pessoa humana e divina de Jesus, de onde nos veio toda a salvação, toda a alegria da nossa filiação divina, toda a esperança-certeza da comunhão eterna com Deus. Por isso, São Pedro Crisólogo (†451) podia dizer (muito antes de a Igreja representar o Cristo na imagem do Coração de Jesus): "O coração de Cristo é o resumo de toda a história da salvação, de tudo aquilo que Deus fez e faz pelo bem do mundo". E São João Crisóstomo (†407) podia escrever: "A Igreja brotou do Coração de Cristo".

E nós podemos dizer: a Igreja vive no Coração de Jesus, vive do Coração de Jesus e vive para o Coração de Jesus. No sentido que vivemos mergulhados na misericórdia de Deus, misericórdia visível no Sangue de Cristo, que nos justificou e redimiu. Vivemos alimentados e sustentados pelo amor de Deus, ora feito Eucaristia, ora feito reconciliação. Se não vivemos para Deus, que sentido teria nossa vida? Muito bem dizia São Paulo: "Tudo quanto fizerdes, por palavras ou por obras, fazei-o em nome do Senhor Jesus, dando graças a Deus" (Cl 3,17).

O lado aberto do Crucificado

O Papa Leão XIII, no dia 11 de junho de 1899, consagrou o mundo ao Sagrado Coração de Jesus. Os últimos Papas, sem exceção de nenhum, escreveram belíssimos textos sobre a devoção e seu significado para os cristãos. São João Paulo II, por exemplo, escrevia em 1999: "A devoção ao Sagrado Coração de Jesus contém uma mensagem que é, nos nossos dias, de extraordinária atualidade, porque do Coração do Filho de Deus, morto na cruz, surgiu a fonte perene da vida que dá esperança a cada homem. Do Coração do Cristo crucificado nasce a nova humanidade, redimida do pecado. A criatura tem necessidade do Coração de Cristo, para conhecer a Deus e para conhecer-se a si mesma; tem necessidade dele para construir a civilização do amor".

A devoção ao Coração de Jesus faz-nos retornar sempre de novo ao Cristo traspassado na Cruz, àquela sua chaga aberta no peito, tornada a fonte da misericórdia e a grande prova do imenso amor de Deus para com a criatura humana. Todos temos necessidade de nos sentirmos amados. Não há pobreza maior do que se saber rejeitado. Ora, essa chaga, porta do Coração amoroso de Jesus, é um perene convite ao amor, ao amor recebido, ao amor dado, ao amor partilhado. A criatura humana só se compreende a partir do amor de Deus, que a criou, do amor de Deus, que a remiu, do amor de Deus, que a quer participante da glória divina. O Papa Francisco acentuou muito esse amor misericordioso no documento com que abriu o Ano Santo da Misericórdia (2016): "Tudo em Jesus fala de misericórdia. Nele nada há que seja desprovido de compaixão".

Do amor extremado do Coração de Deus aprendemos que devemos ter um coração generoso para com os outros. Olhar para o Coração de Jesus será um retorno às nossas raízes divinas e um olhar decisivo sobre os horizontes do nosso destino. Encontrando as razões de nossa existência, perceberemos a necessidade de sermos nós mesmos uma fonte de amor e misericórdia para a sociedade.

**Quem ama
gera paz**

A devoção ao Coração de Jesus é uma devoção dinâmica, que provoca a conversão pessoal e leva ao apostolado. Como escrevia o Papa João Paulo II, em 1999: "Trata-se de levar os fiéis a fixarem o olhar de adoração no mistério do

Cristo, Homem-Deus, para tornarem-se homens e mulheres de vida interior, pessoas que sentem e vivem a chamada à vida nova, à santidade, à reparação, que é cooperação apostólica para a salvação do mundo. Pessoas que se preparam para a nova evangelização, reconhecendo o Coração de Cristo como coração da Igreja: é urgente que o mundo compreenda que o cristianismo é a religião do amor".

Se os cristãos chegassem a viver esse fato, isto é, que sua religião é uma religião de amor, compreenderiam também porque toda violência, vingança e prepotência contrariam o batismo e a fé. Compreenderiam que a 'civilização do amor' constrói-se com gestos concretos de amor e não com reivindicações e egoísmos gananciosos. Compreenderiam porque do mesmo Coração de Jesus, que irradia amor, jorra a paz. A paz trazida à terra por Cristo, e sempre tão difícil na prática de cada dia, provém da plenitude do amor. Quem não se embebe do amor de Cristo não vive nem transmite a paz. Um coração cheio de amor será sempre um coração pacífico, que traz e gera paz.

Na segunda leitura (*Ef* 3,17-18), São Paulo lembra-nos de que, só estando enraizados e firmemente plantados no amor, poderemos compreender "a largura, o comprimento, a altura e a profundidade" do amor com que Deus nos amou e viver essa plenitude de Deus, que se manifesta no amor. Deus é amor (*1Jo* 4,8), Deus é essencialmente aquele que ama; fomos criados por amor e para o amor. Jesus nos remiu pelo amor e para o amor. O cristianismo é amor. Conhecer Deus é amá-lo. O Coração de Jesus é o espelho do amor de Deus. E o cristão deveria poder ser representado por um coração.

DIAS DE PRECEITO SOLENIDADES E FESTAS QUE PODEM OCORRER NO DOMINGO

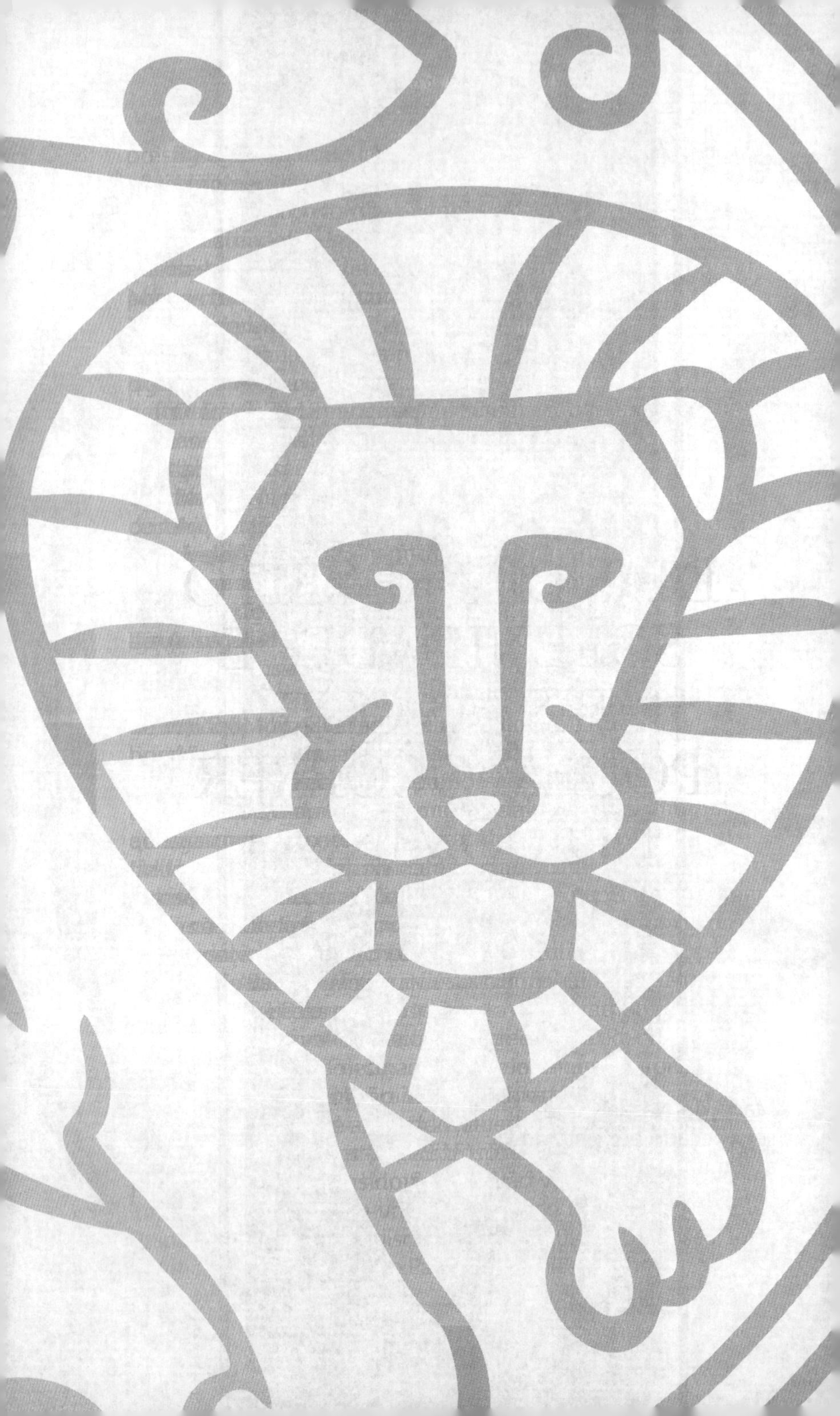

SOLENIDADE DA IMACULADA CONCEIÇÃO DE NOSSA SENHORA

1ª leitura: Gn 3,9-15.20
Salmo: Sl 97
2ª leitura: Ef 1,3-6.11-12
Evangelho: Lc 1,26-38

Porque obedeceste, serão abençoadas todas as nações da terra (Gn 22,18)

**MARIA IMACULADA,
AURORA DO SOL NASCENTE**

A festa da Imaculada Conceição de Maria é a festa da recriação do mundo. Por isso mesmo, as leituras aproximam Adão e Eva de Maria e Jesus. O anjo, que, com a espada na mão, havia expulsado Adão e Eva do paraíso, reabre agora a porta do céu às criaturas humanas mediante Maria de Nazaré, que a Igreja celebra hoje como concebida sem pecado em vista do Filho que teria, do Filho de Deus que assumiu dela a carne humana para recriar a humanidade e o universo inteiro. Em Maria Imaculada, a Liturgia celebra o início do novo mundo, da nova criatura, agora "abençoada com toda a bênção em Cristo".

À cena do diálogo entre Eva e a serpente, que temos na primeira leitura, contrapõe-se o diálogo entre o arcanjo Gabriel e a nova Eva, Maria de Nazaré. Eva, desobedecendo, perdera-nos a todos, "mergulhando-nos nas trevas" (*Lc* 1,79). Maria, pela obediência, torna-se a aurora que gera o sol que arranca das sombras da morte (*Lc* 1,78) e faz-nos "santos e imaculados, filhos adotivos de Deus, coerdeiros da graça e da glória" (*Ef* 1,4-6).

Não podemos separar os dois mistérios: a encarnação de Jesus e a Imaculada Conceição de Maria em vista da maternidade divina. Maria foi concebida sem pecado em previsão de ser a escolhida de Deus para a Mãe de Jesus Cristo, que, ao mesmo tempo, seria Deus e criatura humana. Como também não se pode separar o mistério da encarnação do mistério da salvação humana. Todos somos hoje co-envoltos na graça. São Paulo dirá aos Gálatas: "Vos tornastes filhos de Deus em Cristo Jesus, fostes revestidos de Cristo" (*Gl* 3,27. Ouso dizer, mais que revestidos: tornamo-nos da mesma carne de Jesus, ao assumir ele, no seio de Maria, a natureza humana. Tornamo-nos igualmente participantes da graça divina na pessoa de Jesus. A festa de hoje, portanto, celebra os planos e os feitos de Deus em Maria por causa de Jesus; e em Jesus, por causa da redenção do mundo. A força motriz de tudo é o imenso amor e a incontida misericórdia de Deus.

Deus olhou
para a humildade de sua serva

Voltemos ao quadro descrito na primeira leitura, em confronto com o Evangelho. A Imaculada Conceição vem sempre representada com a serpente debaixo dos pés. Uma lembrança da serpente que destruiu Eva e nela toda a primeira criação. Estamos jogando com símbolos. A serpente aqui encarna toda a maldade e também a astúcia das criaturas mais lúcidas de quererem igualar-se ao Criador. No Antigo Testamento há outro símbolo que expressa a mesma vontade desequilibrada de possuir o céu com as forças de criaturas. É o episódio da Torre de Babel (*Gn* 11,1-9). A criatura humana traz dentro de si o desejo de igualar-se a Deus, de tornar-se senhor absoluto de seus atos e seu destino. Em Jesus, fruto do ventre de Maria, há outro caminho. A criatura não alcança seu criador por suas forças, mas na força do Senhor Jesus, em quem "a criatura tudo pode" (*Fl* 4,13), inclusive tornar-se participante da natureza divina (*2Pd* 1,4).

Para isso a criatura deve renunciar ao orgulho de autossalvar-se. A serpente aos pés de Maria Imaculada é símbolo do orgulho humano e das iniciativas e maldades, que nascem dele. Os pés de Maria sobre a cabeça da serpente diz a mesma coisa que o verso cantado por ela no Magnificat: "Olhou para a humildade de sua serva, por isso grandes coisas fez em mim o Poderoso (*Lc* 1,48).

Maria repõe as criaturas aos pés do Criador

Há uma palavra fundamental no Evangelho de hoje, ligada à desgraça do paraíso terrestre. Lá, Lúcifer, anjo belíssimo como seu nome indica (portador da luz), negou-se a servir o Senhor. Desse negar-se a servir o Senhor, a Sagrada Escritura faz nascer toda a desgraça do mundo, inclusive o inferno e a condenação eterna. Hoje, Maria responde: "Eis aqui a serva do Senhor". Por essa declaração se torna a nova portadora da luz, a nova aurora do sol brilhante. 'Servo', na Escritura, não é tanto uma expressão de humildade, embora a pressuponha, mas indica a alegre e radical adesão aos planos do Senhor. Ao declarar-se serva, Maria se torna o sinal da totalidade do amor e da doação. Os caminhos de Deus serão os seus caminhos, mesmo que eles passem pelo Calvário; os planos de Deus serão os seus planos, mesmo que incompreensíveis à inteligência humana e carregados de mistérios; a vontade de Deus será sua vontade.

Lúcifer, com toda a sua privilegiada capacidade angelical, não soube aceitar os planos de Deus. Maria, na sua simplicidade de filha do povo pobre, disse 'sim'. Um sim humano, mas todo revestido já da graça pré-concedida pelo Senhor. Lúcifer, ao perverter Eva e Adão, levando-os à desobediência com ele, frustrou a primeira criação. Em Maria, Deus recupera o perdido e refaz seus planos de integrar as criaturas na comunhão trinitária. Santo Anselmo (†1109), numa meditação mariana, escreve: "O céu e as estrelas, a terra e os rios, o dia e a noite e tudo quanto obedece ou serve aos homens congratulam-se, ó Senhora, porque a beleza perdida foi por ti de certo modo ressuscitada e dotada de uma graça nova e inefável. Todas as coisas haviam perdido a sua dignidade original que é de estar a serviço dos que louvam a Deus. Para isso é que foram criadas".

O universo foi criado para servir a Deus. Ao se declarar 'serva do Senhor', Maria repõe toda a criação aos pés do Criador. Não por si mesma, mas graças ao fruto bendito que o Espírito Santo gerou em seu seio. De novo Santo Anselmo admirado: "Deus é o pai das coisas criadas, e Maria é a mãe das coisas recriadas. Deus é o pai da criação universal, e Maria é a mãe da redenção universal. Deus gerou aquele por quem tudo foi feito, e Maria deu à luz aquele por quem tudo foi salvo".

O que não pode a natureza pode a onipotência de Deus

À promessa do Arcanjo Maria faz uma objeção muito humana e real. Talvez um pedido de explicação. "Como se fará isso?" Também Abraão, o grande pai da fé monoteísta, ao receber a promessa de Deus de que teria uma descendência numerosa e abençoada (*Gn* 17,4), sorriu irônico e pensou: "Será que um centenário poderá ter um filho? E Sara nonagenária dará à luz?" (*Gn* 17,17). Também Moisés, ao ser chamado por Deus para guiar o povo à Terra Prometida, estranhou o convite: "Por favor, Senhor, eu sou gago!" (*Êx* 4,10). Nem Abraão se nega a servir o Senhor nem Moisés se nega aos planos de Deus. Mas têm suas objeções. Como Maria. Um é velho demais para gerar; outro é gago para conduzir o povo com autoridade; Maria é virgem.

Nas três objeções aparece o lado humano de Abraão, de Moisés e de Maria. Ou melhor, fica clara a impossibilidade humana de fazer grandes coisas, quando elas sobrepassam as forças normais da natureza. No entanto, Deus quis e a descendência de Abraão multiplicou-se "como as estrelas do céu e as areias das praias do mar" (*Gn* 22,17). Deus quis e Moisés tornou-se o grande condutor do povo e legislador obedecido até os dias de hoje. Deus quis e uma virgem tornou-se a mãe do próprio Filho de Deus e de todos os redimidos. E vem declarada a razão pela boca do Arcanjo

Gabriel: "Porque a Deus nada é impossível" (*Lc* 1,37). O que aos homens é impossível não o é para Deus. O que à natureza é impossível não o é para Deus. Por isso Maria pôde ser concebida sem pecado original. Deus podia conceder-lhe a graça. Convinha a Deus dar-lhe a graça em previsão do Filho. Deus, contra a impossibilidade humana, criou-a imaculada, e a sua imaculada conceição teve o sentido que tem a aurora para o sol. Maria imaculada é a aurora do Cristo, sol nascente. Recebe toda a luz do sol, mas o precede e o faz nascer no horizonte do mundo.

FESTA DA APRESENTAÇÃO DO SENHOR

1ª leitura: Ml 3,1-4
Salmo: Sl 23
2ª leitura: Hb 2,14-18
Evangelho: Lc 2,22-40 ou Lc 2,22-32

Que poderei oferecer de digno ao Senhor? (Mq 6,6)

NA CONSAGRAÇÃO DA CRIANÇA, A CONSAGRAÇÃO DO MUNDO

Uma festa que celebra ao mesmo tempo Jesus, Maria e José. Era lei que o primogênito fosse consagrado ao Senhor. A consagração era feita pelos pais. José e Maria vão ao templo consagrar a Deus aquele que era o próprio Deus. Não se poderia imaginar uma consagração mais digna do Pai. A liturgia olha particularmente para Jesus. No templo, por assim dizer, encontra-se pela primeira vez com o Pai. Por isso a festa nasceu (e até hoje se conserva no Oriente) com o nome de Festa do Encontro, ou Festa do Ingresso. O novo templo de Deus, humilde na carne humana, entra no velho templo de Deus, considerado o coração do povo escolhido e casa do Senhor.

A festa nasceu em Jerusalém já no IV século e celebrava-se no dia 11 de fevereiro, porque o Natal lá era celebrado no dia 6 de janeiro e a Apresentação no templo, pela lei, devia ter ocorrido 40 dias depois do parto, quando a mãe devia apresentar-se para se 'purificar'. Era uma forma de celebrar o fim do resguardo, tempo em que a mulher não podia participar de atos públicos. Durante séculos, a Igreja manteve o costume de a mãe apresentar-se com o filho e receber uma bênção especial. Como o batismo se realizava o mais breve possível, rarissimamente a mãe podia comparecer ao batizado. Então, quando retomava suas atividades, ela ia à Igreja com a criança e recebia uma bênção do sacerdote. Com o tempo o povo desviou o sentido do ato e apareceu, no lugar da mãe, a tal supérflua 'madrinha de consagração', que nada tem a ver nem com o parto nem com a bênção pós-parto nem com o ritual do batismo.

No Ocidente, como o Natal passou a ser celebrado no dia 25 de dezembro, dia em que os romanos festejavam o 'deus sol', a festa da Apresentação passou para o dia 2 de fevereiro, conservando os 40 dias. Também o costume da procissão com as velas é antiquíssimo. Provém do século V e substituiu uma festa pagã de súplicas, que se fazia à luz de velas. Como no canto do velho Simeão, no templo, fala-se da 'luz para iluminar os povos', foi fácil ligar a festa de hoje à festa das velas, que eram as luzes mais comuns daquele tempo.

O encontro de dois templos

São muitos os temas que podem ser desenvolvidos na festa de hoje. Por exemplo: José, cumpridor da lei; José, pai legal de Jesus, que cumpre as obrigações de um pai religioso, consagrando ao Senhor o menino como se fora seu primogênito (*Éx* 13,2); José, participante dos mistérios que envolvem a vida de Jesus. Ou, Maria que, como mulher do povo, vai 'purificar-se' (*Lv* 12,6), apesar de ter dado à luz num parto virginal; Maria, que sabia ser o Menino divino, consagra a Deus um ser que já era inteiro de Deus e com uma missão dada pelo Pai; Maria, que podia esperar grandes elogios no templo, escuta falar de uma espada (v. 35) que lhe traspassará o coração; Maria, que passará a vida toda entre essa espada profetizada e a promessa do anjo Gabriel (*Lc* 1,33) de que o reino de seu Filho não teria fim; Maria, que deverá meditar em seu coração a profecia de um filho posto como sinal de contradição (v. 34) e a promessa angélica de que o menino dela "seria chamado Filho do Altíssimo" (*Lc* 1,32); Maria, que fizera de seu útero um verdadeiro templo de Deus, caminha agora para outro templo, considerado por todos como sagrado, mas que rejeitará o seu Jesus (*Lc* 19,34) e, por isso, dele não sobrará pedra sobre pedra (*Mc* 13,2).

Uma consagração que passa pela cruz

O centro da celebração é Jesus, apresentado hoje no templo e consagrado a Deus. Essa consagração lembrava (*Êx* 13,3) a terrível noite do Egito, quando os israelitas untaram os batentes das portas com o sangue do cordeiro e foram poupados da matança dos primogênitos (*Êx* 12,21-30). Aquela noite de sangue e morte era celebrada como a festa da libertação. As coisas agora se misturam e tomam sentido simbólico. Jesus, como primogênito, é oferecido no templo. João Batista vai chamá-lo de Cordeiro de Deus (*Jo* 1,29), o cordeiro pascal da libertação. Libertação que veio pelo sangue derramado na cruz, pela morte.

Então o ritual da Apresentação de Jesus no templo toma um sentido muito maior que o cumprimento de um preceito. O símbolo se torna maior e mais rico de sentido do que o próprio fato. Hoje, Jesus infante põe-se nas mãos de Deus, pronto a fazer sua vontade, passando pelo derramamento do sangue e pela morte, no mesmo sentido de suas últimas palavras na cruz: "Pai, em tuas mãos entrego o meu espírito" (*Lc* 23,46), ou melhor: entrego o meu destino. A esse destino está unida a pessoa de sua mãe, a Virgem Maria.

Lembra-o bem Paulo VI na Exortação Apostólica sobre o culto a Maria: "A festa do dia 2 de fevereiro é riquíssima de conteúdo. Nela, evoca-se a memória, ao mesmo tempo, do Filho e da Mãe. É a celebração de um mistério da Salvação operado por Cristo, em que a Virgem Santíssima esteve a ele intimamente unida, como Mãe do Servo sofredor de Javé e como executora de uma missão que a liga ao antigo Israel e a faz, ao mesmo tempo, protótipo do novo Povo de Deus, constantemente provado na fé e na esperança, pelo sofrimento e pela perseguição" (n. 7).

A Virgem oferente: modelo do cristão

Vamos seguir, com palavras simples, o número 20 da Exortação de Paulo VI, um dos documentos marianos mais bonitos que temos e, por sinal, publicado na festa da Apresentação do Senhor (1974). Mais além do cumprimento de preceitos legais, Maria aparece hoje como a *Virgem oferente*. Ela foi sempre uma oferta a Deus. Toda a vida de Jesus foi uma oferenda ao Pai. Esse ofertório de Maria e de Jesus é parte do mistério da salvação. O autor da Carta aos Hebreus vê Jesus oferecendo-se ao Pai desde o início de sua vida terrena: "Ao entrar no mundo, Cristo diz: Eis-me aqui, para fazer, ó Deus, a tua vontade" (*Hb* 10,5.7). Nessa oferta, lembra o Papa, o velho Simeão viu proclamada a universalidade da salvação, porque reconheceu no menino oferecido "a luz que ilumina todos os povos" (v. 32), o Messias, o Salvador de todos.

E na profecia da espada alude profeticamente à Paixão e à morte no Calvário, onde, de novo, estão unidos o filho e a mãe; onde a obra da redenção alcança o ponto culminante: Cristo "se oferece a si mesmo como vítima sem mácula a Deus" (*Hb* 9,14); onde Maria esteve de pé, junto à cruz (*Jo* 19,25), *sofrendo profundamente com o seu filho unigênito e associando-se com ânimo maternal ao seu sacrifício, consentindo amorosamente na imolação da vítima que ela havia gerado* e oferecendo-a também ela ao eterno Pai. (A frase em grifo é do documento conciliar *Lumen Gentium*, 58, e a última parte da frase é de Pio XII, da famosa encíclica sobre o Corpo Místico.)

Por essas considerações, compreendemos por que a festa de hoje foi sempre considerada uma das grandes festas do calendário litúrgico. Nos últimos anos, associou-se a ela a vida religiosa, já que os votos religiosos são oferecidos ao Senhor em benefício de toda a Igreja, de toda a humanidade. O oferecimento é pessoal e íntimo, mas os frutos são comunitários e públicos. Ao se consagrarem a Deus, os religiosos voltam a oferecer Jesus ao Pai, porque é só em Jesus que a consagração ganha sentido. Mas todos devemos oferecer-nos a Deus. Ele ofereceu-se inteiro por nós. Tomemos o pouco que temos, nossa alma e nosso corpo, nossa vida e destino e os entreguemos ao Senhor. Lembrou-nos São Paulo: "Eu vos exorto, irmãos, pela misericórdia de Deus, que vos ofereçais como hóstia viva, santa e agradável a Deus. Esse é o vosso culto espiritual" (Rm 12,1).

SOLENIDADE DA NATIVIDADE DE SÃO JOÃO BATISTA

1ª leitura: Is 49,1-6
Salmo: Sl 138
2ª leitura: At 13,22-26
Evangelho: Lc 1,57-66.80

Mensageiro da boa-nova, arauto da salvação, bem-vindos os teus pés! (Is 52,7)

IRÁ DIANTE DO SENHOR PREPARAR-LHE OS CAMINHOS

São João ocorre muitas vezes na Liturgia, sobretudo nas Missas de Advento. Já no século IV, conhecia-se grande devoção ao santo precursor de Cristo e numerosas igrejas e basílicas lhe foram dedicadas, tanto no Oriente quanto no Ocidente. A Igreja do Oriente ainda hoje o celebra particularmente na festa do Batismo do Senhor. No Ocidente, desde que se fixou a festa do Natal no dia 25 de dezembro, passou-se a comemorar São João exatamente seis meses antes, já que na Anunciação (festa no dia 25 de março) o anjo Gabriel dissera a Maria que Isabel estava vivendo seu sexto mês de gravidez (Lc 1,36).

Normalmente, a Igreja celebra o santo no dia de sua morte. De João Batista a Liturgia lembra, desde o século VI, o martírio no dia 29 de agosto, data da consagração da Igreja de São João em Sebaste, na Samaria, onde seus discípulos teriam enterrado o corpo decapitado. Mas sua grande festa é feita em seu nascimento, pelo excepcional laço que há nos Evangelhos e na História da Salvação entre seu nascimento e o nascimento de Jesus. Antigamente, era costume celebrar neste dia três Missas, como no Natal. E a festa tinha uma vigília solene. Aliás, a vigília é celebrada até hoje. Também o povo revestiu a festa de muitas celebrações, que viraram folclore. Bastaria lembrar as chamadas 'festas juninas', que enchem de fogueiras, danças, música e alegria intensa as noites em torno de sua festa.

Apontou
Jesus de Nazaré

Quando cai em domingo, essa festa ocupa o lugar da Missa dominical. Lembremos que são de João Batista as palavras que rezamos antes da Comunhão: "Cordeiro de Deus, que tirais os pecados do mundo...", palavras que o Celebrante repete, quando apresenta a Hóstia consagrada ao povo, antes da Comunhão: "Eis o Cordeiro de Deus, que tira o pecado do mundo" (Jo 1,29).

Por causa dessa frase, a figura de João Batista, mesmo quando representado em criança, vem acompanhada de um cordeirinho. Onde João foi buscar o apelido de 'Cordeiro de Deus' para Jesus? Devemos pressupor que João Batista, pelos anos que passou no deserto, tenha lido os rolos dos livros sagrados. Podia ser uma referência ao Cordeiro Pascal (Êx 12): um animal sem defeito, imolado em comunidade, e com cujo sangue se untavam as portas como sinal para que o anjo da morte não ferisse ninguém daquela família. Depois da morte de Jesus, o símbolo fica claro. Terá tido João uma intuição profética? Ou ter-se-ia lembrado dos cordeiros que todos os dias eram sacrificados no templo (Êx 29,38-46), em expiação dos pecados ou em ação de graças? Cristo morrerá pelos pecados e sua morte será 'eucaristia', isto é, permanente ação de graças. Novamente, a sensibilidade profética do último profeta do Antigo Testamento e primeiro do Novo poderia ter visto em Jesus a vítima que morre uma vez por todas, para o perdão dos pecados.

João podia também estar familiarizado com os textos de Isaías, em que se fala do 'Servo de Javé', conduzido ao matadouro como um cordeiro (*Is* 53,7). São Pedro também viu semelhança entre os dois (*1Pd* 2,23), mas isso depois da paixão e morte de Jesus. Até onde viram os olhos proféticos de João Batista? O fato é que a missão principal de João Batista foi a de indicar a chegada de Jesus, Filho de Deus, Salvador. E a grandeza de João vem dessa missão.

A admiração de Jesus por João

Mais que indicar sua chegada, podemos dizer que João Batista introduziu Jesus na vida pública, no momento em que o batizou no rio Jordão e os céus se abriram e sobre Jesus de Nazaré desceu o Espírito Santo (*Lc* 3,22) e a voz do Pai confirmou a missão do Filho bendito (*Lc* 3,22). Se Jesus foi ao Jordão deixar-se batizar, devemos admitir que Jesus admirava a pregação de João Batista e o respeitava como um profeta, isto é, alguém que falava em nome de Deus sobre as coisas de Deus. O respeito era tanto que Jesus não foi buscar seus Apóstolos entre os discípulos de João, embora muitos discípulos de João procurassem, mais tarde, também Jesus.

A admiração de Jesus é clara no momento em que João, encarcerado, mandou-lhe alguns discípulos para tirar todas as dúvidas em torno da messianidade. Jesus os satisfez, mostrando-lhes a realização dos sinais proféticos, previstos para os tempos messiânicos (*Mt* 11,2-7). Depois que os discípulos de João partiram, Jesus disse ao povo: "Que fostes ver no deserto? Por acaso um caniço agitado pelo vento? Que fostes ver? Um profeta? Sim, eu vos digo, e mais que um profeta, pois este é aquele de quem está escrito: *Eis que envio meu mensageiro à tua frente; ele preparará o caminho diante de ti.* Em verdade vos digo: dentre os nascidos de mulher nenhum foi maior do que João Batista" (*Mt* 11,7-11).

A citação que Jesus faz do mensageiro é do profeta Malaquias (*Ml* 3,1) e não é uma frase tirada de qualquer contexto, como às vezes se faz na citação de um salmo, mas é tirada de uma profecia sobre 'os tempos do Senhor,' e a visão de Malaquias corresponde exatamente à ideia que João Batista pregava do Messias: alguém que purificaria o povo, alguém que faria o papel da lavadeira com a roupa suja, alguém que saberia separar o ouro puro da ganga bruta, alguém que levaria o povo a oferecer uma nova oferenda ao Senhor, uma oferenda santa e agradável ao Senhor, exatamente como "nos dias antigos" (Ml 3,2-4).

Entre dois Testamentos

A pregação de João não tinha sido bem recebida por muitos, porque João exigia a conversão, a limpeza do coração, a penitência. João não era, para usar a comparação de Jesus, um caniço que se inclinava para o lado que o vento das circunstâncias lhe facilitasse a vida. O elogio que Jesus lhe deu não podia ser maior. E se não bastasse chamá-lo de maior entre os nascidos de mulher, Jesus ainda o chama de "Elias redivivo" (Mt 11,14). Ora, segundo o profeta Malaquias, antes que aparecesse o Cristo, voltaria Elias (Ml 3,23), mandado por Deus. Chamando-o de Elias, Jesus afirma que João é um santo, é um profeta, é o enviado por Deus para preparar os tempos novos e, indiretamente, está dizendo que João teria o destino de todos os profetas do Antigo Testamento: seria assassinado.

João Batista não só precedeu Jesus no nascimento e na preparação da vida pública, mas também na morte. Precursor na vida, precursor na morte. Como Cristo, João foi fidelíssimo à sua missão até o fim. Em certo momento, já no final da vida pública, há uma nova afirmação da parte de Jesus sobre João Batista. Jesus havia contado algumas parábolas sobre a generosidade. Os fariseus, escreve Lucas, "avarentos, zombaram dele" (Lc 16,14). Jesus, voltando-se para os fariseus, afirma que suas obras são abomináveis, apesar dos elogios públicos que recebem. E então sai-se com esta: "A Lei e os Profetas chegaram até João. Desde então se anuncia o Reino de Deus e cada um se esforça para entrar nele" (Lc 16,16).

Parece uma afirmação clara de que João é a grande dobradiça entre o Antigo e o Novo Testamento. Como homem do Antigo Testamento, foi observante estrito da Lei Mosaica e seguidor atento dos Profetas, sendo ele mesmo profeta. Do Novo Testamento, ele indicou a porta do Reino, na pessoa de Jesus (Jo 10,7). João resume todo o Antigo Testamento e "estremece de alegria" (Lc 1,44) ao ver abrir-se o Novo, com a chegada de Jesus, Filho de Deus Salvador.

SOLENIDADE DE SÃO PEDRO E SÃO PAULO, APÓSTOLOS

1ª leitura: At 12,1-11
Salmo: Sl 33
2ª leitura: 2Tm 4,6-8.17-18
Evangelho: Mt 16,13-19

Levaram a notícia até os confins da terra (Sl 19,5)

SÃO PEDRO E SÃO PAULO: COMUNHÃO NA DIVERSIDADE

A Igreja celebra juntos São Pedro e São Paulo, chamados 'Príncipes dos Apóstolos'. Embora com origem e trajetória diversas, ambos estão ligados por um amor incondicionado ao Cristo e à sua missão salvadora. Pedro, galileu e pescador pobre (Mc 1,16), nascido em Betsaida (Jo 1,44), mas morador de Cafarnaum (Mc 1,29), sem formação intelectual, casado (Mc 1,29), teve um longo aprendizado junto a Jesus e teve importante, embora nem sempre bonito, papel na Paixão e Morte do Senhor (1Pd 5,1). Testemunha da ressurreição de Jesus (Jo 20,6-7), e com um expresso mandato do Senhor (Jo 21,17), assumiu uma incontestada e forte liderança apostólica depois de Pentecostes (At 2,14).

Paulo converteu-se no encontro fulgurante com o Senhor, a caminho de Damasco (At 9,1-19), tendo participado, de corpo e alma e ódio, na paixão e morte dos primeiros cristãos (At 8,3 e At 22,4). Era hebreu rico e estudado (Fl 3,5), solteiro, tinha duas profissões: era rabino e fabricante de tendas de lona (At 18,3), conhecedor profundo da Bíblia e das tradições, cidadão romano desde o nascimento (*At* 22,25-28), nascido em Tarso, cidade da então Cilícia, na Ásia Menor, hoje Turquia. Pertencia ao partido dos fariseus. Foi martirizado na periferia de Roma, decapitado, mais ou menos na mesma época de Pedro, que morreu crucificado, de cabeça para baixo, em torno do ano 67.

Pedro chamava-se Simão, antes de conhecer Jesus (*Jo* 1,42). Paulo chamava-se Saul, ou Saulo, antes de começar suas viagens apostólicas entre os pagãos. Se devesse ressaltar uma frase de Pedro, sublinharia a que disse depois do discurso de Jesus sobre o pão: "Senhor, tu tens palavras de vida eterna. Nós temos fé e sabemos que és o Santo de Deus" (*Jo* 6,69). E de Paulo, do tesouro de suas cartas, pinçaria esta: "Para mim, a vida é Cristo" (*Fl* 1,21). Ambas as frases expressam bem o mergulho total dos dois no mistério de Jesus de Nazaré, o Filho de Deus.

O construtor de pontes

Na festa de São Pedro e São Paulo, a Igreja lembra com carinho o Papa, sucessor direto de Pedro no governo da Igreja e herdeiro do espírito universalista de Paulo, que sempre de novo recorda que o Evangelho deve ser pregado a todos em todos os tempos e lugares. Ao Papa dirigem-se as palavras do Evangelho de hoje, com a mesma força com que foram dirigidas a Pedro em Cesareia de Filipe, perto das nascentes do rio Jordão. Ele tem a missão de ser "o perpétuo e visível princípio e fundamento da unidade, quer dos Bispos, quer da multidão dos fiéis" (*Lumen Gentium*, 23). Por isso, ele é chamado de Sumo Pontífice, isto é, o maior responsável pelo lançamento de pontes (*pontífice* significa 'construtor de pontes'): pontes capazes de unir dois pontos diversos, dois povos diferentes, múltiplas culturas entre si. Evidentemente que ele, como pessoa humana, não teria a consistência suficiente para essas pontes de unidade. Mas a força é de Jesus Cristo, único capaz de "fazer de dois um só povo, reconciliando ambos com Deus num só corpo pela cruz" (*Ef* 2,14.16).

Como Pedro, o Papa hoje é o fundamento da comunidade do povo de Deus. O Concílio o chamou de "cabeça visível de toda a Igreja" (*Lumen Gentium*, 18). O Papa, também chamado Santo Padre (e *padre*, aqui, significa *pai*), é o nosso pai na fé. Uma de suas principais tarefas é promover em todo o mundo a fé, a esperança e a caridade, as três virtudes pilastras da comunidade cristã.

**Tudo
para todos**

Nos anos de vida pública e peregrinante de Jesus, Pedro sempre ocupou um lugar de destaque, a concluir das informações que temos nos Evangelhos. Não só em momentos privilegiados, como no Monte da Transfiguração (*Mc* 9,2.5) ou na madrugada da tempestade, quando andou sobre as ondas do mar agitado (*Mt* 14,29), mas também em horas duras como na noite da prisão de Jesus (*Mc* 14,33), quando o negou por três vezes (*Jo* 18,15-17; 25-27). A única diferença entre a traição de Pedro e a traição de Judas Iscariotes está no comportamento que tiveram depois: Judas, em desespero, enforcou-se (*Mt* 27,5); Pedro, arrependido, "chorou amargamente". (*Lc* 22,62). Hoje, se celebramos São Pedro, celebramos também a misericórdia de Deus derramada sobre ele, abundante, porque seu crime de traição não fora pequeno.

Paulo é um fenômeno de zelo apostólico. Depois de convertido, retirou-se para o deserto da Arábia (*Gl* 1,16), durante mais de um ano, para refazer toda a sua mentalidade religiosa de fariseu convicto e observante rigoroso da lei mosaica (*Gl* 1,14) e embeber-se de Jesus Cristo. Mais tarde podia escrever, com toda a consciência: "Estou pregado à cruz de Cristo. Eu vivo, mas já não sou eu, é Cristo que vive em mim. Minha vida eu a vivo pela fé no Filho de Deus, que me amou e se entregou por mim!" (*Gl* 2,20). Apesar de sua saúde permanentemente fraca, nenhum Apóstolo viajou, pregou e escreveu tanto como ele. Embora não pertencesse aos Doze, ganhou dianteira de todos. Ele mesmo afirma: "Fiz-me tudo para todos ... e tudo faço pelo Evangelho" (*1Cor* 9,22-23).

Não sabemos se Pedro e Paulo se encontraram em Roma. Haviam-se encontrado em Jerusalém (*Gl* 1,18; *At* 9,28; 15,2) e em Antioquia (*Gl* 2,11). Estiveram encarcerados em Roma na mesma época, mas em prisões diferentes. Desde o século III são celebrados juntos, no dia 29 de junho. Na cidade de Roma e em muitos países cristãos, sua festa é dia santo de guarda. A reforma litúrgica, promovida pelo Concílio Vaticano II, fixou para os países, que aboliram a festa como dia de preceito (como o Brasil), a celebração no domingo mais próximo ao dia 29. São Pedro tem uma segunda festa, no dia 22 de fevereiro, quando se lembra de modo especial sua cátedra, isto é, sua qualidade de primeiro Bispo de Roma e primeiro Papa da Igreja. São Paulo também tem uma segunda festa, no dia 25 de janeiro, quando lembramos, sobretudo, sua conversão a caminho de Damasco, que ele próprio considera uma vocação apostólica para levar o Evangelho de Jesus Cristo aos povos não hebreus.

**Unidade
na diversidade**

Os dois Apóstolos, tão diferentes entre si na formação, no temperamento, na estatura corporal (Paulo tinha uma estatura abaixo da média), encontram-se um ao lado do outro não apenas na geografia de Roma (como estão suas duas colossais estátuas na Praça São Pedro), mas sobretudo na unidade da fé no mesmo Senhor Jesus. Os cristãos podem divergir entre si em métodos e visões teológicas, em métodos e visões políticas, em métodos e visões culturais e até mesmo em rituais religiosos, mas estarão unidos na mesma fé, porque têm o mesmo batismo e o mesmo Pai (*Ef* 4,5). Estarão unidos no amor ao Senhor e ao próximo. Estarão unidos na esperança do mesmo destino: a comunhão eterna com Deus. Por isso o cristão precisa educar-se ao máximo respeito recíproco. A unidade de Pedro e Paulo bem nos pode servir de incentivo.

Pedro, aliás, recebeu do próprio Mestre a grande lição da compreensão e do perdão, quando lhe perguntou pelas vezes que devia perdoar ao irmão. Jesus lhe respondeu: "sempre" (*Mt* 18,22), mesmo porque, para os discípulos de Jesus, o perdão recíproco tornou-se tão importante como a água para o corpo humano. Paulo escreveu o mais lindo poema de todos os tempos sobre a caridade no relacionamento fraterno: "a caridade tudo desculpa, tudo crê, tudo espera, tudo tolera" (*1Cor* 13,1-13). A celebração conjunta da festa de São Pedro e São Paulo, de certa forma, é também a festa do amor, que une, e da pluralidade, que enriquece.

FESTA DA TRANSFIGURAÇÃO DO SENHOR

1ª leitura: Dn 7,9-10.13-14
Salmo: Sl 96
2ª leitura: 2Pd 1,16-19
Evangelho: Mc 9,2-10

É o Senhor todo-poderoso: a terra inteira está cheia de sua glória (Is 6,3)

SOMOS CHAMADOS A SER TESTEMUNHAS DA GLÓRIA DE DEUS

O Evangelho de hoje já ocorreu no Segundo Domingo da Quaresma. A festa da Transfiguração ocupa o lugar da liturgia dominical, quando o dia 6 de agosto cai em domingo, por ser uma festa que celebra o mistério de Jesus Cristo. O povo chamou a celebração de 'Festa do Bom Jesus', e entendeu que o episódio da Transfiguração está muito ligado ao sofrimento de Jesus na Semana Santa. Não há dúvida de que a festa da Transfiguração é uma festa de luz, uma manifestação da divindade, uma glorificação. É exatamente esse sentido que, sobretudo Marcos, o Evangelista que lemos no Ano B, procura dar à cruz de Jesus. É dolorosa, mas triunfante. É sinal de maldição, mas traz consigo toda a bênção. Nela morre o Filho de Deus, mas dela brota a vida para as criaturas.

O episódio da Transfiguração é posto por Marcos logo no início da segunda parte do seu Evangelho, a parte em que narra a viagem a Jerusalém. Viagem que tem três sentidos: um geográfico, porque de fato Jesus parte de Cesareia de Felipe, do extremo norte, desce beirando o rio Jordão, o lago da Galileia e sobe as montanhas da Judeia, até Jerusalém, sua meta final e término de sua vida terrena. Outro sentido é a caminhada que ele faz dentro de si, preparando-se para "a sua hora" (*Jo* 12,27). O terceiro caminho, bem mais penoso que a estrada pedregosa, é o que têm de fazer os Apóstolos. Jesus baixa uma série de instruções inteiramente novas e expõe as qualidades que deve ter quem quiser subir a Jerusalém com ele e com ele passar pela morte. Os Apóstolos fazem longo trajeto de crescimento.

A Transfiguração visava exatamente revelar aos Apóstolos que a passagem pela morte era temporária e a ela sucederia o fato impensável da ressurreição. Isso porque Jesus de Nazaré era o Filho de Deus e tinha "o poder de dar e retomar a vida" (*Jo* 10,18). A Igreja oriental costuma chamar a festa da Transfiguração de 'Páscoa do verão', ligando-a ao sol mais quente do ano. Evidentemente, isso não tem sentido para o Brasil, porque a festa cai no tempo frio, mas quis chamar a atenção para a ligação entre a Transfiguração e a Páscoa.

Que é transfiguração?

Que é a transfiguração? Não é uma aparição, mas é o aparecer em outra forma que não a forma costumeira. Jesus, portanto, não apareceu no Tabor, mas tomou outra figura. Como o fenômeno é inteiramente desconhecido no Antigo Testamento, não há uma palavra própria para descrevê-lo. Os Evangelistas foram buscar um termo usado na literatura pagã, quando falavam de deuses que assumiam a forma humana. E usam um termo que a língua portuguesa também guardou do grego: metamorfose, isto é, assunção de outra forma. Assim temos uma metamorfose quando a água assume a forma de gelo, ou quando a lagarta se transforma em borboleta.

No Tabor não temos um outro Jesus. É o mesmo Jesus de Nazaré que assume uma forma divina. Embora não possamos dizer que Deus tenha uma forma, o Evangelista teve de ater-se ao linguajar e à compreensão humana. Ainda que o Antigo Testamento não conte transfigurações, os termos com que se descreve a de Jesus são todos conhecidos, quando se descreve a divindade: luz resplandecente, vestes brancas, alto de um monte, nuvem da qual sai uma voz.

Na brancura das vestes, a eternidade de Deus

Cada um desses termos tem uma conotação divina. Foi a tradição, a partir do século VI, que localizou o episódio no Monte Tabor. Os Evangelistas dizem simplesmente 'um alto monte', mais em sentido teológico que geográfico. Teológico, porque era crença unânime em todos os povos que Deus (ou os deuses) morasse nas alturas. Também na Bíblia, 'o monte' é o lugar em que Deus está mais vizinho das criaturas. Lembremos o Monte Sinai (*Êx* 19-20; 24). O templo de Jerusalém estava sobre a colina de Sion e o Salmo 24 se perguntava: "Quem poderá subir o monte do Senhor?" (*Sl* 24,3).

As vestes brancas simbolizam a eternidade, o pertencer ao céu e ser santo como Deus é santo. Assim também o anjo da ressurreição estará vestido de vestes brancas (*Mc* 16,5). A Igreja conservou a figura da veste branca e a impõe ao recém-batizado para simbolizar a pertença à família de Deus e para expressar que o Batismo devolveu à criatura a santidade, que a põe em comunhão com Deus. A Igreja primitiva costumava vestir os batizandos adultos (catecúmenos) com uma túnica branca, que eles vestiam durante uma semana, para dizer que o cristão está revestido de Jesus Cristo (*Rm* 13,14). Na carta aos Efésios, Paulo diz tão belamente: "Passais por uma transformação espiritual de vossa mentalidade e vos revestis do homem novo, criado segundo Deus em justiça e verdadeira santidade" (*Ef* 4,24). Para expressar o máximo de santidade e de comunhão com Deus, Marcos diz que as vestes de Jesus eram tão brancas como "nenhuma lavadeira do mundo as pode alvejar".

A luz sempre foi símbolo de Deus, de sua presença em toda a parte, sem se manchar em lugar nenhum. A Oração Eucarística IV lembra-nos de que Deus mora numa luz inacessível. A própria essência de Deus é comparada à luz. São João afirma: "Deus é luz" (*1Jo* 1,5), e o salmista reza: "Contigo está a fonte da vida e através da tua luz vemos a luz" (*Sl* 36,10). A sabedoria alcançável pelo santo é "um reflexo da luz eterna" (*Sb* 7,26). Jesus de Nazaré definiu-se como sendo a encarnação da luz (*Jo* 1,7ss; 3,19; 12,46). E os cristãos definem-se como "filhos da luz" (*Ef* 5,8; *1Ts* 5,5; *Jo* 12,36).

Nuvem: figura constante nas manifestações divinas

Há ainda a figura da nuvem. Ela simboliza a presença de Deus. As manifestações de Deus no Antigo Testamento, muitas vezes, dão-se dentro de uma nuvem, sobretudo no Monte Sinai (*Êx* 19,16), onde nasceu o novo povo eleito, onde se refez a aliança de Deus com o povo escolhido. Como Deus é luz e a criatura humana não pode contemplar seu rosto luminoso, a nuvem seria como um anteparo para que os olhos humanos não se firam olhando para Deus. O profeta Isaías diz poeticamente que a nuvem é o carro de Deus (*Is* 19,1), imagem usada também pelo salmista: "Tu fazes das nuvens a tua carruagem e andas sobre as asas do vento" (*Sl* 104,3). Quando Jesus subir ao céu, em certo momento, será envolto por uma nuvem (*At* 1,9). Ora, o Tabor tem muito do significado do Sinai. Cristo estava para dar à luz um novo povo, uma nova e definitiva aliança, um novo Testamento por meio do Sangue derramado na cruz. Como vimos, a Transfiguração tem todo um sentido pascal. E a Páscoa tem um sentido de recriação.

Santo Tomás de Aquino viu na nuvem do Tabor a figura do Espírito Santo: "A Trindade inteira apareceu, o Pai, na voz; o Filho no homem; o Espírito na nuvem luminosa". A voz do Pai, saída da nuvem, é o centro do episódio: "Este é meu filho bem-amado, escutai-o" (v. 7). Uma clara afirmação da filiação divina de Jesus, de sua divindade. No 'escutai-o' está a finalidade da Transfiguração. Se Jesus de Nazaré é o Filho de Deus (*Mc* 14,62), se ele tem palavras de vida eterna, isto é, divinas (*Jo* 6,68), aos que nele crerem cabe colocar em prática seus ensinamentos, para que também sejam revestidos de divindade, porque todos, em Cristo, temos como meta a transfiguração, o 'revestir-nos de Cristo', porque "somos um só com ele" (*Gl* 3,27.28).

SOLENIDADE DA ASSUNÇÃO DE NOSSA SENHORA

1ª leitura: Ap 11,19a; 12,1.3-6a.10ab
Salmo: Sl 44
2ª leitura: 1Cor 15,20-27a
Evangelho: Lc 1,39-56

Somos participantes da vocação, que nos destina à herança eterna (Hb 3,1)

GLORIFICAÇÃO DE MARIA: MODELO E META DA HUMANIDADE

Maria foi a primeira criatura a receber o benefício da Encarnação do Senhor, tendo sido, exatamente em vista de sua maternidade divina, isenta de todo o pecado, desde sua conceição imaculada, e preservada de toda mancha ao longo de sua vida. Tornou-se, portanto, a primeira criatura na fé cristã e a primeira a ser elevada à glória do céu em corpo e alma, graça inaudita alcançada pela Ressurreição de Jesus. Por primeiro recebeu a graça, por primeiro alcançou a plenitude da vida eterna. Por isso ela é chamada de "protótipo" de todo o cristão, isto é, foi a primeira a alcançar o destino glorioso reservado a todos que creem no Senhor Jesus. Diz o *Catecismo da Igreja*: "A Assunção da Virgem Maria é uma participação singular na Ressurreição de seu Filho e uma antecipação da ressurreição dos outros cristãos" (n. 966).

A glorificação de Maria é um prêmio de sua fé, de sua dedicação à obra redentora, de sua santidade. Mas é também um luzeiro a marcar a meta final dos cristãos. Luzeiro, cuja luz se derrama sobre nós em forma de esperança-certeza. Disse-o bem o Concílio Vaticano II: "No céu, onde já está glorificada em corpo e alma, a Mãe de Deus representa e inaugura a Igreja na sua consumação no século futuro. Na terra, enquanto aguardamos a vinda do Dia do Senhor, ela brilha como sinal da esperança segura e consolação diante do Povo de Deus em peregrinação" (*Lumen Gentium*, 68).

Por isso mesmo a festa de hoje tem muito a ver conosco na vida presente, tempo em que vemos a Deus obscuramente, como que num espelho (*1Cor* 13,12), mas revestidos já agora da esperança de vê-lo face a face, e mais que vê-lo, fazer uma só comunhão com ele. A festa da Assunção de Maria é a festa da nossa esperança.

Exulto em Deus, meu Salvador

Os Evangelhos, sobretudo o de Marcos, descrevem uma longa caminhada de Jesus, desde o norte da Palestina até Jerusalém. Mas não é a geografia e o tempo que contam, e, sim, uma outra caminhada: a que deve fazer todo o discípulo, ajudado pelos ensinamentos novos de Jesus. Trata-se de um verdadeiro caminho de fé, de uma lenta passagem do homem carnal ao homem espiritual (*Gl* 5,16-25). Também a Liturgia de hoje traz a viagem como símbolo: Maria parte de Nazaré, desce ao longo do rio Jordão e sobe as montanhas de Judá até Ain Karem, onde moravam Zacarias e Isabel, pais de João Batista. Na casa de Isabel canta o Magnificat, o hino da encarnação, o hino do agradecimento, o hino do cumprimento das promessas.

Chamei a viagem de símbolo. Não que ela não tivesse acontecido. Mas por mostrar muito bem uma outra viagem que celebramos hoje. Maria, que saiu de si mesma, renunciou a seus interesses para servir com exclusividade o mistério de Cristo; desceu, durante a vida, às baixuras da humanidade pecadora, fazendo-se, como seu Filho, solidária com os irmãos (*Hb* 2,17), assumindo a condição de serva, humilhando-se em tudo (*Fl* 2,7-8); depois subiu com ele a noite do Calvário, alcançou a manhã solar da Ressurreição; da Páscoa subiu aos céus, cantando uma segunda vez o Magnificat, para agradecer a glorificação da humildade e da pequenez, a vitória sobre a morte, as grandes coisas operadas por Deus em benefício seu e da humanidade.

**Primícias
da humanidade**

Do ponto de vista de palavras humanas, dificilmente podemos imaginar outro canto mais apropriado nos lábios de Maria ao chegar à glória do que o Magnificat. Se o Magnificat é o hino de agradecimento a Deus pela Encarnação e pela obra redentora do Filho de Deus, tudo o que Maria tem a agradecer a Deus o tem em função do mistério divino-humano de Jesus. Sua coroação como rainha do céu e da terra é o coroamento de tudo o que ela cantou na casa de Isabel.

Podemos dividir o canto do Magnificat em quatro estrofes. Na primeira (vv. 46-48), ela agradece ao Senhor, "único Deus, a quem se devem toda a honra e toda a glória pelos séculos dos séculos" (*1Tm* 1,17), e diante de quem todas as criaturas deverão prostrar-se com humildade. Há um contraste entre a humildade da criatura humana, serva do Senhor (v. 48), com que Maria se identifica, e a onipotência divina. Mas a distância se encurta, porque o Todo-poderoso cobriu Maria com a plenitude da graça (*Lc* 1,28) e em seu seio fez-se criatura frágil. A humildade de Maria se torna altíssima virtude, e a grandeza de Deus se apequena e se humaniza. Esse encontro entre o divino e o humano enche Maria de júbilo, que alcança o ponto máximo hoje, na sua assunção corporal ao céu. Em Nazaré, Deus 'desceu' ao seio virginal de Maria. Hoje, Maria 'sobe' para sempre ao seio eterno da Santíssima Trindade.

A segunda estrofe (vv. 49-50) agradece as grandes coisas, as maravilhas, que Deus realizou na história da salvação dos seres humanos. Canta a misericórdia divina, reconhecendo que tudo nos vem gratuitamente do Senhor, e convida a humanidade ao 'temor de Deus', ou seja, a um amor filial e reverente, que reconhece nele seu único Deus, fonte da vida, da santidade e de todos os bens. A plenitude de todas as graças foi dada a Maria. Ela foi a mais beneficiada por Deus. É justo que ela cante hoje a misericórdia divina ao chegar gloriosa ao "Pai de todas as misericórdias e Deus de todas as consolações" (*2Cor* 1,3).

A glória dos pobres

A terceira estrofe (vv. 51-53) antecede um tema fundamental da missão de Jesus: a ação de Deus em favor dos pobres e dos humildes. O Antigo Testamento media a bênção divina pelos teres. Maria, que se esvaziara de tudo para dar lugar em sua vida ao Espírito fecundo de Deus, é a criatura humana que mais compreendeu o caminho da aniquilação de Deus (São Paulo chama essa 'descida' de *kénosis*), caminho que, em contrapartida, elevou os pobres a filhos prediletos do Pai e a comensais de sua casa. Essa estrofe do Magnificat é um eco antecipado das Bem-aventuranças do Sermão da Montanha (*Mt* 5,1-12) e, ao ser reposta agora na Assunção nos lábios de Maria, representa o canto de todos os pobres evangelizados, de todos os presos libertados, de todos os cegos que recuperaram a vista, de todos os oprimidos aliviados, de todos os pecadores que encontraram a graça do Senhor (*Lc* 4,18-19).

A última estrofe (vv. 54-55), sempre em forma de agradecimento e de louvor, celebra a fidelidade de Deus, o cumprimento de todas as suas promessas. O Antigo Testamento é a história da fidelidade de Deus e da pouca ou nenhuma fidelidade da criatura. Agora, ao menos em Jesus, filho de Maria, a humanidade consegue acompanhar a fidelidade de Deus. Em Jesus de Nazaré, carne da carne de Maria, a humanidade se tornou bom parceiro de Deus na história da salvação. E Maria, chegando gloriosa ao céu em corpo e alma, é o primeiro fruto dessa fidelidade, que se transforma em comunhão perfeita e eterna com a Santíssima Trindade.

Ao ser assunta hoje em corpo e alma ao céu, Maria se conforma por inteiro a seu Filho ressuscitado e glorioso, Senhor do universo. E como Jesus, ao subir aos céus, não nos deixou órfãos (*Jo* 14,18) mas continuou misteriosa e realmente entre nós (*Mt* 28,20), assim também Maria continua presente no Cristo que se faz Igreja, como modelo e mãe, como intercessora clemente, até que todos alcancem a plenitude das promessas de Cristo, ou seja, a glória triunfante do céu.

FESTA DA EXALTAÇÃO DA SANTA CRUZ

1ª leitura: Nm 21,4b-9
Salmo: Sl 77
2ª leitura: Fl 2,6-11
Evangelho: Jo 3,13-17

Suportou a cruz e está sentado
à direita do trono de Deus (Hb 12,2)

CRUZ REDENTORA: PORTA DA GLÓRIA ETERNA

A festa da Santa Cruz, celebrada desde os primeiros séculos no dia 14 de setembro, quando cai em dia de domingo, substitui a Liturgia dominical, por ser festa do Senhor. De fato, a cruz, desligada do mistério de Cristo, não tem sentido ou, se quisermos, continuará sendo apenas um suplício histórico. Desligada do Cristo, nem mesmo seria símbolo de uma religião. Celebrar a Cruz significa celebrar a paixão e morte do Filho de Deus redentor. Significa celebrar a fonte de onde jorra a salvação para toda a humanidade. Significa celebrar o Cristo vitorioso sobre o pecado e a morte. Significa celebrar a transfiguração do ser humano em filho de Deus.

Nem os Evangelistas nem a Liturgia separam os dois maiores significados da Cruz de Cristo e da cruz de cada cristão: sofrimento e triunfo. O próprio Jesus deu à cruz o sentido do sofrimento, quando pediu ao discípulo que o quisesse seguir de renunciar a si mesmo e tomar cada dia a cruz e caminhar atrás dele (*Mt* 10,38; *Mc* 8,34; *Lc* 14,27). Quem leva a sério essa exigência de Jesus sabe que o sofrimento da renúncia aos próprios interesses, à própria realização pessoal, é mais doloroso e exigente que qualquer doença física. Muitos cristãos carregam os dois pesos: a doença e a auto-humilhação, quase sempre agravados de outros pesos físicos, psíquicos, morais e sociais. Feliz de quem, assim carregado, consegue dizer, com toda a consciência, com São Paulo: "Alegro-me com os sofrimentos suportados. Em minha carne... supro o que falta à paixão de Cristo" (*Cl* 1,24).

Quando ligamos nosso sofrimento ao de Cristo, nossa cruz à de Cristo, a renúncia e o sofrimento tomam um sentido de bem-aventurança, como garantiu Jesus: "Alegrai-vos e exultai, porque grande será a recompensa" (*Mt* 5,12). Paulo lembrava aos Filipenses que não só tinham a graça de crer no Senhor Jesus, mas também de sofrer com ele e por ele (*Fl* 1,29). Essa fé une a cruz do sofrimento à cruz do triunfo, porque, como ainda ensina São Paulo: "Se com Cristo morremos, com Cristo viveremos" (*Rm* 6,8). A festa da Exaltação da Santa Cruz celebra visivelmente esses dois aspectos: o do sofrimento como meio de redenção em Cristo e o da glória como meta, sempre em Cristo, de todos os cristãos.

Cruz:
máximo suplício

A origem do suplício da cruz perde-se na noite da história. Os hebreus não costumavam usá-lo por ser cruel e humilhante demais. Também os gregos não costumavam usá-lo. Por isso mesmo São Paulo dirá que a cruz é um escândalo para os judeus e uma loucura para os gregos (*1Cor* 1,23). Mas os romanos, excetuados sempre os cidadãos do império, usavam-na normalmente contra rebeldes, salteadores e escravos desobedientes, e era considerada a condenação mais dura, mais pesada que ser atirado como comida às feras ou ser queimado vivo. Por isso os juristas romanos chamavam a condenação à cruz como 'máximo suplício'.

É rara a literatura pagã sobre a cruz. Ela foi definitivamente abolida da legislação penal romana pelo imperador Constantino, logo depois de seu batismo (315). Normalmente o condenado à morte, depois de sê-lo, era flagelado com chicotes de couro trançado, com pedaços de chumbo amarrado, ou com cordas que tinham presos ossos pontiagudos. Jesus foi flagelado antes de ser condenado (*Jo* 19,1) e tanto que teve dificuldade em carregar a cruz ao Calvário (*Mt* 27,32).

O ritual da crucificação

A crucificação tinha duas razões: castigar o criminoso e servir de intimidação a outros crimes. Por isso mesmo, a crucificação era feita em lugar de muito movimento, como mercados ou praça pública, e o condenado devia percorrer as ruas mais frequentadas, carregando a travessa horizontal da cruz (chamada *patíbulo*). A haste vertical, normalmente, era fincada no chão com antecedência para despertar a curiosidade. A tradição da Igreja sempre viu Jesus carregando a cruz inteira. O condenado carregava pendurado no peito um cartaz com a razão de sua morte. Ou o cartaz era levado com algum estardalhaço à frente dele.

Chegado ao lugar de suplício, o condenado era despido (*Mt* 27,35) e era crucificado nu. Mas na Palestina, por respeito à sensibilidade judaica, os romanos costumavam ajustar uma tanga ao baixo ventre do justiçado. Davam-lhe então uma bebida narcotizante. Sabemos que Jesus negou-se a bebê-la (*Mc* 15,23), para morrer em plena consciência. Num gesto que raia ao sadismo, os carrascos costumavam deixar as mulheres que choravam (*Lc* 23,27) dar o narcótico ao condenado. Terminada essa parte, o justiçado deitava-se e era pregado com os braços abertos na trave horizontal e só então era levantado e, eventualmente, recebia novo prego nos pés. O corpo podia ficar a pouca altura ou bem levantado. A deduzir de *Mt* 27,48 e *Mc* 15,36, Jesus ficou pendurado a boa altura da terra.

A iconografia cristã costuma representar Jesus com as chagas dos pregos no centro da mão. Mas isso não pode ter acontecido, porque se sabe que o peso do corpo teria rasgado por inteiro as mãos. Era costume meter os pregos à altura dos pulsos. A lesão dos nervos ocasionava dores terríveis a qualquer movimento do corpo. Para prolongar o sofrimento, costumava-se pregar uma espécie de assento sob as nádegas do condenado. Jesus foi crucificado na tarde de uma sexta-feira. Ora, a lei judaica obrigava enterrar os justiçados antes do pôr do sol (*Dt* 21,22-23). Por isso, para apressar a morte, quebraram as pernas dos dois companheiros de Jesus (*Jo* 19,31-34). Estando Jesus já morto, por garantia, deram-lhe uma lançada que lhe atingiu o coração.

O triunfo sobre a morte

O ritual da crucificação de Jesus de Nazaré não foi diferente do seguido em outras condenações. Mas os Evangelistas dão a vários passos de Jesus um significado teológico, porque àquela altura os Apóstolos e a comunidade cristã haviam compreendido que a morte de Jesus na cruz, longe de ser loucura ou fraqueza, significava "poder e sabedoria de Deus para todos" (*1Cor* 1,24). E Jesus crucificado, longe de ser um condenado por um iníquo tribunal humano, havia conscientemente aceitado a misteriosa vontade do Pai: renunciando sua condição divina e esvaziando-se de sua glória, havia assumido a condição de escravo e se deixado livremente levar à morte humilhante da cruz (*Fl* 2,6-8), "tornando-se causa de salvação para todos os que lhe obedecem" (*Hb* 5,9). E por isso "Deus o exaltou sobremaneira e deu-lhe o nome mais excelso, mais sublime, acima de qualquer outro nome, para que ao nome de Jesus se dobre reverente todo joelho, nos céus, na terra, nos abismos, e toda língua proclame, para a glória de Deus Pai, que Jesus Cristo é verdadeiramente o Senhor" (*Fl* 2,9-11).

Os escritores sagrados falam muitas vezes no 'trono da cruz'. A Liturgia da Sexta-feira Santa celebra e canta o reinado de Jesus crucificado. Num de seus sermões, o Papa João Paulo II dizia assim: "Da dor inexprimível do Amor nasce o poder que triunfa sobre a morte, e o Espírito, derramado do Crucificado sobre o mundo, restituiu à velha árvore seca da humanidade a rica folhagem do paraíso terrestre". A festa de hoje nos põe de joelhos diante do mistério da cruz, expressão de dor e morte, cântico de glória e redenção, fonte em que foram lavadas as vestes pecadoras da humanidade, abraço misericordioso de Deus criador à criatura, renascida da morte e ressurreição de Jesus. Ó Cruz, tu reinarás!

FESTA DE NOSSA SENHORA DA CONCEIÇÃO APARECIDA

1ª leitura: Est 5,1b-2; 7,2b-3
Salmo: Sl 44
2ª leitura: Ap 12,1.5.12a.15-16a
Evangelho: Jo 2,1-11

Para beber, havia abundância de vinho real,
conforme a liberalidade do rei (Est 1,7)

A SENHORA QUE NOS DÁ TUDO PORQUE NOS DÁ JESUS

Sendo Nossa Senhora Aparecida padroeira do Brasil, sua festa é chamada de 'Solenidade' pela Liturgia e, caindo em domingo, ocupa o lugar da Missa dominical. Nossa Senhora é invocada com muitos nomes. Uns provenientes de momentos concretos de sua vida (do Parto, das Dores, da Glória) outros de fatos miraculosos (Loreto, Pilar, Aparecida), outros de alguns bons ofícios prestados por ela (das Graças, Medianeira, Auxiliadora), outros de aparições (Fátima, Lourdes, Guadalupe), outros por títulos concedidos pela Igreja (Rainha, Mãe da Igreja, Sede da Sabedoria).

Todos esses títulos, porém, prendem-se a um dos privilégios de Maria, dogmas de fé: sua conceição imaculada, sua maternidade divina, sua virgindade antes, durante e depois do parto, sua vida ilibada, sua gloriosa assunção ao céu em corpo e alma. A essas verdades de fé, podemos acrescentar: sua participação na paixão do Senhor e sua coroação como rainha do céu e da terra; alguns comentaristas acrescentam ainda as três virtudes teologais da fé, esperança e caridade e as duas virtudes fundamentais do Evangelho: a humildade e a obediência, chegando assim ao número 12, que seriam as 12 estrelas que coroam a cabeça da mulher vestida de sol e com a lua sob os pés, do Apocalipse, que lemos como segunda leitura na Missa de hoje (*Ap* 12,1).

Nossa Senhora Aparecida liga-se ao mistério da conceição imaculada de Maria. Aliás, seu título oficial é Nossa Senhora da Conceição Aparecida. A pequena estátua de terracota, resgatada nas águas do Rio Paraíba, em 1717, é uma estátua da Imaculada, devoção bastante propagada no Brasil pelos missionários franciscanos, que a têm como padroeira, e há muitos séculos costumam celebrar aos sábados a Missa votiva da Imaculada Conceição de Maria. Mas hoje a devoção é de todos, desde que o Papa Beato Pio IX, em 1854, proclamou verdade de fé que Maria foi concebida sem pecado.

O trono da graça

Diz-nos o Evangelho da Missa de hoje que Maria "estava presente" (v. 1), por sinal, em família, numa festa de casamento. E não passivamente presente, mas muito ativa, a ponto de perceber a necessidade dos noivos e interceder por eles. Essa é a presença que queremos de Maria em nossa vida, em casa e na sociedade. Uma presença de mãe atenta, que sabe exatamente de que precisamos. Podemos estar precisando de trabalho, de saúde, de paz interior, de conversão e até mesmo de ocasião de desabafo. Cada um de nós achega-se a Maria com seus problemas e suas necessidades, de sua família, de sua comunidade. E, em se tratando da Padroeira do país, também com os grandes e pequenos desafios, com as pequenas e grandes esperanças da sociedade brasileira.

Maria é, antes de tudo, mãe. Por isso podemos seguir o conselho da Carta aos Hebreus: "Aproximemo-nos confiantemente do trono da graça a fim de alcançar misericórdia e achar a graça de um auxílio oportuno" (*Hb* 4,16). O conselho da Carta aos Hebreus é dado, pensando no Cristo Senhor. Ora, o Evangelho de hoje nos mostra justamente Maria intercessora junto do Cristo. Podemos deixar nas mãos dela nossos pedidos, porque ninguém conhece melhor o Cristo, 'trono da graça', do que Maria.

Deus alegra-se em ver-nos bons

Há outra expressão no Evangelho de hoje que deve ser acentuada: "Fazei tudo o que ele vos disser" (v. 5). É um pedido que parte de Maria aos que trabalhavam na festa. É um pedido que parte de Maria a cada um de nós. Maria pede, sim, graças ao Filho e as obtém. Mas ao mesmo tempo pede-nos fazer aquilo que o Cristo nos ensinou, para que também nós realizemos a nossa parte. Os empregados fizeram a parte deles: encheram as talhas. Penso que todas as vezes que fazemos um pedido a Maria (ou ao nosso santo protetor) nossa súplica deve ser ao mesmo tempo um exame de consciência de como estamos vivendo os ensinamentos de Jesus. Não que o nosso bom comportamento seja moeda para a aquisição de graças, mas porque Deus se alegra em ver-nos bons.

Aqui entra a história da semente e da terra. A semente, se cair sobre pedra, no meio da estrada ou entre os espinheiros, não produzirá frutos (*Lc* 8,11-15). A graça de Deus precisa da terra boa do nosso coração. E todo benefício que Deus nos faz é graça. Observe-se que a recomendação de Maria, "Fazei tudo o que ele vos disser", são as últimas palavras que os Evangelhos conservaram dela. Encontramos Maria ainda em outras ocasiões, sobretudo no Calvário (*Jo* 19,25) e no Cenáculo (*At* 1,14), mas sua palavra silenciosa é sempre a mesma: "Fazei tudo o que ele vos disser!" Com a mesma insistência e cuidado ela as repete hoje para nós.

Os empregados que obedecem a Jesus, enchendo as talhas (v. 7) e, depois, levando o vinho novo ao mestre-sala (v. 8), também nos dão um exemplo de comportamento. Na Última Ceia Jesus dirá: "Quem escuta minhas ordens e as cumpre, esse é quem me ama. E quem me ama será amado por meu Pai e eu o amarei e me revelarei a ele" (*Jo* 14,21). Muitas vezes nos parecemos àqueles gregos que, no templo, diziam a Filipe: "Queremos ver Jesus!" (*Jo* 12,21). Jesus nos diz: eu me revelarei a quem me ama, e me ama aquele que cumpre as minhas ordens! A frase de Jesus sobrepõe-se à de Maria: "Fazei tudo o que ele vos disser". Observemos que Maria, com seu "faça-se segundo a tua palavra" (*Lc* 1,38), dito na Anunciação e vivido na fé e na esperança ao longo de seus dias, é modelo para nós em fazer a vontade de Deus. E Jesus afirmou de si mesmo que se alimentava da vontade do Pai (*Jo* 4,34).

O bom vinho é Cristo

O vinho das Bodas de Caná, que retorna hoje na festa de Nossa Senhora Aparecida, é símbolo de todas as graças de Deus, sobretudo da maior de todas as graças: a pessoa de Nosso Senhor Jesus Cristo, Salvador. E Jesus é a primeira das graças que Maria sempre nos apresenta e alcança-nos, porque, tendo-o, teremos tudo. A quem possui Cristo, nada lhe falta. Por isso mesmo o vinho de Caná é melhor do que o vinho já bebido e é extraordinariamente abundante. De fato, cada uma das talhas podia conter de 80 a 120 litros. E eram seis talhas, o que significa, no mínimo, de 500 a 600 litros de vinho. E como se não bastasse essa quantidade, João ainda diz que foram enchidas 'até a borda'.

A abundância é característica de Deus. Bastaria olharmos para a natureza, as espécies de plantas, animais e pedras que existem. Bastaria lembrar a multiplicação dos pães feita por Jesus no deserto, da qual sobraram doze cestos (*Jo* 6,13), ou a pesca milagrosa depois da ressurreição (*Jo* 21,11). Abundância é a quantidade do amor de Deus derramado sobre a humanidade na pessoa de Jesus de Nazaré. Em Caná, ele não se manifesta somente no milagre da transformação da água em vinho, mas também no próprio símbolo do vinho novo e abundante, que significa sua palavra, sua doutrina e sua pessoa. Se dizemos agora que a abundância é também característica das bênçãos de Maria, nossa Mãe e Padroeira, pensamos sobretudo na pessoa e ensinamentos de Jesus que ela nos apresenta. Deveríamos consumir esse ensinamento como se bebe um bom vinho, que acaba transformando-se em substância de nosso corpo. E não podemos pedir maior graça de Maria do que o próprio Jesus, seu Filho, que ela está sempre disposta a dar.

SOLENIDADE DE TODOS OS SANTOS

1ª leitura: Ap 7,2-4.9-14
Salmo: Sl 23
2ª leitura: 1Jo 3,1-3
Evangelho: Mt 5,1-12a

Eles verão a face de Deus e trarão o seu nome nas frontes (Ap 22,4)

CRIATURAS DE DEUS COM UM DESTINO ETERNO

Somos criaturas de Deus que retornam ao Criador. A certa altura, Jesus Cristo nos elevou à categoria de filhos de Deus. E é com olhos de filhos que contemplamos hoje a cidade santa do céu, habitada por milhões e milhões de homens e mulheres, de todas as raças, línguas e tempos, que glorificam a Santíssima Trindade e gozam da mais perfeita e íntima comunhão de amor e vida divina com o Senhor. É uma festa de louvor e de esperança. De louvor a Deus, que, aceitando-nos como filhos e filhas, nos tornou herdeiros do céu, da bem-aventurança eterna. De esperança, porque, apesar das tentações, dificuldades e pecados da vida terrena, temos um destino eterno.

Celebramos os nossos santos, mas celebramos também seu caminho à santidade, que é o mesmo caminho que percorremos nós. Estamos na mesma estrada e isso nos enche de confiança, alegria e coragem. A Liturgia de hoje mostra-nos a caminhada que fazemos entre dois pontos. O primeiro ponto é o caminho que estamos fazendo aqui e agora, "porque já agora somos filhos de Deus", ensina-nos a segunda leitura (*1Jo* 3,2), já neste mundo o Reino pertence aos pobres de espírito, aos pacíficos, aos aflitos, àqueles que procuram a justiça, isto é, a santificação. O outro ponto é o da chegada, comumente chamado Morte, que coincide com nosso encontro com o Cristo Juiz misericordioso. Os santos passaram por essa porta. Por isso veem a Deus tal como ele é e são nele transfigurados (1Jo 3,2). Também nós o veremos como ele é e seremos nele transfigurados, quando, pela morte biológica, nascermos para a eternidade.

Jesus de Nazaré: modelo de felicidade

O Evangelho nos propõe as bem-aventuranças proferidas por Jesus ao abrir o Sermão da Montanha. Elas são, por um lado, o retrato de Jesus. Por outro, um ideal a nosso alcance. Um ideal que não se mede por critérios humanos, mas pelos novos critérios divinos com os quais se avaliam as coisas e os fatos do Reino de Deus. Por isso mesmo, por mais concretas e atuais que sejam as bem-aventuranças, só serão alcançáveis pelos que creem na pessoa e na mensagem de Jesus. Os santos creram e foram capazes de medir sua vida por elas, ora ressaltando uma, ora se penitenciando para alcançar outra.

A felicidade proposta por Jesus é diferente da felicidade imaginada por muitos, que pensam ser felizes quando têm muito, ou quando se livraram de contrariedade ou quando têm multidões a seus pés para servi-los. A felicidade que Jesus prega envolve o passado, porque se enraíza na doutrina que ele deixou; o presente, porque é dinâmica e exigente; e o futuro, porque é base do Reino dos Céus, que começa aqui e plenifica-se na eternidade.

As criaturas foram criadas para a felicidade, não para a desgraça. Isso equivale a dizer que fomos criados para Deus e não para o inferno. O desejo de felicidade é congênito às criaturas. As bem-aventuranças proclamam a felicidade perfeita que, com toda a certeza, não se radica em bens materiais e glórias esfumadas. Felicidade que abarca em primeiro lugar a vida presente. A plenitude da felicidade depende da vivência feliz neste mundo, porque o Reino dos Céus começa e se constrói na vida presente. Jesus de Nazaré é o modelo de quem viveu na terra a plenitude das bem-aventuranças. Por isso é ele também o modelo da felicidade eterna.

Bem-aventurado na Paixão, Bem-aventurado na Páscoa

Jesus não inventou a expressão 'bem-aventurado', nem é este o único local em que ocorre no Novo Testamento (p. ex. *Mt* 16,17; 24.46; *Lc* 14,15; *Tg* 1,12; *Ap* 20,6). Ela é empregada no Antigo Testamento, sobretudo nos salmos (p. ex. *Sl* 1,1; 32,2; 34,9). Costuma-se dizer que as bem-aventuranças são o resumo do Evangelho. Poderíamos até dizer que elas formam o programa (os políticos dizem também 'plataforma') da missão de Jesus. Admiramos as pessoas que se distinguem no plano do fazer. Gostamos de ver obras. Jesus também quer obras. Antes, porém, mostra-nos o plano do ser. As bem-aventuranças são o espelho daquilo que o verdadeiro discípulo deve ser. O discípulo é construtor do Reino, mas, antes de agir, ele precisa se caracterizar e qualificar. Daí Jesus exigir qualidades. Elas serão condição e roteiro ao mesmo tempo. Ponto de partida e ponto de chegada. No mesmo sentido de quando dizemos que caminhamos para Deus. Só caminha para Deus quem parte de Deus.

As três primeiras bem-aventuranças propõem a libertação da criatura humana de três grandes empecilhos: o apego ao dinheiro, a soberba da autossuficiência e o preconceito de que só é feliz quem não sofre dificuldades. Aos três obstáculos, Jesus contrapõe o espírito de pobreza, a mansidão e serenidade nas lágrimas.

Se as três primeiras bem-aventuranças asseguram-nos independência, desapegando-nos das coisas, libertando-nos da soberba, que gera violência, e pondo-nos dentro da realidade conflituosa de cada dia; as outras cinco estão voltadas para a ação e, no seu conjunto, perfazem a grandeza do *homem novo* (*Ef* 4,24): justiça, misericórdia, pureza de intenção, paz, paciência. Nenhuma dessas qualidades é passiva. São dinâmicas e entrelaçam-se. Não há misericórdia sem justiça. Não há paz para quem lavra na falsidade. A paciência – virtude que ensina a suportar, a carregar as coisas e os fatos – é a força histórica do povo de Deus, que espera a realização do Reino, não de braços cruzados, mas na atividade da construção da paz e da justiça. Nessas qualidades está a força que nos dispõe para a felicidade. Nesse modo de pensar, é feliz Jesus na Paixão e na manhã de Páscoa.

Ponto de vista humano, ponto de vista de Deus

A primeira e a última bem-aventuranças (o versículo 11 é uma explicitação do 10) trazem o verbo no presente: é o Reino dos Céus. O tempo do verbo no presente sugere-nos que o Reino dos Céus já está no nosso meio, como afirmou Jesus (*Lc* 17,21). De fato o reino dos Céus identifica-se primeiro com a pessoa de Jesus e, depois, abrange os que creem nele e vivem sua doutrina. E Jesus continua presente no meio de nós (*Mt* 28,20), como confessamos em todas as Missas, quando o Celebrante nos diz: "O Senhor esteja convosco!" As outras bem-aventuranças trazem o verbo no futuro: *possuirão, alcançarão, serão*. Isso sugere algo que acontecerá em tempo mais longínquo, talvez depois da morte. Mas isso vale só do ponto de vista da linguagem e da esperança humana, porque as coisas de Deus não têm presente e futuro. A questão do tempo e do espaço é coisa das criaturas, não do criador.

Cada uma das bem-aventuranças vem motivada por um 'porque'. É o motivo em que se fundamenta a bem-aventurança. Também os motivos contrariam os valores humanos, no sentido de que, diante de Deus, são felizes justamente aqueles que o mundo considera fracos, pobres, infelizes. Por isso mesmo devemos ler os motivos com os olhos de Deus e não com os nossos. Por exemplo: *herdarão a terra* não significa que um dia todos os despossuídos terão terra e casa. Isso seria pouco, ainda que muito do ponto de vista humano. Mas significa, do ponto de vista de Deus, aquela terra prometida, onde o sol não se levanta nem se deita, porque a glória de Deus é a luz que ilumina e a luz que ilumina é o próprio Cristo Senhor (*Ap* 21,23). Esta 'terra' não fica no além. Além e aquém também são conceitos humanos. Esta 'terra' é a comunhão com Deus a que somos chamados a viver agora e depois de nossa morte.

COMEMORAÇÃO DE TODOS OS FIÉIS DEFUNTOS

1ª leitura: Is 25,6a.7-9
Salmo: Sl 24
2ª leitura: Rm 8,14-23
Mt 25,31-46

Quem ressuscitou Jesus dos mortos também dará vida a vossos corpos mortais (Rm 8,11)

SOMOS FILHOS DE DEUS, PREDESTINADOS À GLÓRIA

Para a Comemoração dos Fiéis Defuntos há três formulários de Missa, porque neste dia cada padre pode celebrar três Missas, uma das quais será sempre em benefício de todos os mortos, a outra nas intenções do Santo Padre e uma pode ser aplicada nas intenções pedidas pelos paroquianos. Neste ano privilegiamos as leituras da segunda Missa. Mesmo que seja um dia 'de cemitério', a celebração eucarística é pascal, porque a fé cristã nos leva a ir além das avenidas e dos túmulos cheios de saudades do cemitério. Fomos criados para a eternidade. É lá que estão os nossos mortos. É para lá que caminhamos.

A Igreja sempre venerou com grande piedade a memória dos defuntos. Eles continuam formando parte integrante da Igreja. O *Credo do Povo de Deus* assim professa: "Cremos na comunhão de todos os fiéis de Cristo, dos que são peregrinos na terra, dos defuntos que estão terminando sua purificação, dos bem-aventurados do céu, formando todos juntos uma só Igreja, e cremos que nesta comunhão o amor misericordioso de Deus e dos seus santos está sempre à escuta de nossas orações" (n.30).

Cremos na ressurreição. Cremos na vida eterna. Nossos corpos ressuscitarão para a vida eterna, não em sua carne biológica, apodrecida e tornada ao pó na sepultura, mas como o Cristo na madrugada de Páscoa, sem as condições de tempo, espaço, volume e peso. Quem aceita, pela fé, que Deus pode criar do nada e transformar trevas em luz não terá dificuldade em aceitar que Deus pode dar vida aos mortos. Escreve São Paulo: "Ele faz viver os mortos e chama à existência as coisas que não existem" (*Rm* 4,17).

Morte:
porta do encontro

Nós temos origem divina. Deus nos criou e, ao criar-nos, deu-nos muito dele mesmo, pondo em nós sementes de imortalidade (*Gaudium et Spes*, 18). Se temos origem divina, temos também um destino eterno. A porta que abre a eternidade chama-se Morte. Essa porta, chamada Morte, poderia também se chamar 'Porta do Encontro', porque, na morte, encontramos aquele que nos criou: Deus, nosso Pai. Passamos a vida terrena procurando a face de Deus. "Eu busco a tua face, Senhor!" (*Sl* 27,8). "Se eu escalar os céus, aí está tua face; se me deitar no abismo, também aí está" (*Sl* 139,8), mas não consigo vê-la nem no alto céu nem nas profundezas do abismo. Deus está por toda a parte, mas não verei sua face, porque a face de Deus nós a veremos na hora da morte.

E quem nos abre essa porta, chamada Morte, ou 'Porta do Encontro', é o Cristo, o Filho de Deus, pela força e méritos de sua Ressurreição. "A glória futura manifestar-se-á em nós", afirma São Paulo (*Rm* 8,18). Ou, como o próprio Jesus prometeu: "Quem crer em mim tem a vida eterna e eu o ressuscitarei no último dia" (*Jo* 6,40), isto é, eu abrirei a porta do encontro para que encontre o Pai do Céu e veja a sua face e mergulhe para sempre em sua eternidade.

Quando rezamos Missa por nossos mortos, celebramos esse encontro com Deus. Toda oração pode beneficiar os mortos. Mas nenhuma como a Missa, que é a memória da morte e Ressurreição de Jesus. Morte e Ressurreição de Jesus: garantia de que nossa morte não é um lúgubre fim, mas porta de encontro com Deus e sua imortalidade.

Morte: coroamento da esperança

Em todas as Missas, depois da Consagração, rezamos: "Anunciamos, Senhor, a vossa morte, proclamamos a vossa ressurreição". E acrescentamos: "Vinde, Senhor Jesus!" Esse 'vinde' é o pedido que fazemos para que Jesus venha abrir--nos a porta da morte, que melhor se chamaria 'Porta do Encontro'. Essa porta não nos é inteiramente desconhecida. Não só a conhecemos, porque já fomos a muitos enterros e porque levamos ao cemitério o corpo de pessoas queridas, mas também porque a defrontamos em nós mesmos. Viver é morrer, ensina-nos o Evangelho. Viver é morrer ao mal. Viver é morrer ao pecado. Viver é morrer a nós mesmos, ou, como diz São Paulo, viver é "morrer ao homem velho" (Rm 6,6). Nesse mesmo contexto, Paulo conclui: "Considerai-vos mortos para o pecado, porém vivos para Deus em Jesus Cristo" (Rm 6,11). Se, ao longo da vida, aprendermos a morrer, acolheremos a morte como uma irmã gêmea da vida. E de todos os momentos da vida, o da morte será o supremo e o mais carregado de benefícios.

O cristão olha a morte como o coroamento de sua esperança. A esperança é uma virtude e uma qualidade da vida presente. Na vida eterna não precisamos dela nem ela terá mais sentido para nós. Mas de que esperança se trata? Na cultura grega a esperança era mais ou menos sinônimo de 'ilusão', porque tudo estaria pré-definido pelos deuses. O cristianismo reconhece que tudo é graça, mas ensina também que a criatura humana é senhora de seu destino. Disse-o com clareza o Papa Paulo VI: "Dotado de inteligência e de liberdade, o homem é responsável tanto por seu crescimento quanto por sua salvação. Ajudado, às vezes constrangido, por aqueles que o educam e o rodeiam, cada um será sempre, sejam quais forem as influências sobre ele, o artífice de seu êxito ou de seu fracasso" (Populorum Progressio, 15). Por isso, o ser humano é uma criatura tecida de esperanças.

A primeira leitura (Is 25,6-9) retoma uma figura, várias vezes usada também por Jesus: o encontro com o Pai dar-se-á num banquete, preparado pelo próprio Senhor e por ele servido. Isso para significar que o encontro com o Senhor será íntimo e festivo, "enxugando Deus para sempre as lágrimas de todas as faces" (*Is* 25,8). O canto de comunhão da Missa dos Bem-Aventurados, da Irmã Míria Kolling, captou bem a alegria do encontro com o Pai, pondo na boca de Jesus a promessa: "Todo aquele que crê em mim * um dia ressurgirá. * E comigo então se assentará * à mesa do banquete de meu Pai". Isaías exclama com os bem-aventurados: "Este é o Senhor em quem esperamos. Nós esperamos nele e ele nos salvou" (*Is* 25,9). É a realização da esperança. A partir desse momento, tanto a esperança quanto a fé serão assimiladas pela caridade, porque na Casa do Pai tudo é amor.

Morte: porta da comunhão

Na segunda leitura, São Paulo retoma o tema da esperança e da porta. Temos esperança porque "somos guiados pelo Espírito de Deus" (*Rm* 8,14) no meio dos sofrimentos e angústias da vida presente. Esses sofrimentos não têm comparação "com a glória futura que se manifestará em nós" (v. 18), quando o Senhor nos abrir a porta. Não acontecerá, então, um encontro entre estranhos, que se veem a primeira vez, porque já "somos filhos de Deus" (v.v. 14.16) e o podemos chamar de Abbá, isto é, 'papai', 'paizinho' (v. 15). Paulo dá a razão da confiança-esperança: "Se com Cristo sofremos, com Cristo somos coerdeiros e com ele seremos glorificados" (v. 17).

Paulo usa então uma figura conhecida, repleta de esperança. Conhecem-na bem as mães. Paulo chama a morte de "parto da eternidade" (v. 22). Talvez nenhum momento da vida é mais carregado de esperança que o parto. Esperança para os pais. Esperança para o bebê, que abre em lágrimas a porta do mundo. A morte, também em lágrimas, abre-nos a porta da eternidade "na esperança de participar da liberdade gloriosa dos filhos de Deus" (v. 21). Esse momento, chamado Morte, chamado 'Porta do Encontro', chamado 'Parto da Eternidade', todo tecido de esperança, é o mergulho da criatura em seu Criador, para uma plena e eterna comunhão de vida e de amor.

DEDICAÇÃO DA BASÍLICA DO LATRÃO

1ª leitura: Ez 47,1-2.8-9.12
Salmo: Sl 45
2ª leitura: 1Cor 3,9c-11.16-17
Evangelho: Jo 2,13-22

Cristo amou a Igreja e se entregou
por ela para santificá-la (Ef 5,25-26)

DEUS MORA ONDE A COMUNIDADE ESTÁ REUNIDA EM ORAÇÃO

Esta festa é considerada 'Festa do Senhor', por isso, quando cai em dia de domingo, ocupa o lugar da Liturgia dominical. A Basílica chama-se 'do Latrão', por estar construída no terreno 'dei Laterani', a família proprietária da chácara, herdada pela mulher do Imperador Constantino, que a doou ao Papa São Melquíades, logo depois de assinado o decreto de liberdade de culto público aos cristãos (313). Essa igreja foi a primeira igreja pública em Roma. Por isso e por ter sido sempre, até hoje, a Catedral do Papa, ela chama-se 'Mãe e cabeça de todas as igrejas'. Nessa Basílica do Latrão, celebraram-se cinco dos 21 Concílios Ecumênicos havidos até hoje na Igreja católica. A data de sua consagração é lembrada em todas as igrejas do mundo, no dia 9 de novembro.

Durante muitos séculos, até transferir-se para o Vaticano (século XIV), o Papa morou junto à Basílica do Latrão, no palácio onde hoje se venera 'a Escada Santa'. Ainda hoje a Basílica do Latrão é a catedral de Roma, a Catedral do Papa, que a ela vai frequentemente. A Basílica é dedicada ao Santíssimo Salvador, mas tem dois copatronos, que também são celebrados com solenidade em suas festas: São João Batista (24 de junho) e São João Evangelista (27 de dezembro). Um, o profeta que preparou os caminhos para o Salvador e abriu

as portas do Novo Testamento. Outro, o último dos Apóstolos a morrer e com sua morte se considera fechada a porta das revelações e ensinamentos bíblicos do Novo Testamento. O povo romano conhece a Basílica mais pelo nome de 'São João do Latrão'.
    Na fachada das grandes catedrais e igrejas podemos ler uma sigla D.O.M., que pouco tem a ver com o título que damos aos bispos. O título dos bispos provém da abreviação de DOMinus, Senhor. O que está nas fachadas das igrejas é abreviação de três palavras: Deo Optimo Maximo, ou seja: a Deus Ótimo e Máximo. Pressupõe-se o particípio do verbo: Dedicada. Todas as igrejas cristãs, inclusive as que têm um santo como patrono, são dedicadas a Deus.

**Igreja: reunião
da comunidade**

Poderíamos dizer que uma coisa é a igreja casa, edifício, construção; e outra coisa é a igreja comunidade viva, feita de fiéis batizados que se reúnem para expressar em comum a Deus sua adoração, louvor e gratidão. Mas as duas coisas pedem-se mutuamente. A igreja de pedra, tijolos ou madeira, ainda que artística, que sentido religioso teria sem a comunidade dos fiéis? E a comunidade dos fiéis precisa de um lugar onde se reunir, assim como uma família precisa de uma casa para viver. É verdade que a comunidade pode reunir-se também numa praça, num campo ou até debaixo de uma árvore. Assim como uma família pode, em determinadas circunstâncias, passar uma noite num banco de rodoviária, numa esquina ou debaixo de uma ponte. Mas o normal é ter uma casa. O normal de uma comunidade é ter sua igreja.
    É verdade também que Deus não está presente só num templo, plantado em determinado lugar. Ele nem precisaria de templo nenhum. Nós, a comunidade, é que precisamos da igreja. Por isso podemos dizer que a igreja é a casa de Deus e a casa da comunidade. Ela é sagrada por causa de Deus. Mas é sagrada também por causa dos filhos de Deus, que nela se reúnem para expressar fraternidade e deixar-se ficar na presença de Deus "em espírito e verdade" (*Jo* 4,24).

Comunidade:
templo de Deus

A palavra 'igreja' vem do grego, *Ecclesia*, e significa 'assembleia', 'comunidade'. Já era usada no século V antes de Cristo. Ela se reunia algumas vezes ao ano para discutir as leis, interpretá-las ou modificá-las. Sempre começava com orações e ofertas aos deuses protetores da cidade. Era um órgão soberano do povo. Quando os 72 sábios traduziram a Bíblia para o grego (entre os anos 250 e 100 antes de Cristo), introduziram a palavra *Ecclesía* para traduzir o vocábulo hebraico que significava 'convocação do povo' e 'reunião do povo'. Outras vezes traduziram o mesmo vocábulo por *synagogue*, que significa, em grego, 'chamada para a reunião', 'pôr junto', 'recolher'. A partir do século II antes de Cristo, a palavra 'sinagoga' já era comum para indicar as igrejas em que se reunia o povo hebreu aos sábados.

Os hebreus ficaram com a palavra 'sinagoga' até hoje. Os cristãos adotaram a palavra 'igreja'. Há ainda uma terceira palavra em uso: 'templo', que traduz a palavra grega *naós*, ou a palavra *témenos*. Desde que o homem começou a construir casas para morar, construiu também templos para seus deuses. A ideia de templo não estava ligada à reunião da comunidade, mas à morada de determinado deus, tanto que alguns templos eram transportáveis. No Novo Testamento a palavra 'templo' é usada 16 vezes no Apocalipse e sete vezes por São Paulo, e sempre no sentido de morada de Deus.

Assim, para São Paulo, a comunidade cristã é o templo de Deus, onde quer que esteja ou se reúna (*1Cor* 3,16-17). O corpo cristão também é templo divino, habitado pelo Espírito Santo (*1Cor* 6,19). Se a comunidade é templo de Deus, ela deve manter-se distante dos ídolos (*2Cor* 6,16). Cada cristão é uma pedra desse templo divino, que é a comunidade (*Ef* 2,21), por isso mesmo deve cada um estar em harmonia com o todo, unir-se e crescer juntos.

Comunidade-igreja:
corpo de Cristo

Observemos que os Evangelhos (com exceção apenas de *Mt* 16,18 e 18,17) não empregam a palavra *ecclesia*. Nem Pedro a emprega em suas duas cartas. Mas Lucas a usa ao menos 23 vezes nos Atos. Paulo é quem mais a usa. Só na primeira carta aos Coríntios a usa 22 vezes. É pela pregação de Paulo que o termo se generaliza para significar a comunidade cristã. Essa igreja, "feita de pedras vivas" (*1Pd* 2,5), chamada por São Paulo de "Corpo de Cristo" (*Cl* 1,18), é a verdadeira morada de Deus na terra, como o diz belamente o Prefácio da Missa de hoje: "Em teu amor pela humanidade, quiseste morar lá onde estivesse reunido teu povo em oração, para fazer de nós, com a incessante ajuda da graça, o templo do Espírito Santo".

Mas não descuramos da igreja edifício. Como nenhuma família descuida de sua casa. Ao longo da história a comunidade procurou transformar seus lugares de oração num ambiente em que todos 'se sentissem em casa'. Por isso, nunca se impôs um determinado estilo de construção ou uma determinada maneira de se ornamentar. Todas as culturas, todas as artes têm direito de expressar-se para louvar o Senhor e ajudar a reunião da comunidade. Sempre valeu a norma: "Cuide-se que as igrejas sejam funcionais, tanto para a celebração das ações litúrgicas quanto para a participação dos fiéis" (*Sacrosanctum Concilium*, 124).

A celebração hoje da consagração da Basílica do Latrão, Catedral do Papa, deve levar-nos a pensar na unidade de toda a Igreja, mas também a expressar nosso carinho para com o edifício que nos aconchega para rezar em comum, expressar nossa fraternidade, receber os sacramentos que nos fortificam na vida e na fé. Essa igreja-casa, rica ou pobre, espaçosa ou acanhada, será sempre preciosa, porque é nela que repartimos o Pão da Palavra divina e o Pão do Corpo eucarístico do Senhor Jesus. É nela que compartilhamos o pão da amizade e da cultura, o pão das lágrimas e o pão da alegria. Como diz a Oração do Ofertório: "É nela que pedimos a graça redentora dos sacramentos e a alegria de ver atendidos nossos desejos e nossas esperanças".

OUTRAS FESTAS
E SOLENIDADES

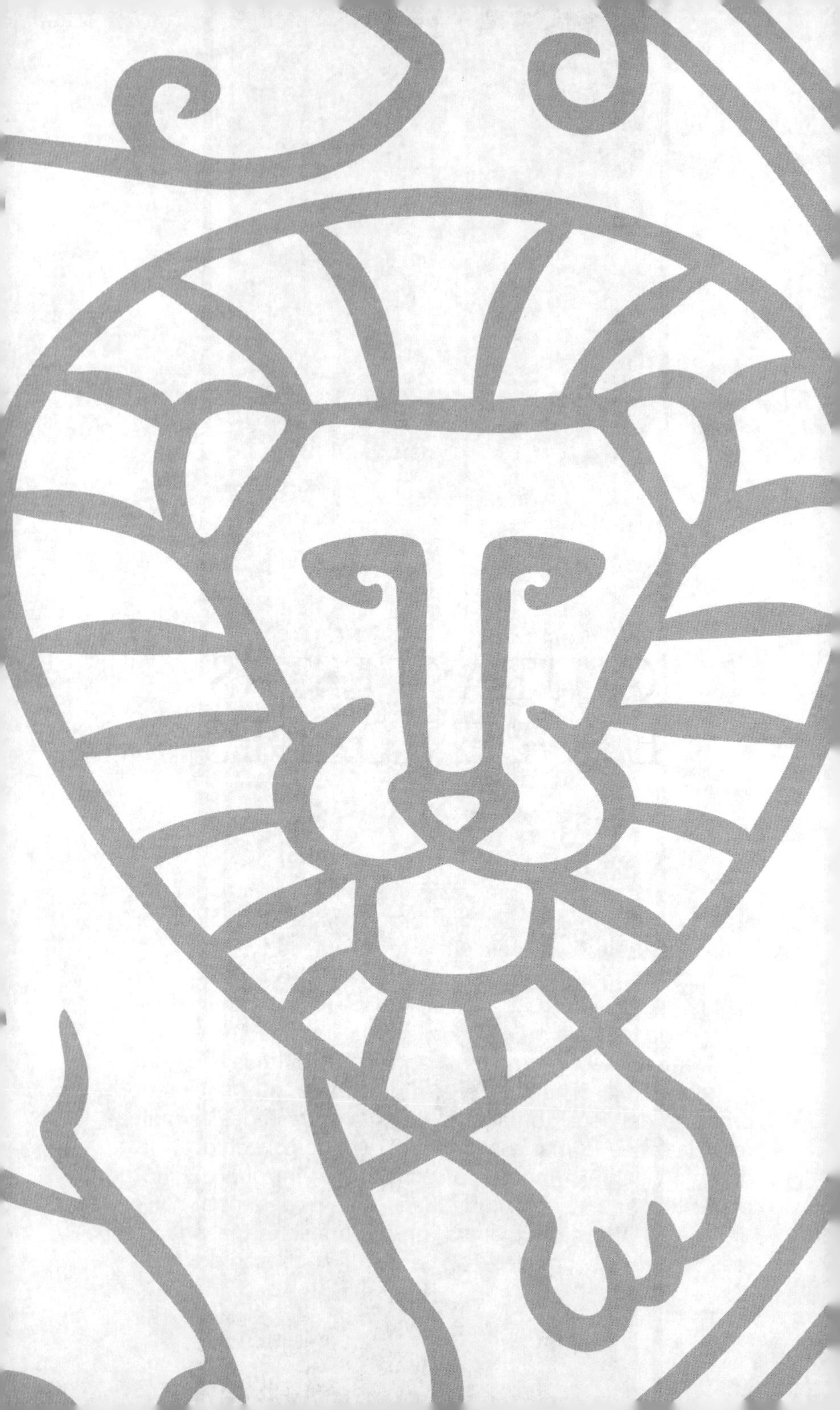

SOLENIDADE DA ANUNCIAÇÃO DO SENHOR

1ª leitura: Is 7,10-14;8,10
Salmo: Sl 39
2ª leitura: Hb 10,4-10
Evangelho: Lc 1,26-38

É grande o mistério da piedade:
Cristo manifestou-se na carne (1Tm 3,16)

O ANJO DO SENHOR TROUXE O ANÚNCIO A MARIA

Não se pode celebrar nenhuma festa litúrgica sem que o Cristo esteja no centro, porque toda a liturgia converge para ele e nele encontra todo o sentido. Mas a festa de hoje está especialmente unida a ele e, ao mesmo tempo, a Maria; a ele, o Filho de Deus, que assume a carne humana no seio de Maria, a mulher privilegiada, imaculada e escolhida por Deus para abrigar, na terra, aquele que os céus não podem conter; e a ela, a humilde jovem de Nazaré, que, aceitando a proposta de Deus, torna-se "a bendita entre todas as mulheres". Ela concebe, mas sua grandeza vem do concebido. A festa de hoje celebra o momento sacratíssimo em que o Filho de Deus encarnou-se no seio de Maria, para poder entrar na condição e na história humanas. Por isso a festa é mariana e, ao mesmo tempo, é uma festa do Senhor: 'Anunciação do Senhor'.

O Papa Paulo VI, na famosa *Exortação Apostólica* (1974) sobre o culto litúrgico à Mãe de Deus, assim justifica esta festa: "A celebração era e continua a ser festa, conjuntamente, de Cristo e da Virgem Maria: do Verbo que se torna *filho de Maria* (Mc 6,3) e da Virgem que se torna Mãe de Deus. Relativamente a Cristo, o Oriente e o Ocidente, nas inexauríveis riquezas das suas Liturgias, celebram esta solenidade em memória do *fiat salvífico* do Verbo Encarnado, que, ao entrar no mundo, disse: *Eis-me, eu venho... para fazer, ó Deus, a tua vontade* (Hb 10,7; Sl 40,8-9). Oriente e Ocidente comemoram o início da Redenção e da indissolúvel e esponsal união da natureza divina com a natureza humana na única pessoa do Verbo. Relativamente a Maria, por sua vez, é celebrada como festa da nova Eva, virgem obediente e fiel, que, com o seu *fiat* generoso (Lc 1,38), torna-se, por obra do Espírito Santo, Mãe de Deus, mas, ao mesmo tempo, também, Mãe dos viventes. Acolhendo no seu seio o único Mediador (1Tm 2,5), Maria tornou-se a verdadeira Arca da Aliança e o verdadeiro Templo de Deus" (n. 6).

O primeiro e o segundo Adão

Que a festa seja celebrada no dia 25 de março é consequência do nascimento de Jesus, nove meses depois, 25 de dezembro. Na verdade, não sabemos o dia do nascimento de Jesus. Fixou-se o 25 de dezembro, por ser, no mundo romano, a festa do deus sol. A festa da Anunciação foi fixada definitivamente no dia 25 de março, no Concílio de Florença (1439). Tertuliano (†225) falava de uma tradição de que Adão teria sido criado por Deus em dia correspondente a 25 de março. Não importa em nada essa coincidência, mas importa o símbolo, porque Jesus foi chamado de novo Adão (1Cor 15,45).

Com Adão começou a humanidade. Com Cristo a humanidade foi recriada e "libertada do cativeiro da corrupção e feita participante da liberdade gloriosa dos filhos de Deus" (Rm 8,21). E apesar da grandiosidade da criação e da estupenda concepção do Filho de Deus, ambos os fatos acontecem na humildade. Adão foi criado do barro, isto é, nasceu da fragilidade e se distinguirá pela fragilidade. O novo Adão é concebido numa mulher pobre e simples, na então desprezada vila de Nazaré (Jo 1,46), tão frágil quanto o primeiro, excetuado o pecado (Hb 4,15).

Oração angelical
e humana

Recordamos o grande momento da Encarnação do Senhor, sempre que rezamos a *Ave-Maria*, sobretudo a primeira parte. É a oração mais conhecida do povo. Muitos até pensam que toda ela seja feita com palavras do Anjo Gabriel. Sua formulação levou séculos. O texto que temos hoje e que foi oficialmente adotado pela Liturgia é de 1568, quando o Papa São Pio V reformulou o assim chamado 'Breviário romano' e mandou que, antes de cada hora litúrgica, se rezasse o Pai-Nosso e a Ave-Maria.

A primeira parte, composta das palavras do Anjo Gabriel (*Lc* 1,28) e de Isabel (*Lc* 1,42), com o acréscimo do nome 'Maria', mas ainda sem o nome 'Jesus', é antiquíssima, é conhecida desde o Papa São Gregório Magno (†604). Era usada como antífona do Ofertório do IV Domingo do Advento. Depois, passou a ser também a antífona do Ofertório da Festa da Anunciação. Mas só nos séculos XII e XIII a oração popularizou-se por meio das pregações dos franciscanos e dos dominicanos. A primeira parte, portanto, nasce na Escritura, cresce na Liturgia e se difunde no meio do povo.

A segunda parte faz o caminho inverso. Nasce do povo, que acrescenta ou tira palavras, conforme a necessidade, mas ficando sempre o tema de quem se reconhece pecador e aproxima-se de Maria, pedindo ajuda e encomendando-se a ela na hora da morte. Ela, que trouxe o santo Cristo da vida, assiste-nos para não morrermos pelo pecado e no pecado. São Bernardino de Sena (†1444), um dos mais famosos pregadores de todos os tempos, costumava rezar a Ave-Maria inteira, primeira e segunda parte, antes dos sermões, e afirma ter aprendido a segunda parte dos lábios do povo. Sabemos que São João Capistrano (†1456) introduziu a segunda parte no mundo germânico, "que ainda não a conhecia", como ele mesmo escreve. O primeiro texto escrito, com a Ave-Maria completa, em latim, como a temos hoje, encontramo-lo, pela primeira vez (salvo novas descobertas), num livrinho manuscrito, de uso pessoal, do beato Antônio de Stroncone, franciscano falecido em 1461, e que disse possuí-lo desde criança, o que significaria no primeiro decênio de 1400.

O sim humano
e o sim divino

Observemos como no centro da *Ave-Maria* está a palavra e a figura de Jesus. O povo soube pôr Jesus em seu lugar. Estando no centro, lembra-nos de que todo o inefável mistério da Anunciação gira em torno dele e de sua missão: tirar o pecado do mundo (*Jo* 1,29), redimir-nos e introduzir-nos na vida eterna, na comunhão com Deus. Assim como Maria foi chamada por Deus para gestar aquele "em quem habita toda a plenitude da divindade em forma corporal" (*Cl* 2,9) e foi enviado pelo Pai para "vivificar os que estavam mortos pelo pecado" (*Cl* 2,13), assim nós a chamamos para, com seu Filho redentor, socorrer-nos enquanto estamos "nesse corpo de pecado" (*Rm* 6,6) e ajudar-nos na vitória final contra a morte.

De novo estamos diante do confronto entre grandeza e humildade, entre Criador e criatura, entre Redentor e redimido. Talvez a palavra 'confronto' não fique bem, porque a grandeza de Deus, servindo-se da humildade, vem ao encontro da criatura humilhada pelo mal e pelas circunstâncias da vida, condenada que foi a "comer o pão amassado com o suor do rosto" (*Gn* 3,19), mas que, graças a Jesus, comendo outro pão, amassado com o sangue divino, encontra a força de ultrapassar a morte.

A festa da Anunciação é celebrada normalmente pelo fim da Quaresma. Não significa uma pausa de descanso nas reflexões e penitências que fazemos no caminho de nossa conversão. Ao contrário: um renovado impulso ao nosso *sim* a Deus. O *sim* divino de Jesus ao Pai eterno e o *sim* humano de Maria à Encarnação do Senhor formam as duas hastes da escada pela qual o nosso sim pode chegar até o céu. Um *sim* nosso, humano, que se encontra com o *sim* de Jesus, divino, na Anunciação, na Cruz, na Glória.

SOLENIDADE DE SÃO JOSÉ, ESPOSO DA VIRGEM MARIA

1ª leitura: 2Sm 7,4-5a.12-14a.16
Salmo: Sl 88
2ª leitura: Rm 4,13.16-18.22
Evangelho: Mt 1,16.18-21.24a ou Lc 2,41-51a

O homem fiel é rico em bênçãos (Pr 28,20)

FÉ E FIDELIDADE: CARACTERÍSTICAS DE SÃO JOSÉ

Entre todos os Santos, São José ocupa um lugar muito especial. E assim será enquanto existir o Cristianismo, porque ele é a testemunha privilegiada do mistério da Encarnação e nascimento do Filho de Deus. Assim como os Apóstolos são as testemunhas fidedignas da Ressurreição de Cristo, a ponto de eles dizerem que sua missão era a de testemunhar o grande e inédito fato da manhã de Páscoa (*At* 2,32), José é a testemunha qualificada do Natal do Senhor.

Na *Exortação Apostólica* sobre a figura e a missão de São José (1989), escreveu João Paulo II: "Foi precisamente no mistério da Encarnação que José participou como nenhuma outra pessoa humana, excetuada Maria, a Mãe do Verbo Encarnado. Ele participou do mistério junto com Maria, envolvido na realidade do mesmo evento salvífico, e foi depositário do mesmo amor, em virtude do qual o eterno Pai *nos predestinou a sermos adotados como filhos, por intermédio de Jesus Cristo* (*Ef* 1,5)".

Não se pode negar a São José o privilégio de ter sido a mais importante testemunha da obra do Espírito Santo em Maria. Há uma belíssima oração a Nossa Senhora que, costumeiramente, se reza como oração final do *Completório* (a oração da noite oficial da Igreja, rezada pelas pessoas que têm obrigação das Horas canônicas) e que começa assim: "Santíssima Mãe do Redentor"; mais adiante, diz assim: "diante da natureza admirada, tu geraste teu próprio genitor". Essa admiração, e não sem alguma perplexidade, foi sentida primeiro por José, a testemunha ocular da maternidade divina de Maria.

Foi considerado pai do Filho de Deus

José não é o pai carnal de Jesus, mas é o pai legal, segundo as leis do povo de Israel daquele tempo. E sendo o pai legal, liga-o à estirpe de Davi, de quem descendia José (*Mt* 1,20), a ponto de os Evangelhos poderem chamar Jesus de filho de Davi (*Mt* 12,23; *Lc* 18,38; *Mc* 12,35-37). Era o pai legal também, porque era esposo de Maria. Lembra-o o Papa em sua *Exortação*: "Os Evangelistas, embora afirmem claramente que Jesus foi concebido por obra do Espírito Santo e que em seu matrimônio com Maria a virgindade foi preservada (*Mt* 1,18-25; *Lc* 1,26-38), chamam a José esposo de Maria e a Maria esposa de José (*Mt* 1,16.18-20; *Lc* 1,27; 2,5). O filho de Maria é também o filho de José, em virtude do vínculo matrimonial que os une". O Papa cita então uma passagem de Santo Agostinho: "Por motivo daquele matrimônio fiel, *ambos* mereceram ser chamados pais de Cristo, não apenas a mãe, mas também aquele que era seu pai, do mesmo modo que era cônjuge da Mãe, uma e outra coisa por meio da mente e não da carne".

Numa alocução, afirmava Paulo VI: "A paternidade de São José expressou-se concretamente em ter feito da sua vida um serviço, um sacrifício ao mistério da Encarnação e à missão redentora com o mesmo inseparavelmente ligada; em ter usado da autoridade legal, que lhe competia com relação à Sagrada Família, para lhe fazer o dom total de si mesmo, da sua vida e do seu trabalho; e em ter convertido a sua vocação humana para o amor familiar na sobre-humana oblação de si, do seu coração e de todas as suas capacidades, no amor que empregou a serviço do Messias germinado em sua casa".

Puríssima obediência de fé

Quando lemos os Evangelhos, percebemos que Maria fez um difícil caminho de fé, tão duro quanto a Via-Sacra de Jesus na Sexta-feira Santa. Ora, caminhando ao lado dela, na escuridão da fé, esteve o fidelíssimo José, seu esposo. Não sabemos por quantos anos, porque ignoramos quando José morreu. O patriarca Abraão sempre foi considerado pela religião hebraica e pela religião cristã "nosso pai na fé" (*Gl* 3,9). Também a fé do Patriarca José de Nazaré serve-nos de modelo como serviu certamente de sustento e apoio da fé de sua esposa Maria, a Mãe de Jesus.

Voltemos a citar o Papa João Paulo II na sua *Exortação* sobre a figura de São José: "A fé de Maria encontra-se com a fé de José. Se Isabel disse da Mãe do Redentor: *Feliz és tu, porque acreditaste*, essa bem-aventurança pode, em certo sentido, ser referida também a José, porque, de modo análogo, ele respondeu afirmativamente à Palavra de Deus, quando esta lhe foi transmitida naquele momento decisivo. A bem da verdade, José não respondeu ao anúncio do anjo como Maria; mas *fez como lhe ordenara o anjo e recebeu a sua esposa*. Isso que ele fez é puríssima obediência de fé".

Bastaria o exemplo de fé desse humilde carpinteiro para que ele merecesse ser o Padroeiro da Igreja universal, porque a Igreja, ao longo dos séculos e de cada dia, faz uma caminhada de fé. A Igreja é o Corpo místico do Senhor Jesus, o prolongamento de sua pessoa e de sua missão na história. A Igreja considera-se perfeitamente espelhada em Maria, a quem chama de Mãe e Modelo. Assim como José educou Jesus nos caminhos da vontade do Pai e esteve ao lado de Maria no caminho da fé, também guarda, protege e defende a Igreja, "corpo do Senhor" (*Ef* 4,12-16), em seu esforço de "reunir todas as coisas, as da terra e as do céu, sob uma única cabeça, Cristo" (*Ef* 1,10).

De José sabemos o essencial

Compreende-se que os Papas, um depois do outro, refiram-se a São José com carinho e devoção. O bem-aventurado Pio IX declarou-o Padroeiro da Igreja. São Pio X aprovou sua Ladainha. Bento XV escreveu um Prefácio próprio para a festa. Leão XIII publicou em 1889 uma Carta Encíclica. São João XXIII costumava falar de São José sempre que podia e ressaltar, sobretudo, a vida silenciosa e serviçal do Esposo de Maria. Numa de suas alocuções afirmou: "Seu silêncio o ajudava a manter o coração constantemente voltado para o Senhor e escutar a voz de Deus para imediatamente executar a vontade divina". Todos os mestres de espiritualidade acentuam a necessidade do silêncio interior para se poder escutar a voz do alto.

Chama a atenção não apenas o silêncio de São José, no sentido de não termos nenhuma frase pronunciada por ele, apesar do cargo que teve, mas também o silêncio em torno de sua pessoa e de seu papel excepcional nos escritores do Novo Testamento. Nem sequer sabemos a que altura da vida de Jesus ele morreu. Mas sabemos o essencial, que era descendente do rei Davi e morava em Nazaré, na Galileia (*Lc* 2,4); era homem justo (*Mt* 1,19), isto é, fiel servidor de Deus e observante da religião; era esposo legítimo de Maria, a Mãe de Jesus (*Mt* 1,19); tinha inteira consciência da misteriosa concepção do Menino em Maria (*Mt* 1,18-21); enfrentou muitas dificuldades para proteger o Menino (*Mt* 2,14); respeitou a virgindade de Maria (*Mt* 1,25); o Filho de Deus lhe obedecia em tudo (*Lc* 2,51); todos pensavam que de fato fosse o pai carnal de Jesus (*Mt* 13,55; *Lc* 3,23; 4,22); era carpinteiro de profissão (*Mt* 13,55). A dizer a verdade, sabemos até muito sobre José.

Os evangelhos apócrifos (antigos como os Evangelhos, mas não aceitos pela Igreja como texto revelado) são mais profusos sobre José, sobretudo o chamado *Proto-evangelho de São Tiago*. O culto público a São José começou a difundir-se na Igreja só no século VIII. Compreende-se a cautela dos primeiros tempos, para defender a origem divina de Jesus e o parto único e virginal de Maria.

ÍNDICE DE LEITURAS BÍBLICAS

ANTIGO TESTAMENTO

Gênesis
2,18-24 233
3,9-15.20 281
9,8-15 61
15,1-6;21,1-3 39
22,1-2.9a.10-13.15-18 65,95

Êxodo
12,1-8.11-14 87
16.2-4.12-15 197
20,1-17 69
24,3-8 271

Levítico
13,1-2.44-46 149

Números
6,22-27 43
11,25-29 229
21,4b-9 305

Deuteronômio
4,1-2.6-8 213
4,32-34.39-40 267

5,12-15 161
6,2-6 249
18,15-20 141

Josué
24,1-2a.15-17.18b 209

1Samuel
3,3b-10.19 133

2Samuel
7,1-5.8b-12.14a.16 25
7,4-5a.12-14a.16 331

1Reis
17,10-16 253
19,4-8 201

2Reis
4,42-44 193

2Crônicas
36,14-16.19-23 73

Ester
5,1b-2; 7,2b-3 309

Jó
7,1-4.6-7 145
38,1.8-11 173

Provérbios
9,1-6 205

Sabedoria
1,13-15;2,23-24 177
2,12.17-20 225
7,7-11 237

Eclesiástico
3,3-7.14-17a 39

Isaías
7,10-14;8,10 327
9,2-7 31
25,6a.7-9 317
35,4-7a 217
42,1-4.6-7 51
43,18-19.21-22.24b-25 153
49,1-6 289
50,4-7 81
52,7-10 35
53,10-11 241
55,1-11 .... 51, 95
60,1-6 47
61,1-2a.10-11 21

Jeremias
23,1-6 189
31,7-9 245
31,33-34 204

Ezequiel
2,2-5 181
17,22-24 169
47,1-2.8-9.12 321

Daniel
7,9-10.13-14 297
7,13-14 261
12,1-3 257

Oseias
2,14b.15b.19-20 157
11,1.3-4.8c-9 275

Amós
7,12-15 185

Jonas
3,1-5.10 137

Malaquias
3,1-4 285

NOVO TESTAMENTO

Mateus
1,16.18-21.24a 331
2,1-12 47
5,1-12a 313
16,13-19 293
25,31-46 317
28,16-20 267

Marcos
1,1-8 17
1,7-11 51
1,12-15 61
1,14-20 137
1,21-28 141
1,29-39 145
1,40-45 149
2,1-12 153
2,18-22 157
2,23-3,6 161
3,20-35 165
4,26-34 169
4,35-40 173
5,21-43 177
6,1-6 181
6,7-13 185
6,30-34 189
7,1-8.14-15.21-23 213
7,31-37 217
8,27-35 221
9,2-10 65,297
9,30-37 225
9,38-43.45.47-48 229
10,2-16 233
10,17-30 237
10,35-45 241
10,46-52 245
11,1-10 81

12,28b-34 249
12,38-44 253
13,24-32 257
13,33-37 13
14,1-15,47 81
14,12-16.22-26 271
16,15-20 123

Lucas
1,26-38 25,281,327
1,39-56 301
1,57-66.80 289
2,1-14 31
2,16-21 43
2,22-40 39,285
2,41-51a 331
24,35-48 107

João
1,1-18 35
1,6-8.19-28 21
1,35-42 133
2,1-11 309
2,13-22 321
2,13-25 69
3,13-17 305
3,14-21 73
6,1-15 193
6,24-35 197
6,41-51 201
6,51-58 205
6,60-69 209
10,11-18 111
12,20-33 77
13,1-15 87
15,1-8 115
15,9-17 119

15,26-27;16,12-15	127
18,33b-37	261
19,31-37	275
20,1-9	99
20,19-23	127
20,19-31	103

Atos dos Apóstolos
1,1-11	123
2,1-11	127
3,13-15.17-19	107
4,8-12	111
9,26-31	115
10,25-26.34-35.44-48	119
10,34-38	51
10,34a.37-43	99
12,1-11	293
13,22-26	289

Romanos
4,13.16-18.22	331
8,14-17	267
8,14-23	317
8,31b-34	65
16,25-27	25

1Coríntios
1,3-9	13
1,22-25	69
3,9c-11.16-17	321
5,6b-8	99
6,13c-15a.17-20	133
7,29-31	137
7,32-35	141
9,16-19.22-23	145
10,31-11,1	149
11,23-26	87
12,3b-7.12-13	127
15,20-27a	301

2Coríntios
1,18-22	153
3,1b-6	157
4,6-11	161
4,13-5,1	165
5,6-10	169
5,14-17	173
8,7.9.13-15	177
12,7-10	181

Gálatas
4,4-7	43
5,16-25	127

Efésios
1,3-6.11-12	281
1,3-14	185
3,2-3a.5-6	47
1,17-23	123
2,4-10	73
2,13-18	189
3,2-3a.5-6	47
3,8-12.14-19	275
4,1-6	193
4,1-13	123
4,17.20-24	197
4,30-5,2	201
5,15-20	205
5,21-32	209

Filipenses
2,6-11	81,305

Colossenses
3,1-4	99
3,12-21	39

1Tessalonicenses
5,16-24	21

2Timóteo
4,6-8.17-18 293

Tito
2,11-14 31

Hebreus
1,1-6 35
2,9-11 233
2,14-18 285
4,12-13 237
4,14-16 91,241
5,1-6 245
5,7-9 77,91
7,23-28 249
9,11-15 271
9,24-28 253
10,4-10 327
10,11-14.18 257

São Tiago
1,17-18.21b-22.27 213
2,1-5 217
2,14-18 221
3,16-4,3 225
5,1-6 229

1Pedro
3,18-22 61

2Pedro
1,16-19 297

1João
2,1-5a 107
3,1-2 111
3,1-3 313
3,18-24 115
4,7-10 119
5,1-6 103
5,1-9 51

Apocalipse
1,5-8 261
7,2-4.9-14 313
11,19a; 12,1.3-6a.10ab 301
12,1.5.12a.15-16a 309

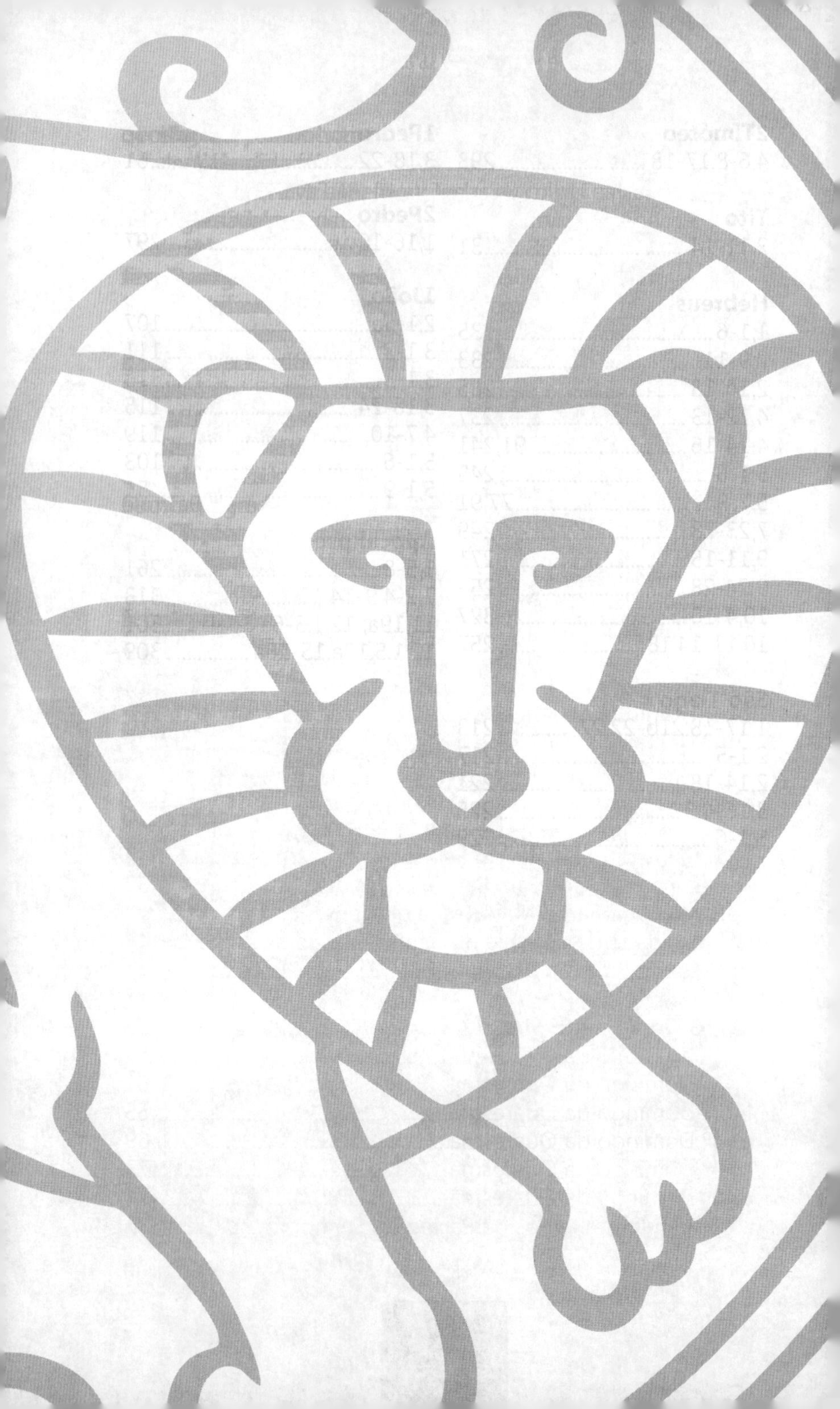

ÍNDICE

ABREVIATURAS E SIGLAS DA BÍBLIA 5
INTRODUÇÃO 7

TEMPO DO ADVENTO 11
   1º Domingo do Advento 13
   2º Domingo do Advento 17
   3º Domingo do Advento 21
   4º Domingo do Advento 25

TEMPO DO NATAL 29
   Solenidade do Natal do Senhor – Missa da Noite 31
   Solenidade do Natal do Senhor – Missa do Dia 35
   Festa da Sagrada Família 39
   Solenidade Santa Maria, Mãe de Deus 43
   Solenidade da Epifania do Senhor 47
   Festa do Batismo do Senhor 51

TEMPO DA QUARESMA 55
   Quarta-feira de Cinza 57
   1º Domingo da Quaresma 61
   2º Domingo da Quaresma 65
   3º Domingo da Quaresma 69
   4º Domingo da Quaresma 73
   5º Domingo da Quaresma 77
   Domingo de Ramos da Paixão do Senhor 81

TRÍDUO PASCAL E TEMPO PASCAL 85
   Quinta-feira Santa – Ceia do Senhor 87
   Sexta-feira Santa – Paixão do Senhor 91
   Sábado Santo – Vigília Pascal 95
   Solenidade da Páscoa 99
   2º Domingo da Páscoa 103
   3º Domingo da Páscoa 107
   4º Domingo da Páscoa 111
   5º Domingo da Páscoa 115
   6º Domingo da Páscoa 119
   Solenidade da Ascensão do Senhor 123
   Solenidade de Pentecostes 127

TEMPO COMUM 131
   2º Domingo do Tempo Comum 133
   3º Domingo do Tempo Comum 137
   4º Domingo do Tempo Comum 141
   5º Domingo do Tempo Comum 145
   6º Domingo do Tempo Comum 149
   7º Domingo do Tempo Comum 153
   8º Domingo do Tempo Comum 157
   9º Domingo do Tempo Comum 161
   10º Domingo do Tempo Comum 165
   11º Domingo do Tempo Comum 169
   12º Domingo do Tempo Comum 173
   13º Domingo do Tempo Comum 177
   14º Domingo do Tempo Comum 181
   15º Domingo do Tempo Comum 185
   16º Domingo do Tempo Comum 189
   17º Domingo do Tempo Comum 193
   18º Domingo do Tempo Comum 197
   19º Domingo do Tempo Comum 201
   20º Domingo do Tempo Comum 205
   21º Domingo do Tempo Comum 209
   22º Domingo do Tempo Comum 213
   23º Domingo do Tempo Comum 217
   24º Domingo do Tempo Comum 221
   25º Domingo do Tempo Comum 225
   26º Domingo do Tempo Comum 229
   27º Domingo do Tempo Comum 233

28º Domingo do Tempo Comum 237
29º Domingo do Tempo Comum 241
30º Domingo do Tempo Comum 245
31º Domingo do Tempo Comum 249
32º Domingo do Tempo Comum 253
33º Domingo do Tempo Comum 257
Solenidade de Jesus Cristo, Rei do Universo 261

**SOLENIDADES DO SENHOR QUE
OCORREM NO TEMPO COMUM** 265
    Solenidade da Santíssima Trindade 267
    Solenidade do Santíssimo Corpo e Sangue de Cristo 271
    Solenidade do Sagrado Coração de Jesus 275

**DIAS DE PRECEITO – SOLENIDADES E FESTAS QUE
PODEM OCORRER NO DOMINGO** 279
    Solenidade da Imaculada Conceição de
    Nossa Senhora (8 de dezembro) 281
    Festa da Apresentação do Senhor (2 de fevereiro) 285
    Solenidade da Natividade de
    São João Batista (24 de junho) 289
    Solenidade de São Pedro e São Paulo,
    Apóstolos (29 de junho) 293
    Festa da Transfiguração do Senhor (6 de agosto) 297
    Solenidade da Assunção de
    Nossa Senhora (15 de agosto) 301
    Festa da Exaltação da Santa Cruz (14 de setembro) 305
    Festa de Nossa Senhora da
    Conceição Aparecida (12 de outubro) 309
    Solenidade de Todos os Santos (1 de novembro) 313
    Comemoração de todos os Fiéis Defuntos
    (2 de novembro) 317
    Dedicação da Basílica do Latrão (9 de novembro) 321

OUTRAS FESTAS E SOLENIDADES 325
    Solenidade da Anunciação do Senhor 327
    Solenidade de São José, Esposo da
    Virgem Maria (19 de março) 331

Este livro foi composto com as famílias tipográficas Aparajita, Segoe e SimonciniGaramond e impresso em papel Offset 63g/m² pela **Gráfica Santuário**.